江苏省现代教育技术研究 2023 年度智慧校园专项重点课题 "高校信息化建设统筹规划、体制机制和评价体系研究"（2023-R-107329）

大数据时代的高校教育管理与信息化建设

张燕妮　周　玲　著

中国海洋大学出版社

·青岛·

图书在版编目（CIP）数据

大数据时代的高校教育管理与信息化建设 / 张燕妮，

周玲著 . -- 青岛 ：中国海洋大学出版社，2024. 8.

ISBN 978-7-5670-3939-1

Ⅰ . G640

中国国家版本馆 CIP 数据核字第 2024ED6014 号

大数据时代的高校教育管理与信息化建设

DA SHUJU SHIDAI DE GAOXIAO JIAOYU GUANLI YU XINXIHUA JIANSHE

出 版 人	刘文菁		
出版发行	中国海洋大学出版社		
社 址	青岛市香港东路 23 号	邮政编码	266071
网 址	http://pub.ouc.edu.cn		
责任编辑	郑雪姣	电 话	0532-85901092
电子邮箱	zhengxuejiao@ouc-press.com		
图片统筹	寒 露		
装帧设计	寒 露		
印 制	河北万卷印刷有限公司		
版 次	2024 年 8 月第 1 版		
印 次	2024 年 8 月第 1 次印刷		
成品尺寸	170 mm × 240 mm	印 张	15.75
字 数	230 千	印 数	1 ~ 1000
定 价	88.00 元		
订购电话	0532-82032573（传真） 18133833353		

发现印刷质量问题，请致电 18133833353 进行调换。

前　言

　　远古时期的结绳记事是最初的数据记录形式，当时的人们通过绳结来记载信息，简单而直观。随着农耕文明的兴起，竹筹计数成为更加系统的数据记录方式，这不仅仅是技术的进步，更是社会管理需求的体现。近代以来，机械计算机的出现反映了数据处理能力的飞跃，摩尔定律提出以后，电子计算机的发展速度令人震惊，数据几乎呈指数级增长。电子计算机发展速度的加快推动了计算技术的突破，更为大数据的产生奠定了基础。大数据的出现并非偶然，而是科技进步的必然产物。数据抓取、存储、分析和应用等方面技术的不断革新，为大数据的应用提供了强有力的技术支撑。此外，物联网、移动互联网和云计算等新兴技术的发展，进一步加强了大数据的处理和应用能力，使数据不再是静态的记录，而是变成可供分析的动态资源。大数据的深远影响还体现在思维方式的转变上。过去，决策往往依赖个人经验或领导意志，但在大数据时代，"一切以数据说话""无数据不决策"的理念成为新的标准。数据驱动的决策模式不但科学，而且符合民主原则，因为它依据的是客观数据而非主观偏见，从而提高了决策的准确性和公正性。数据思维的普及进一步促进了大数据技术的发展和应用，随着更多的企业和组织认识到数据的价值，大数据技术得到了快速的推广和应用，反过来又推动了相关技术的持续创新和优化。

　　随着网络技术的迅猛发展和日益普及，社会信息化水平显著提高。这一变化以多媒体和网络技术为核心，正在深刻改变人类社会的面貌，并逐步渗透到教育的各个层面。现代信息技术改变了教育的观念和手段，并重新定义了教学的方法和模式，使教育更加符合时代的发展需求。现代信息技术的应用在教育领域尤为突出，通过网络和多媒体技术，教育资源更加丰富，教学方式更加灵活多样。例如，数字学习平台和在线课程使学生可以不受地域和时间的限制，随时随地获取知识和技能。网络和多媒体技术的运用提高了教育资源的利用效率，使学习更加个性化和自主化。此外，现代信息技术还促进了教育评价的多样性和科学性。教师可以通过数据分析技术，更准确地掌握学生的学习进度和效果，从而做出更合理的教学调整和决策，增强教育的针对性和有效性，提升教学的互动性和趣味性。

自 2012 年起，美国、英国、法国、日本、韩国等发达国家逐渐把大数据定为国家战略的核心内容，此种战略性的定位反映了大数据在国家发展中的重要角色。教育作为文明的传承者，历来与科技进步密不可分，现代教育在培养能适应新科技的人才方面扮演着关键角色。在当今信息爆炸的时代，高校不仅是知识传播的中心，还是新技术、新思想的发源地。高校通过集成大数据技术，能够优化教学和研究方法，深化对数据科学的理解和应用，培养符合时代需求的数据科学家和分析师。高校的参与还有助于大数据技术的本土化和实际应用，可将理论研究转化为实际解决方案，支持地方经济和社会的发展。

本书由张燕妮、周玲共同撰写完成，其中张燕妮撰写了 15 万字，周玲撰写了 8 万字。本书深入探讨了大数据技术在高校教育管理和信息化建设中的广泛应用与创新实践，旨在为高等教育机构提供一套科学、系统的管理与教学解决方案，助力高校顺应信息化发展，实现教育质量与效率的双重提升。第一章介绍了大数据时代的来临及其对现代社会的广泛影响，从大数据技术的基本概念出发，逐步展开讨论，介绍了大数据技术在现代教育系统中的应用以及如何通过云计算和物联网技术实现数据资源的优化配置和高效利用。第二章回顾和分析了我国高校教育管理的发展历程，从基础的教育管理概念到智慧化教育的趋势转变，再到教育管理机制的创新及高质量发展对策，为读者提供了全面的视角来理解当前中国高等教育管理的现状与挑战。第三章探讨了大数据时代高校教学设计及教育模式创新，从理论层面界定了教学设计与教育模式，具体介绍了信息化环境下教学设计的新思路和信息化教学模式的创新实践，特别是师生互动的 App 应用模式，展示了教育技术如何提高教学活动的互动性和教学效果。第四章聚焦大数据时代高校数字化教育资源的建设与应用，详细讨论了数字化教育资源的内涵、未来展望以及在大数据背景下的资源整合、开发和应用策略，揭示了高校如何通过技术手段提高教育资源的使用效率和教学质量。第五章着重介绍了大数据时代高校教师的信息技术素养培养方式，分析了教师在现代教育环境下应具备的信息技术素养，并探讨了提升教师信息技术综合应用能力的策略和方法，指出了信息技术素养的重要性及其在教育实践中的应用。第六章讨论了大数据背景下高校多媒体教学课件的制作流程与实践，从多媒体课件设计的基础出发，详细论述了互动性和演示型多媒体课件制作的具体流程和实践经验，展现了多媒体技术如何提升教学的吸引力和教学效果。第七章深入分析了大数据时代高校现代远程教育管理技术的应用，介绍了现代远程教育管理技术的基本概念、系统结构设计以及教学应用，突出了大数据技术在远程教育中的作用和实际成效。第八章探索了人工智能技术下高校教育管理模式的改革，详细讨论了利用人工智能技术改革教育管理模式的基本理念和基本途径，展示了人工智能如何助力高校教育管理的精准化和个性化，从而提升教育质量和管理效率。整本书通过详细的章节安排，充分展示了大数据和人工智能技术在高等教育领域的深远影响。本书不仅从理论和策略层面提供了对现代教育技术的全面解读，还通过具体的案例分析，为高校管理者和教育工作者提供了实际可行的操作指导和策略建议。

本书在语言上深入浅出，在内容上力求为有关人员提供实践性指导，具有一定的实用性。但由于笔者的精力与时间有限，在撰写本书的过程中难免存在不足之处，敬请广大读者批评指正！

目　录

第一章　大数据时代的到来

第一节　大数据技术概述

一、大数据的定义及基本特征

（一）大数据的定义

大数据又称海量数据或巨量数据，指的是一些规模庞大到传统数据处理技术无法处理的数据集。随着信息技术的飞速发展，大数据已成为推动科技创新和业务决策的关键资源。大数据的应用跨越了多个行业，改变了数据分析的方式和商业运作的模式。

（二）大数据的基本特征

大数据有着数据规模大、数据流转快速、数据类型多样、价值密度低的特征，如图 1-1 所示。

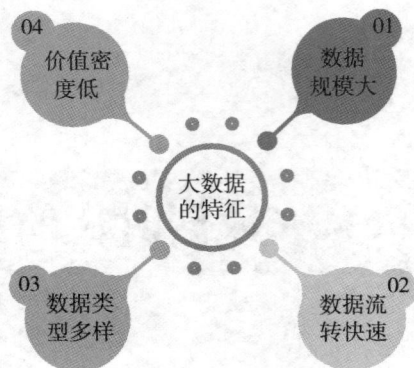

图 1-1　大数据的基本特征

随着信息技术的进步和数字化转型的深化，数据呈现出前所未有的爆炸式增长。[①] 从 2004 年的 30 EB 增长到 2020 年的 35 000 EB，全球数据量的急剧膨胀反映了现代社会对信息的依赖程度和创造能力。此种增长趋势由国际数据资讯公司（IDC）的监测得到验证，数据显示全球数据量约每两年翻一倍。数据量的高速增长带来了存储和管理的挑战，也为数据分析和信息提取带来了前所未有的机遇。[②]

数据的流转速度（即数据的产生和流通速度）日益加快。新数据的价值通常高于旧数据，这一特性要求数据处理必须迅速，以捕捉及时的业务信息。[③] 例如，实时数据分析在金融交易和在线广告领域尤为关键，能够帮助人们及时做出决策，大幅度提高业务效率和顾客满意度。

数据的类型也变得日益丰富，不再局限于传统的结构化数据。现代大数据环境中，90% 的数据为非结构化数据（如文本、图片、视频和社交媒体内容），这些数据的集成和分析开启了新的业务洞察维度；仅 10% 的数据是结构化数据（如数据库中的表格），这些数据比较容易管

① 卢保娣.大数据时代高校教育管理及其信息化建设 [M].长春：吉林大学出版社，2021：1.

② 曹漪那，杨珊，王慧敏，等.冲突与转向：大数据时代的传播伦理研究 [M].成都：四川大学出版社，2017：20.

③ 李涛.数据挖掘的应用与实践：大数据时代的案例分析 [M].厦门：厦门大学出版社，2013：1.

理和分析。

数据的价值密度通常较低，这意味着虽然数据量巨大，但是其中真正有价值的信息却相对稀少，类似沙里淘金，人们需要利用有效的技术和工具来识别和提取这些珍贵的信息。

二、大数据的发展历程

（一）大数据的突破阶段

在 2000 年至 2006 年间，大数据技术迎来了发展的突破阶段。随着21 世纪的到来，大数据的定义逐渐明晰，社交网络的兴起使大量非结构化数据如潮水般涌现。与传统的结构化数据相比，非结构化数据的处理显得更为复杂和困难，从而推动了人们对这一新型数据的研究和探索。这一时期，大数据处理技术的关键词包括"系统""网络"和"演化"。[①]数据科学家和技术专家开始关注如何有效管理和利用庞大的数据资源，特别是如何从非结构化数据中提取价值。大数据的应用主要集中在企业和学术界，两者都在积极探索数据处理技术的最佳实践。尽管这段时间内，大数据在技术和应用方面取得了显著进步，但关于数据处理系统和数据库架构的普遍认知和标准仍未形成。这表明，虽然大数据技术已取得初步成果，但其发展仍处于不断演化和成熟的阶段。

1999 年，全球产生了 1.5 EB 的信息，相当于地球上每个人产生了大约 250 MB 的信息。研究发现，大量独特的信息是由个人创造和存储的，这一现象被称为"数字民主化"。此趋势反映了数字信息产品的数量庞大，而且增长速度极快。莱曼和瓦里安将这一现象称为"数字统治"，并指出即便在当时，大多数文本信息已经以数字形式产生，并预测在未来几年内，图像信息的产生和存储也将主要采用数字方式。到了 2003 年，莱曼和瓦里安又公布了新的研究成果。他们的数据显示，2002 年全球产

---

① 赵国栋，易欢欢，糜万军，等.大数据时代的历史机遇：产业变革与数据科学 [M].北京：清华大学出版社，2013：55.

生的新信息量约为 5 EB，其中 92% 的信息被存储在磁性介质上。这一数据与 1999 年相比增长了两倍多，清晰地展示了数字信息存储和创造的快速增长。这些研究结果提供了关于全球信息增长的宝贵数据，对信息技术、存储解决方案和数据管理领域的未来发展提出了重要的预测和建议。随着信息技术的快速发展，传统的存储介质（如纸张和胶卷）的使用正在逐步减少，光盘和磁盘等数字存储介质的使用则迅速增加。

2001 年 2 月，梅塔集团分析师道格·莱尼发布了研究报告《3D 数据管理：控制数据容量，处理速度及种类》。这份报告首次详细阐述了数据管理的三个关键维度——容量、速度和种类，这三个维度后来被称为大数据的"3V"。后来这一概念得到了广泛的接受和应用，尤其是在数据库管理领域，成为 Web2.0 公司的核心竞争力。随着时间的推移，这些技术被视为软件，强调了其在信息处理和传递方面的重要性，标志着大数据和信息技术在现代企业运营中的关键角色，推动了相关技术和应用的持续创新与发展。

（二）大数据的成熟阶段

2006 年至 2009 年，大数据技术进入了成熟阶段，这一时期被认为是大数据发展的形成期。随着互联网、信息技术和物联网的快速发展，数据源源不断地以前所未有的形式产生，推动了大数据处理技术的发展和创新。在该阶段，性能优化、云计算、MapReduce 大规模数据集并行运算算法以及 Hadoop 这种开源分布式系统基础架构等关键技术的出现和发展，极大地提高了大数据的处理能力，扩大了大数据的应用范围。其中，云计算提供了存储和计算资源的弹性扩展，使大数据处理变得更加高效，并且节约了成本；MapReduce 算法的引入为处理大规模数据集提供了一种高效的并行计算方法；Hadoop 的开发则是为了支持运行在大量普通硬件上的大数据应用。随着相关技术的普及和成熟，大数据开始从最初的商业和学术领域扩展到更广泛的应用范围（包括社会科学和自然科学等多个领域），增强了数据驱动决策的能力，促进了从气候变化到公共卫生等多个重要领域的研究和发展。2008 年 9 月，英国的《自然》杂志发表了一组关于大数据发展带来的机遇和威胁的文章，引发了全球对大数据重要性的关注和讨论。这些文章集中讨论了大数据在促进科学发现、优化业务流程等方面的优势，以及在社会监控和隐私侵犯方面可能带来的风险，从而激发了公众对大数据潜力及其对社会影响的广泛兴趣。2009 年 4 月，美国政府的一个重大举措——政府数据网站的设立进一步体现了大数据时代的来临。这一平台最初是为了打造一个阳光、透明的政府，通过公开政府数据来增强政府的透明度和公信力。然而，这一平台的建立也促进了跨部门的数据资源共享，为公众提供了前所未有的访问政府数据的途径，有效地发挥了向公众共享政府公共数据的作用，提高了政府操作的透明度，掀起了数据科学的新浪潮，推动了从交通流量分析到预算分配的各种创新。

（三）大数据的完善发展阶段

自 2010 年以来，大数据技术已步入完善发展阶段。智能终端的普及、互联网的不断完善、物联网的广泛应用以及社交网站的迅猛发展，均为大数据的产生提供了源源不断的动力。这一时期，大数据的技术和行业应用边界日益模糊，技术和创新不断完善，使大数据成为各行各业颠覆性创新的推动力。2011 年 5 月，麦肯锡在全球年度 EMC 会议上发布了题为 "Big Data: The Next Frontier for Innovation, Competition and Productivity" 的报告。麦肯锡首次将大数据提升到与传统生产要素等同的地位，认为大数据在生产和消费领域具有同样的价值，预示着大数据将为行业带来新的理念、方法和思维方式。这标志着大数据的战略重要性得到了全球性的认可。

2012 年，世界经济论坛发布了题为 "Big Data, Big Impact: New Possibilities for Information Development" 报告，深入探讨了大数据在金融、教育、健康、交通等领域的深远影响。该报告强调，大数据所引起的经济效益巨大，为社会发展提供了新的机遇。2012 年 3 月，美国政府推出了"大数据大事业"计划，计划通过大数据研究和开发，投入巨资以提升工作效率，推动科学、工程、环境等领域的重大突破。2013年，麦肯锡发表了报告——《颠覆性技术：技术进步改变生活、商业和全球经济》，强调大数据是支持包括移动互联网、知识工作自动化、物联网、云计算在内的12种新兴技术的基石。报告指出，这些技术的发展和大数据的融合将是改变未来生活、商业和全球经济的关键。2014年，美国白宫发布了关于大数据的题为"Big Data: Seize the Opportunity, the Guardian Value"的报告，明确指出大数据对社会进步的重要性，并提出需要具体的模式和分析研究来保护个人隐私、防止歧视、确保公平与自由。同年，世界经济论坛发布了《全球信息技术报告（第13版）》，讨论了数据保护和有效管理网络的必要性，反映了社会对于大数据影响的关注。随着大数据技术的发展，其应用也在各个领域快速扩展。例如，在医疗领域，通过分析大量健康数据，研究人员能更准确地预测疾病模式和治疗效果；在零售行业，大数据可帮助企业通过消费者行为分析，优化库存管理和个性化营销策略；在金融服务业，通过分析客户数据，银行和金融机构能够更好地评估风险和创新金融产品；在城市管理中，大数据可用于交通流量监测和城市规划，有效提升城市运营的效率和居民的生活质量。

三、大数据带来的影响

（一）大数据对思维方式的转变

过去，数据获取相对困难，数据分析常常依赖抽样技术。通过优化抽样方法，人们力求提高样本的代表性和精确性，进而对总体数据进行推断分析，并努力挖掘数据之间的因果关系。然而，随着大数据时代的到来，数据处理的思维方式正在发生根本性转变。现在，面对数据量的爆炸式增长，数据分析更倾向于全体性考量，即分析整体数据而非仅仅依赖抽样。这种全体性分析使数据的解读更全面，同时减少了因抽样误差带来的偏差。此外，数据处理也更注重发现数据间的相关性而非纯粹的因果关系，反映了一种更加综合的思维模式。此种思维的转变适应了大数据的特征，也极大地拓宽了数据分析的视野和应用范围。

（二）大数据对未来各个行业造成的影响

在大数据的驱动下，"互联网+"的模式已经深刻影响了多个行业，从传媒广告业到制造业，再到酒店和旅游业，每个领域都在经历一场由数据驱动的革命。在传媒广告领域，大数据的应用使广告投放变得更加精准。传统广告行业依靠的是广泛投放和大众市场策略，但往往效率低下且难以衡量。通过分析大数据，广告商能够深入了解受众的具体喜好、行为习惯和消费模式，从而实现有针对性的广告投放，降低广告成本，提高广告的转化率和效益，使广告投放的每一分钱都能产生更高的回报。传统的制造业依赖市场调研来决定生产哪些产品，此方式成本高且效率低。"互联网+制造业"模式的出现彻底改变了这一局面。现在，制造企业可以直接通过网络平台让消费者参与到产品设计和生产过程中，实现定制化生产。大数据分析在此过程中发挥着至关重要的作用，它能够实时收集消费者的反馈和偏好，帮助企业更精准地调整产品设计和生产策略，提升消费者的满意度，为企业节约大量的市场调研和产品试错成本。在酒店和旅游业，"互联网+"同样引发了一场变革。酒店可以通过大数据分析更好地了解客户需求，如根据客户的旅行历史、偏好和行为模式，为他们提供个性化的房间和服务。此外，旅游公司可以利用大数据分析旅客的旅行偏好，设计个性化的旅行计划和推荐，从而提供更加定制化的旅行体验。

四、大数据的价值阐释

大数据正在引发一场全球性的深度变革，不仅影响了社会生产和日常生活，还改变了人们解决问题的思维方式。随着大数据的普及和应用，传统的决策过程被重新定义，数据分析成为常态。这种变化进一步激发了社会的变革活力，推动着政府、市场和企业在策略制定、运营优化和服务创新等方面进行深层次的调整和改进。将数据视为一种"金矿"更贴切，因为它具有挖掘潜在价值和生成巨大经济效益的能力。大数据的战略应用正在重塑各个行业，开启了寻找和利用这些"金矿"的新纪元。

（一）大数据重塑生产的关系

大数据已经成为现代社会的一种重要力量，既是一种先进技术，又是一种重要的生产力和竞争力。大数据技术的兴起和广泛应用在很大程度上挑战并刷新了马克思的"生产关系说"。在马克思的《政治经济学批判》中，生产关系主要指人们在生产、分配、交换和消费过程中形成的社会关系。这些关系在小数据时代主要由人的活动决定，因为除了人类活动产生的数据，其他数据的影响相对较小。然而，在大数据时代，数据本身成为影响生产关系的一个重要因素。数据的收集、处理和分析不仅改变了生产方式，还重塑了分配和消费模式，进而影响了整个社会经济的结构和发展。在政治和经济层面，大数据的应用使决策更加科学和精确。例如，政府能够通过分析大量数据来优化公共服务和政策制定；而企业可利用大数据来优化运营，精准定位市场和消费者，从而在激烈的市场竞争中占据优势。大数据还推动了新的商业模式和服务的出现，如基于数据分析的个性化推荐、实时动态定价等创新实践。

随着科技的进步和信息技术的快速发展，几乎所有的物和事都产生数据，而这些数据量是巨大的。这一现象不仅涉及人类活动，还扩展到了几乎所有存在于地球上的人、物、事之间，形成了复杂而多样的关系网，这种关系网涉及人与人之间、物与物之间、人与物之间、人与事之间以及事与物之间的相互作用。随着信息技术的进一步发展，这些关系变得日益复杂。在大数据时代，正是这些复杂且海量的"关系"推动了大量数据的产生。这些数据不仅记录了存在的状态，还在不断地更新和交互中表现出这些复杂关系的动态性。数据在这里有了一种全新的表现方式，它们不再只是简单的数字和信息，而是对地球上所有事物之间互动的一种记录和表达，这些复杂的数据和关系促成了新的经济活动和创新形式。在生产、分配、交换和消费等经济活动方面，大数据的存在打破了传统边界，使跨行业甚至颠覆性创新成为可能。例如，通过分析消费者的行为数据，零售企业可以更精准地预测和满足市场需求，还能创造全新的购物体验和商业模式，如个性化推荐和实时定价策略。大数据也为政策制定者提供了前所未有的决策支持。政府可以利用大数据分析社会经济趋势、优化城市管理、提高公共服务的效率。在医疗领域，通过分析患者的大数据，医疗专家可以更有效地进行疾病预测、治疗个性化以及公共健康管理。大数据还催生了云计算、物联网和人工智能等新兴技术的发展，这些技术在处理、分析及应用大数据方面发挥着至关重要的作用，进一步推动了技术革新和社会变革。

在当前的信息时代，大数据已成为核心的生产工具，这一点与马克思主义理论中生产工具在社会变革中的角色相呼应。大数据不仅是技术层面的革新，还代表了一种全新的思维方式和方法论。大数据的运用已经深刻影响了生产力和生产关系的构造，推动了有关领域的根本性重塑。通过对海量数据的分析和应用，决策过程变得更加科学和精确，生产过程更加高效，从而推动了经济结构的快速变革。大数据也在社会政治和文化层面展现了巨大影响力，如通过数据分析优化政策制定，以及通过消费数据驱动文化产品的创新和定制化。

（二）大数据推动思维的变革

随着大数据时代的来临，技术的更新只是改变的一部分。更为深远的是，大数据已经改变了人们处理信息的方式，并极大地影响了思考问题的模式和思维的深度。这种新兴的思维模式通常被称为大数据思维。大数据思维使人们能够在处理庞大的数据集时发现那些在小数据环境下无法观察到的模式和趋势。传统的分析方法往往依赖抽样或小规模数据集，而大数据允许分析者深入探究数据的全貌，揭示更加复杂和细微的信息层面。大数据可促使决策过程更加精准。如今，从商业策略到公共政策制定，决策者越来越依赖大规模的数据分析来支持他们的选择。这种基于数据的决策方式提高了决策的精准性，也加速了决策过程，因为数据分析提供的是即时的、量化的见解。大数据思维改变了人们对事物随机性的认识。在一个由不确定性和复杂性定义的世界里，大数据工具和方法可以帮助人们认识到很多现象并非完全按照确定性规律运作，而是受到多种因素的随机影响，此种认识促使人们在制定策略和解决问题时考虑更广泛的变量和可能性。大数据思维可帮助人们区分相关性与因果性。在数据分析中，一个常见的错误是将两个相关的事件误以为具有因果关系。大数据工具通过提供更丰富的数据和更复杂的分析模型，使分析者能够更准确地识别数据间的真实联系，从而避免错误的因果推断。

五、大数据的总体发展趋势

（一）数据融合及数据价值的挖掘

数据融合在数据价值挖掘中要求对数据进行整合，使数据成为更有用、更全面的信息源，以支持更深入的分析和决策制定。为实现有效的数据融合，标准和规范是必不可少的，能够确保数据的可见性、易理解性、可连接性、可信性、互操作性和安全性。这些特性是数据价值挖掘的基础，有助于提高数据处理和分析的质量和效率。数据挖掘和人工智能分析面临的挑战不容小觑，包括提高处理海量数据的能力，实现云边端协同、建模以及人与数据的有效融合，确保数据安全、保护隐私和商业机密。为了应对这些挑战，研究者需要从基础理论到工程实践等多个方面进行研究，以探索和开发挖掘数据要素价值的方法和工具。开发更多的大数据和人工智能分析技术，不仅可以提高数据挖掘的能力，还可以为不同行业带来创新的解决方案。

（二）知识图谱和决策智能

随着大数据的快速发展，企业和公共机构对于将分散的数据有效连接以形成动态知识的需求日益增长，这种知识能够大幅度提升决策的质量和效率。在这一背景下，图数据库、图计算引擎以及知识图谱的应用变得尤为关键。其中，知识图谱是图数据库和图计算引擎的核心应用场景，能够帮助实现复杂数据之间的有效连接和智能化分析。根据 DB-Engines 的分析，图数据库的关注热度在 2013 年至 2020 年间增长了 10 倍，这一增长速度远超其他数据库或数据引擎，反映了市场对于处理复杂网络和关系数据的需求。知识图谱在处理此类数据过程中显示了巨大的潜力，特别是在学生画像和信用档案等新的应用场景中展示了独特的价值。

在国内，许多大型厂商和一些初创企业积极应用图数据库、图计算引擎和知识图谱技术。特别是知识图谱，它已经被广泛应用于金融、工业、能源等多个行业和领域。在有关领域中，知识图谱加快了信息处理速度，提高了数据分析的深度和广度，从而使企业和机构能够基于更全面和精确的信息做出决策。企业可以通过知识图谱，构建详尽的数据网络，以此揭示数据之间的关系，预测未来趋势和行为模式，极大地提高了决策的智能化水平。因此，知识图谱已成为支持复杂决策过程的重要技术平台和工具，其在未来的商业和公共管理中的作用将越来越重要。

（三）数据处理的自治与自我进化发展

随着云计算的发展和数据的持续指数级增长，传统数据处理方式面临重大挑战，包括高昂的存储成本、复杂的集群管理以及多样化的计算任务。此外，人工管理和系统调优在应对海量和复杂多样的数据规模时，效率和效果常常不尽如人意。因此，采用智能方法来自动优化数据管理系统已经成为数据处理领域发展的必然趋势。智能化的数据处理技术，特别是人工智能和机器学习，已经开始在各个层面改变数据管理的传统方法。这些技术在智能化冷热数据分层、异常检测、智能建模、资源调度、参数调优、压测生成等多个领域得到了广泛应用，使数据计算、处理、存储和运维的管理成本得到了显著降低，从而实现了数据管理系统的自治与自我进化。此种自治与自我进化的数据管理系统提高了操作的效率，增强了系统对变化环境的适应能力。例如，在数据存储管理中，通过人工智能的分层技术，系统能自动将冷数据和热数据区分开来，有效管理存储资源，减少不必要的开销；在资源调度方面，机器学习算法可以预测并优化资源分配，确保数据处理任务的高效执行。智能化技术还能在系统运维中预测潜在的问题并自动调整参数，从而避免系统故障，保证数据处理的连续性和可靠性。智能化技术的应用不仅可以减少人工干预，还可以使数据处理系统持续学习和进化，适应不断变化的需求和环境。

随着物联网和云计算技术的深入发展，传统数据管理系统的局限性逐渐显现，为企业 IT 架构带来了重大挑战。传统的数据管理系统在存储容量上存在限制，难以应对企业需要长时间存储和处理的海量数据集。随着数据量的急剧增加，这一问题尤为突出，企业需要更好的存储解决方案以支持数据需求。元数据的来源广泛且种类繁多，给数据的汇聚、集成、存储和检索带来了一定的困难。每种类型数据可能需要不同的处理方式和存储方法，增加了管理的复杂性和成本。在没有适当的工具和技术支持的情况下，传统系统很难高效地处理这些数据。现代的数据管理需求涉及复杂的多用户环境和多任务处理，这要求数据管理系统具备高度的灵活性和扩展性。传统系统通常难以满足有关要求，因为设计传统系统时未能预见如此复杂的应用场景。

在传统的系统运转模式中，系统的空间运行容载量限制了大规模资源的消耗，导致系统作业常常受到影响。这种情况下，企业不得不投入大量的人力、物力和财力来维持系统的正常运转。然而，随着人工智能技术的发展和应用，引入人工智能数据管理系统成为一种有效的解决方案，可以显著优化系统的数据计算与处理效率。人工智能技术，特别是机器学习算法的应用，使系统数据库能够实现自我管理，包括合理配置系统数据资源和优化系统运转引擎等方面。机器学习算法通过分析数据使用模式和系统性能，可自动调整资源分配，优化数据存储和查询过程，从而减少对人工干预的依赖。将人工智能技术嵌入系统运转的各个环节，可以进一步完善系统的数据处理模式，提高系统的整体效率，显著缩短数据查询的时间。例如，通过预测性维护，人工智能系统可以预测和识别潜在的系统故障或性能瓶颈，并在问题发生之前自动进行调整或提醒相关人员进行干预。这种技术的集成减少了不必要的资源浪费，提高了系统的稳定性和可靠性。通过自动化和智能化的数据管理，企业可以实现更加高效和经济的系统运营，最终达到提升业务性能和市场竞争力的目标。

随着技术的进步，系统技术在辅助人工智能的深度发展方面发挥着越来越重要的作用。特别是在处理大规模多样化数据集的过程中，高效的数据挖掘和机器学习至关重要。通过优化分析模型的选择、进行元参数的搜索以及实现自动化的元数据学习，系统技术可显著提升处理效率。此外，非结构化数据与结构化数据的融合处理为系统带来了更大的灵活性和应用范围，使系统更加智能，增强了系统的安全性和可靠性，能够确保系统在各种环境下都能稳定运行，有效支持业务的持续发展。

（四）数据中台成为未来发展的热点

2020年，纳斯达克市场的数据清楚地展示了数据中台的发展趋势，其中涨幅较大的主要是谷歌、脸书（Facebook）、苹果等企业，这些公司的成功反映了数字化战略的重要性。对于大多数企业而言，采用大数据技术以及数据驱动的商业模式不再是选择，而是必然的趋势，因为只有高效的商业模式才能使企业在竞争中存活并取得成功。在此背景下，数据中台的概念应运而生，并迅速成为企业数字化转型的热点。数据中台不仅是一个技术架构，更是企业构建强大数据能力的平台。它能够集中处理和分析来自不同数据源的数据，支持企业在运营策略和市场竞争中做出更加快速和精确的决策。通过实现数据的集中管理和优化利用，数据中台使企业能够及时了解业务运行中的各种情况，快速响应市场变化，实现精准营销，并推出符合市场需求的新产品。具体而言，数据中台可通过提供统一的数据视图和强大的分析工具，帮助企业解锁数据潜能，优化决策过程。例如，通过数据中台，企业可以更好地理解消费者行为，优化供应链管理，增强客户服务，并通过数据分析推动创新。

（五）强化对图表的关注

随着数字化和数据分析技术的快速发展，人们对图表的关注日益增加，其中的原因包括大数据市场的持续扩张，还包括数据集合的庞大和复杂化，这带来了新的挑战，使处理和解释庞大的数据集成为当前的一项重大任务。在这种情境下，增强分析技术应运而生，可通过机器学习和人工智能技术，自动地对数据进行准备、清洗、共享和分析，以有效解决问题。增强分析的核心在于将海量数据转换成小颗粒度且容易分析的数据集合，提高了数据处理的效率，增强了数据的可用性和解释性。因此，图表作为表达和解释数据的一种直观工具变得尤为重要。图表可以帮助分析师和决策者快速理解数据背后的趋势和模式，从而做出更加精准的业务决策。根据 Gartner 的数据，增强分析在 2021 年已经成为主流的技术趋势，并预计到 2025 年，增强数据分析市场的复合年增长率将达到 31.2%。

六、大数据的主要技术分析

大数据技术主要指的是采用非传统的方式对大量结构化与非结构化的数据进行处理，从而深入挖掘数据中所蕴含价值的技术。结合大数据的基本处理流程，大数据的主要技术可以分为数据采集、数据预处理、数据存储与管理、数据分析与挖掘、数据可视化展示等技术。

（一）数据采集技术

在数字化时代，数据采集成为获取和理解信息的关键步骤。从社交网络、电子商务、网上银行交易、搜索引擎点击到物联网传感器数据，这些来源多样的数据在采集前都是零散且未经整理的。数据采集的过程涉及将这些分散的数据元素收集并存储到数据仓库中，然后进行整合，从而赋予它们意义和价值。对于大型互联网企业而言，由于其用户规模庞大，这些企业能够从用户的交易、社交和搜索活动中收集大量数据。通过高效的数据采集系统，这些企业不仅能够积累大量的数据资源，还能确保数据的稳定性和安全性。而对于其他大数据公司与大数据研究机构而言，目前所使用的采集大数据的方式主要有以下几种。

1. 系统日志的采集

系统日志采集是一个关键的技术过程，特别是在处理海量数据时。利用如 Hadoop 的 Chukwa、Cloudera 的 Flume、Facebook 的 Scribe 等工具，企业可以高效地实现数据采集的过程。这些工具的核心优势在于它们采用了分布式架构，能够适应并满足海量日志数据的采集和传输需求。因此，企业能够确保数据的完整性和时效性，从而有效支持系统运维和性能分析。

2. 互联网数据的采集

互联网数据采集技术（特别是网络爬虫和公开 API 的应用）极大地简化了从网络获取数据的过程。互联网数据采集技术允许人们从各类网页中高效地抽取所需数据，并将其以适合分析的格式进行本地化存储，保留了数据的原始性，便于进一步的数据处理与分析。这一技术的另一个显著优势是其数据覆盖范围广。无论是图片、音频、视频还是各类文档附件，人们都可以通过互联网数据采集技术轻松获取。此外，该方法还支持附件与其相关联的正文内容的自动关联，提高了数据集的完整性和实用性。随着数据驱动，决策在商业和研究领域的重要性日益增强，有效的互联网数据采集技术成为十分重要的工具，不仅加速了数据获取过程，还确保了数据的广泛性和相关性，使数据分析更加全面和精准。

3. 移动端 App 数据的采集

移动端 App 数据的采集是获取用户信息的一种有效手段，许多 App 内置了软件开发工具（插件 SDK），使开发者能够在用户使用 App 过程中，收集其活动信息并发送到特定的服务器。这种方法不仅能在用户主动使用 App 时收集数据，还能在用户不使用 App 时持续监测并获取关于用户设备的各类信息。例如，通过 App 移动端采集数据，企业可以了解用户设备上安装的 App 数量和类型，对于分析用户的软件使用习惯和偏好极为有用。此外，App 移动端数据的采集方式还可分析用户的活动模式、偏好设置及其他与 App 交互相关的数据。

4. 强化与数据服务机构的合作

与数据服务机构的合作可以显著提高数据获取的效率和准确性。数据服务机构专门从事数据收集和共享，拥有规范的数据共享和交易渠道。在数据服务机构的平台上，用户能够快速地访问并获取所需数据。快速访问节省了寻找和处理数据的时间，提高了数据的可靠性。对于需要大量且可靠的数据来支持决策的企业或研究者来说，这种合作方式提供了值得信赖的资源，确保了数据获取的高效性和数据质量的高标准。

（二）数据预处理技术

由于数据来源众多且种类繁多，获取的数据往往包含不完整、不真实或过时的信息，这些信息若不加以处理，将严重影响数据分析的有效性和可靠性。因此，研究者必须在数据准备阶段采取措施来提高数据质量。数据预处理的核心目标是提升数据的准确性和可用性，以便于后续分析。此过程主要涉及两个关键操作：一是对收集到的各种杂乱无章的数据进行整理，将其转化为具有一定结构的格式，使数据变得易于处理和分析，主要步骤包括数据清洗、标准化和转换，目的是剔除错误数据并填补缺失值，确保数据集的整洁和一致性；二是从数据集中移除那些无价值或可能干扰分析结果的数据，可以减少处理数据时的负担，还可以避免在决策过程中引入误导性信息，主要步骤包括去除重复记录、筛选与研究目标无关的变量以及识别并处理异常值。

（三）数据存储与管理技术

在大数据领域，存储与管理涉及将采集到的数据有效存储并构建易于管理和调用的系统。目前，为满足海量数据的存储与快速访问需求，多种高效的技术和系统被广泛采用。其中，Hadoop 分布式文件系统（HDFS）和非关系型分布式数据库（NoSQL）是处理大规模数据存储和管理的主流技术。HDFS 提供了很强的处理数据冗余能力，非常适合处理大量的非结构化数据。NoSQL 数据库因其灵活的数据模型和高水平的扩展能力而成为管理大数据的理想选择。在众多 NoSQL 数据库中，HBase、Redis、Cassandra、MongoDB 和 Neo4j 均为比较常用的数据库，其中 HBase 适用于处理大量的分布式数据，Redis 常用于高速缓存场景，Cassandra 具有高可用性和高扩展性，MongoDB 可用于处理复杂的文档结构，Neo4j 则可用于处理图形数据。

（四）数据分析与挖掘技术

大数据分析与挖掘是将大量数据转化为有价值信息的关键过程。由于来源渠道繁多，这些数据中包含了大量的无效或不相关的信息，因此精确的数据分析与挖掘技术显得尤为重要。在这一过程中，通过应用各种算法和技术，分析师能够从庞大的数据集中识别有用的信息，并研究这些信息的内在规律及相互之间的关系。为了高效地进行数据分析与挖掘，现代技术提供了一系列的工具和平台。例如，Spark 提供了快速的数据处理能力；MapReduce 可处理大规模数据集；Hive 和 Pig 是高级的数据查询与处理工具；Flink 和 Impala 优化了实时数据流处理；Kylin 提供了高效的大数据分析服务；Tez 优化了 MapReduce 的处理效率；Akka、Storm 和 S4 适用于实时消息处理；MLlib 则是 Spark 的机器学习库，广泛用于数据挖掘中的模式识别。

（五）数据可视化展示技术

大数据可视化展示是将复杂数据集通过图表或文字形式直观展示的过程，可使数据的分布、发展趋势、相关性和统计信息等内容一目了然。可视化展示方式极大地增强了数据的可读性和易理解性，可帮助人们迅速把握数据背后的深层含义和价值。在实践中，大数据可视化是分析工作的重要组成部分。图形化的表达，更易于理解分析结果，还能有效地沟通复杂的概念和发现，尤其是在展示给缺乏一定技术背景的决策者时。为了实现高效的数据可视化，市场上出现了多种专门的工具，如 Echarts 和 Tableau。

综合来看，大数据技术能够帮助人们更好地分析数据，发掘数据中的有用信息。大数据主要技术的总结概括如表 1-1 所示。

表 1-1　大数据的主要技术

大数据技术流程	技术点	主要功能或优势
数据采集	系统日志采集	适用于海量数据的采集，能确保数据的完整性与时效性
	互联网数据采集	高效抽取网络数据，保留原始性，具有广泛的数据覆盖范围
	App 移动端数据采集	收集用户行为数据，适用于实时监测及分析用户偏好
	强化与数据服务机构的合作	提高数据获取的效率和准确性，快速访问高质量数据资源
数据预处理	数据清洗、标准化、转换	提升数据的准确性和可用性，准备后续分析
	去除重复记录、筛选无关变量、识别并处理异常值	减少数据处理负担，避免误导性信息
数据存储与管理	使用 Hadoop 分布式文件系统（HDFS）和非关系型分布式数据库（NoSQL）	高度数据冗余有可靠性，适合处理大量非结构化数据
数据分析与挖掘	使用大数据处理工具和平台	快速处理大规模数据集，优化实时数据流的处理
	使用机器学习库和实时消息处理系统	支持模式识别，适用于复杂的数据分析与决策
数据可视化展示	利用图表或文字形式展示数据	增强数据的可读性和易理解性，有效沟通复杂概念与发现

七、大数据的安全与隐私研究

（一）应用大数据时所面临的安全隐患

在数据采集阶段，无论是通过在线平台还是通过物联网设备，个人数据的收集变得无处不在。例如，搜索引擎和社交媒体平台（如谷歌、百度、360）在提供个性化推荐时，会收集大量用户的浏览数据和行为偏好。这种数据的收集和利用虽然增强了用户体验，提高了业务目标的实现率，但也增加了数据泄露的风险，特别是在数据管理存在漏洞的情况下，用户的隐私安全易受到威胁。数据的传输是数据安全的另一大挑战，传统的有线数据传输虽然相对安全，能够保证数据在传输过程中的隐私和完整性，但成本高昂且部署周期长。与此相比，无线数据传输虽具备成本低和部署快的优势，却极易受到外界信号的干扰和恶意攻击，使数据传输过程中的安全性大打折扣。鉴于有线和无线传输各有利弊，有效的数据安全策略应当是两者的有机结合。使用有线传输确保核心和敏感数据的安全，同时辅以无线传输以增强系统的灵活性和扩展性，这样能够更好地适应复杂多变的网络环境和应用需求。

（二）数据存储与处理时存在的隐私问题

当前，数据存储系统趋向于开放式和分布式架构，成为共享资源。此种架构虽然提高了数据访问的灵活性和效率，但也使数据更易于在多个点受到攻击，从而增加了数据泄露的风险。在此环境下，确保分布在各个系统中的数据的安全性和完整性变得极其重要。然而，我国现有的数据保护技术尚未完全达到防护数据的目的，使数据在存储过程中面临被恶意破坏的风险。大数据的核心活动之一是数据处理，尤其是数据挖掘。数据挖掘通过对数据进行多次分析，可挖掘数据的潜在价值，为用户提供个性化服务，提高服务的针对性。然而，深入的数据利用放大了隐私问题，加剧了数据滥用的严重性。例如，在社交软件中，用户注册信息的隐私保护常常受到忽视，缺乏有效的外部监管，使用户信息容易被第三方窃取，个人隐私安全面临严重威胁。

八、大数据带来的挑战

大数据在社会、经济和科学研究领域的价值不断显现，全球的政府、学术界和工业领域都在加大对大数据研究与应用的投入，使大数据逐渐成为国家科技战略的核心组成部分。然而，大数据作为一个新兴领域，在带来巨大机遇的同时，也面临着一系列复杂而艰巨的挑战。大数据的特性（如庞大的规模、多样且异构的来源以及动态的增长性）与传统数据处理方法形成了鲜明对比，对数据的采集、存储和分析提出了更高的要求。

（一）大数据采集的挑战

大数据的采集是数据分析和二次开发利用的基础，随着数据来源的多样化和规模的增大，数据采集面临着前所未有的挑战。大数据采集的挑战主要源自大数据错综复杂、种类繁多、规模巨大，这使传统的数据采集技术难以满足当前的需求。海量的数据信息中，数据源的真实性往往难以确定，会直接影响到数据信息的质量。在网络和移动终端平台上，用户数据的生成趋向于多元化，要求数据采集工作不仅要综合汇总不同平台的数据，还需要确保数据的真实性和有效性。数据采集的难点在于如何在保证采集效率的同时，兼顾数据质量，确保所采集的数据可以为后续的分析和应用提供有利的条件。随着数据量的急剧增加，传统的集中式数据存储已逐渐向块状型数据结构转变。块状型数据结构虽然加深了数据之间的关联性，但也相应增加了数据采集的成本。数据分布的块状化要求采集技术能够更高效地处理分散的数据源，同时保持数据整合后的连贯性和完整性。在数据生成阶段，为保护个人隐私或商业机密，关键数据往往被加密或限制访问，导致数据采集过程可能遗漏重要信息。此外，数据保护机制虽然是必要的，但如果过度，会形成"数据孤岛"，降低数据的可用性和实用价值。

（二）大数据存储的挑战

数据的规模庞大和种类多样对存储技术提出了新的要求，极大地推动了存储解决方案的创新。虽然存储成本一直在下降，但数据的快速增长速度仍然对现有存储技术构成了巨大压力。从20世纪60年代的1万美元1 MB到现在的1美分1 GB，存储成本明显下降。然而，全球数据的规模呈爆炸式增长，此种规模的增长对存储技术提出了极高的要求，尤其是在如何实现高效率和低成本的存储方面。目前，基于磁性介质的磁盘是大数据存储的主流介质。此种技术虽然经济实惠，但其读写速度的提升在过去几十年中十分有限，对于需要快速处理大量数据的大数据应用来说是一个瓶颈。固态硬盘（SSD）以其高性能、低功耗和小体积的优点，被视为未来可能替代磁盘的主流存储介质。然而，SSD的性能优势虽然明显，但其单位容量成本仍远高于传统硬盘，在一定程度上限制了其在大数据存储中的广泛应用。大数据的种类多样性和高异构性要求存储系统能够高效处理和存储复杂的数据结构，这给数据的集成和整合带来了挑战，要求存储系统能够设计得合理且高效，以便对庞大的数据集进行有效管理。大数据对实时性的要求极高，这意味着存储系统必须能够在保证高吞吐率的同时，迅速满足数据查询和处理的需求。

（三）大数据分析的挑战

数据分析是实现数据价值的核心环节，其基础是数据采集。有效的数据分析不只是简单地将数据以PPT或文字表格的形式展示，它还涉及深入分析核心数据，从而挖掘潜在的价值。为了在庞大的数据资源中找到真正有用的信息，分析过程需要排除各种外部干扰，特别是人为的限制性因素，这些因素往往会对数据的采集和进一步的数据挖掘产生不利影响。因此，数据分析的过程必须尽可能克服前期因素的干扰，从而确保数据的纯净性和准确性。

数据资源的集中分布通常会带来更高效的数据分析，然而，当数据资源呈现块状化分布时，数据分析的复杂度也随之增加。这种情况下，数据分析人员需要综合各种不同结构形式的数据集，会在一定程度上增加他们的时间和精力投入。因此，建立新的数据分析技术以确保高效地获得准确的分析结果至关重要。非关系型数据分析技术因其能够有效处理块状数据资源而成为主流代表，然而，如何提升其应用性能仍然是关键问题，需要研究与开发人员不断努力。另外，应用场景中产生的非结构化数据通常具有较高的使用价值，这些数据往往需要成为数据分析的重点处理对象。只有通过挖掘和采集实时生成的数据，数据分析的价值才能充分体现。然而，由于"数据孤岛"现象的存在，人们通常很难获得通用性的数据处理结果。因此，打破数据资源的垄断局面，实现实时数据的共享与共用，是当前数据分析面临的关键任务。一旦实现了实时数据的共享与共用，数据分析人员就需要根据不同的应用场景来调整数据分析模式，以确保数据处理的时效性，并在最短时间内呈现出数据分析结果，从而彰显数据分析的价值。然而，在处理规模庞大的数据信息时，数据分析必须兼顾处理速度和处理质量，不能只追求处理速度。因此，数据分析人员需要采用高效的算法和技术工具，以保证数据分析结果的准确性和可靠性；同时需要对数据进行合理的清洗和预处理，以减少错误和噪声对分析结果的影响，确保数据分析的质量和价值。

第二节　现代大数据技术的应用

一、现代大数据技术在智慧校园中的应用

（一）现代大数据技术在微课教学中的应用

近年来，大数据技术的应用探讨相当广泛。2013 年被称为大数据时代元年，大数据技术与医疗、教育、交通等领域融合的趋势愈加深刻，完

善大数据平台建设已经成为当前各国的工作重点。以教育领域为例，我国智慧校园建设就是以大数据技术为基础，推动学校教育教学模式发生深刻变革，也正是在大数据技术的支持下，我国信息化教学体系得以逐步健全。随着数据存储、分析和处理技术的不断发展，在智慧校园建设背景下，微课教学模式被广泛应用，成为推动学校教育质量发展的新依据。

　　当前，利用大数据开展微课教学成为高校教育的重要任务。微课为课堂教学的创新模式。高校微课教学管理者需要深入分析学生、教师和课程数据，以优化教学质量，研究微课对学生成绩、教师教学效果和课程建设的影响，通过分析结果，建立微课教学后台数据库，为后续教学提供数据支持。在教学实践中，教师可以从数据库中获取关键信息，调整微课教学策略，提升教学质量。在大数据时代，数据成为解决问题的核心。因此，高校教师应主动利用微课教学数据库，改善微课教学中存在的不足，引导学生更好地参与学习，并营造良好的教学环境。此外，教师还可以引入数据教学资源（如在线教学平台和数字化学习资料），以提高微课教学的效率和趣味性。高校可以通过充分利用大数据技术，实现教学的个性化和差异化，满足不同学生的学习需求。教师也能够更好地了解学生的学习情况，及时调整教学内容和方法，提高教学效果。

　　微课对教育的影响主要体现在三个方面。第一，微课有利于促进教学模式的改革。在传统的教学模式下，学生的主体性地位未能得到充分体现，师生之间的课堂互动程度较低。而在微课教学模式下，各种教学资源得到充分利用，单向传授的教学模式被多元互动教学所取代，师生之间的课堂互动程度明显提高。微课教学强调缩短教学时长、优化视频教学内容，更容易引起学生的学习兴趣，从而使学生的学习注意力更加集中。因此，微课所形成的多元互动教学模式能够有效激发学生的学习主体意识。第二，微课有利于促进知识的传播。随着信息技术的发展，知识传播的途径变得更加多元化，人们学习知识的渠道不再局限于传统的课堂教学或传统媒介，新型的网络学习平台和移动学习软件成为人们获取知识的有效渠道，尤其是在微课出现后，知识传播打破了时空限制，人们可以利用短暂的空余时间学习新知识、掌握新理念。微课使知识接收的人群更加广泛，这对于知识的普及具有重要意义。第三，微课有利于高校教师共享教学资源。高校教师可以从微课教学数据库中挖掘有效的教学资源，也可以将个人制作的微课教学内容上传至微课教学数据库中。实现微课的共享首先需要搭建微课数据资源平台，而这需要依赖大数据技术的支持。在微课教学平台中，高校教师可以共同探讨微课教学模式，从而提升整体的教学水平和质量。

网络微课平台聚集了各种学科的课堂教学数据资源，使微课成为视频教学的新典范。微课时长短，内容精简，同时具有较强的互动性，受到广大学生的追捧。由于微课教学更贴近学生的学习需求，当前越来越多的高校教师积极加入微课制作行列，创新微课教学内容，主动从网络微课平台中挖掘、提取优质教学资源。综合来看，网络微课平台正朝着"一站式"方向发展，成为师生共享共建的开放平台，使微课资源的价值得到了有效提升。

（二）现代大数据技术在慕课教学中的应用

大数据技术在慕课领域的应用为网络教育提供了强大的支持。慕课作为深受欢迎的网络学习平台，涵盖了各种课程数据资源，为高校师生提供了丰富的学习资源。慕课的数据主要来自学校教师上传的教学数据和学生利用慕课学习产生的数据。慕课平台拥有庞大的学生群体，学生在使用慕课网站时会留下各种数据，这些数据会上传到慕课后台管理系统中，管理人员利用数据分析技术可以逐步完善慕课网站资源的建设。慕课网站以高质量的教学视频为主要资源，涵盖了从基础教育到高等教育的各种课程内容。利用大数据技术，慕课网站可将学生数据转化为优化慕课资源建设的动力，有效巩固了慕课网站的学生基础。在慕课平台中，学生和教师不仅是慕课教学视频的制作者，也是慕课教学视频的使用者。此外，学校教师还可以利用慕课平台分析学生的学习成绩。例如，学生通过慕课平台在线提交考试试卷后，慕课平台会自动生成学生的考试成绩，教师可以根据学生的考试成绩数据研究学生完成考试的过程，包括每道题所耗费的时间、每道题的得分等，如图1-2所示。这些过程性数据的分析可以有效提高教师的教学质量和教学效果，从而更好地满足学生的学习需求。

每道题的得分

各题所花费的时间

翻阅试卷的时间

做题的顺序

检查的时间

改错的选项

修改过的选项

图1-2 学生考试成绩背后的数据

　　当前，大数据技术已经成为信息教育的主要支柱，持续推动课程教育朝着更高水平发展。在数字信息技术的支持下，慕课网站平台能够实时收集、汇总学生数据，这些数据成为推动慕课网站平台持续发展的关键。一般来说，学生数据主要包括学生访问数据，如学生访问视频类型、访问频率。慕课网站通过收集、汇总学生的访问数据，分析学生的偏好，为学生推荐个性化的课程资源。举例来说，教师在慕课平台上传了课程教学视频后，就可以实时查看学生观看课程教学视频的数据，通过分析学生的浏览行为（如学生对教学内容的兴趣、观看视频的时间段、参与课程互动讨论的频率、完成课题作业的情况），可以了解学生的学习情况和学习偏好，并借助有关的数据反馈，不断优化课程教学视频的质量，使其更能满足学生的需求，更好地践行学生主体参与教学的理念。通过大数据技术，慕课网站平台可以实现个性化推荐，根据学生的学习行为和偏好，为学生提供定制化的学习体验。个性化推荐可以提高学生的学习积极性和学习效果，并丰富学生的学习体验，增强学生的学习动力。慕课网站还可以通过分析学生数据，及时发现和解决教学中的问题，为课程教学的持续改进提供有力支持。

大数据的出现推动了从群体教育到个体教育的转变，加快了个性化教育的实现。利用大数据技术，教师可以通过学生在慕课学习过程中的状态去分析学生个体。例如，课堂学习的过程、师生互动以及完成作业的过程中，数据的产生都是过程性的，记录了实时行为和现象。此种个体化分析可以帮助教师更好地理解每个学生的学习需求和行为特点，从而更有效地调整教学策略，提供针对性的教学支持，实现更加个性化的教育目标。

数据整合是数据分析的基础，在整合学生的学习数据后，教师可以深入分析教学过程对学生学习过程的影响。数据整合以数据收集为基础，因此数据收集过程必须符合数据分析目标，确保数据收集的全面性和真实性，以体现学生个体的学习特征。通过数据收集和整合，教师可以利用数据分析技术记录学生学习的阶段性和整体性特征，从而制定相应的教学策略。在使用慕课教学时，教师首先需要明确课程教学重点，并确定课程教学难点，要求学生通过学习课程教学视频来完成相关的课程作业。为了保证课程作业的针对性，教师可以设置线上课程作业。教师可以通过查看学生提交的课程作业数据，详细分析每位学生对课程学习的完成情况。例如，在查看学生课程完成数据时，教师可以分析学生对教学重难点的理解程度以及是否掌握了课程的关键知识点，这有助于教师更好地了解学生的学习特点，从而调整教学策略，为学生提供更有效的学习支持。除此之外，通过数据分析，教师还可以发现学生在学习过程中的个体差异，有助于针对性地提供个性化的学习指导。教师可以根据学生的学习数据，为每位学生量身定制学习计划，帮助学生更好地掌握课程内容，提高学习效果。

慕课网站构建了更加科学的教学评价方式，大数据技术的合理应用在一定程度上解决了目前教育评价方式单一的问题。传统教育往往依赖成绩评价教师和学生表现以及教育过程，这种方式过于主观且缺乏公平性。而基于大数据的慕课教学评价则更加客观和全面。通过收集、分析真实的学习数据，慕课教学评价不再依赖于经验，而是建立在数据支撑的基础上，从结果性评价转向了过程性评价。借助大数据的归纳分析，教师能够发现教学活动的规律，更好地改进和优化教学评价的过程。

（三）现代大数据技术在智慧教育云下的应用

大数据技术的发展推动教育进入了智慧教育云时代，在此背景下，云计算和移动互联网快速发展，为智慧教育的数字化、网络化和智能化奠定了基础。智慧学习、智慧教学、互动在线课堂以及个性化学习已成为未来教育的主要趋势，利用云计算构建智慧教育平台并为学生提供个性化教育资源成为智慧教育云平台的核心任务。学生通过智慧教育云平台，可以在智慧学习环境中提升学习体验，培养创新思维和智慧学习理念。智慧教育云平台综合了大数据、云计算、移动通信定位和分布式存储等技术，旨在构建智能化的教育服务环境。学生可以通过该平台获取智慧教学、智慧学习、智慧评价和智慧管理等多种服务，实现教育资源的共建共享和配置优化。其中，学生学习数据是核心，平台通过数据分析构建学生学习行为模型，以评估学生对教育资源的使用效果，并预测学生的学习趋势。智慧教育云平台还加强了教师、学生和家长之间的互动，使教学、学习和监督更加便捷、高效。2016年9月8日，联想企业云举办了"寻找最美超融合合伙人——唯技术·筑生态"发布会，推出了精简易用的H3000超融合产品，并与行业解决方案提供商合作发布了"联想超融合生态合伙人"计划。其中，中国信息技术有限公司（CNIT）、叠云（Cloudecker）、魔泊云（MoPaaS）等公司成为超融合生态合伙人。在发布会上，CNIT产品总监马易详细介绍了超融合时代下的智慧教育云，强调了智慧教育云的重要性和未来发展方向。

在当今大数据时代，超融合技术呈现出超强的整合传输特征，并且具有低成本使用的优势，成为智慧教育云平台的理想基础系统架构。将超融合数据技术与智慧教育云技术相结合，可以形成实时在线运行的数字教育平台，为各类教育管理者提供集数据收集、整合、分析为一体的智慧教育云管理平台，从而推动教育行业的持续优化发展。智慧教育云平台的校园端包含了校园云教师系统、云办公系统、信息发布系统等，为校园管理者提供了持续完善校园管理模式的有效帮助。智慧教育云平台具有较为完备的存储系统，支持学生信息的上传和留存。学生在首次登录智慧教育云平台时需要注册并填写个人基本信息，这些信息会被自动存储至云端。当学生浏览智慧教育云平台资源时，系统会自动记录学生的浏览数据，并通过数据整合和分析技术为学生推荐个性化的资源内容。智慧教育云平台还支持学生设置监督管理服务，学生可以根据需要自主设定相应的信息。例如，学生可以设定课程学习计划并上传个人学习信息，系统会根据学生的要求生成数据分析结果，并提供相应的反馈建议，此种服务模式可以持续优化学生的学习质量，提高学生的使用体验。在云计算技术的支持下，智慧教育云平台还可以为学生提供与学习相关的生活化建议。通过研究学生学习行为与睡眠时间的数据关系，系统可以自动分析睡眠时间对学习行为的影响，并得出充足睡眠对学习有积极作用的结论。因此，智慧教育云平台会建议学生保持充足的睡眠时间。如此，个性化服务会使学生在学习过程中更好地调整生活作息，提高学习效率。智慧教育云平台是学校教育与科学技术相结合的产物，使传统的线下课堂教育格局得以打破，多元形式的线上平台教育得到了大规模应用，从而推动了教育信息化的发展。在当前提倡个性化教育的背景下，智慧教育平台能够为学生提供个性化的学习内容，从而提高学生对知识学习的满意度。随着智慧教育模式的逐步完善，以云计算为支撑的智慧教育平台将会受到更多研究者的关注，新型的智慧教育格局也将会得到持续巩固和优化。

二、现代大数据技术在智慧城市中的应用

（一）现代大数据技术在智慧城市管理方面的应用

　　大数据被形象地称为城市管理智慧化的"军师"，人们可依托大数据平台来实现智慧城市管理的目标。其中，建立数据资源共享平台能够确保各方面数据资源的协同共享，为推动智慧城市的转型升级提供关键支持。政府管理部门可通过全面采集城市数据，并将其整合传至数据资源库中，为政府决策部门提供数据支持，从而优化政策出台的质量。这种数据资源共享的模式促进了政府管理部门与决策部门之间的协同联动，推动了城市管理向更加智慧化的方向发展，提高了政府决策效率和管理服务水平，完善了城市智慧管理体系的建设。大数据还被认为是实现城市建设人性化的"密钥"。通过大数据技术，城市居民可以实时了解城市道路交通状况，而城市交通管理部门也可以实时管控城市道路系统，使城市交通更加畅通。城市居民出行生成的数据报告可以为城市基础设施建设提供重要参考，从而完善城市基础设施建设，提升城市居民的获得感。在大数据的支持下，城市建设者可以根据居民数据，完善城市建设格局，使城市更加智慧化、人性化。然而，人们每天可能产生数以亿计的事件，约 24 TB 的数据，要实现智慧城市管理和人性化建设，需要处理大量的数据。

（二）现代大数据技术在智慧城市环境方面的应用

　　大数据在智慧城市环境方面的应用涉及环境规划编制、环境质量管理以及污染源生命周期管理等多个方面，提高了城市环境治理的科学性和精准度，还为城市环境保护和管理提供了强有力的支持。城市环境数据是环境规划编制的重要依据，城市管理人员通过全面采集城市区域的环境数据，并整合生成城市环境数据报告图，可以客观地分析城市环境变化的原因，为环境规划提供精准的服务。在建立数据模型的基础上，

大数据技术可以进行数据分析，研究诱发环境质量下降的因素，预测环境未来的发展趋势，从而为环境保护提供精准规划。大数据技术可以实时监测城市环境质量状况，并为城市管理者提供最新的数据资料信息。城市环境质量监测中心可以采用数据传感系统分析城市各区域的环境质量变化趋势，结合城市道路交通及人口流动等数据，形成科学化的城市环境数据模型，以保证城市管理更加精准、高效。通过大数据技术分析城市环境污染源的生成、发展和扩大阶段的数据变化，城市管理人员可以及时监测城市环境污染源数据的走势，为有效防治城市环境污染提供基础。城市管理人员可以根据对城市环境污染源的研究，采取针对性的措施，实现城市环境污染的科学高效管理。

（三）现代大数据挖掘技术在智能交通中的应用

1.理论概述

智慧城市和大数据作为当今热门话题，在城市管理和发展过程中扮演着重要角色。随着中国经济的持续发展和城市化进程的加速推进，城市交通问题逐渐显现出来，尤其是交通拥堵和交通污染等现代化城市病，成为制约城市发展的重要因素。因此，智能交通备受关注，而大数据在交通管理中的应用成为解决这些问题的有效手段。在交通管理领域，大数据的产生主要源自各类交通运行监测和服务，如高速公路、干线公路的交通流量数据和气象监测数据，以及公交车、出租车和客运车辆的全球定位系统（GPS）数据，这些数据量大且种类繁多。随着城市交通数据规模的不断扩大，数据量也从 TB 级跃升至 PB 级。例如，在广州市，每天新增的城市交通运营数据超过 12 亿条，数据量为每天 150 ～ 300 GB，这些数据为城市交通管理提供了丰富的信息资源。中国智能交通协会理事长吴忠泽指出，大数据将实现交通管理系统的跨区域、跨部门集成和组合，从而提高交通运行效率、安全水平和服务能力。大数据的应用将极大地提高交通管理的效率，为城市交通的发展注入正能量。

为了构建现代智慧交通系统，及时、准确地获取交通数据并建立交通数据处理模型至关重要。通过大数据技术，城市道路交通管理部门可以建立城市道路交通数据管理平台，有效优化城市道路交通系统的布局。城市道路交通管理部门可在每条街道设置数据监测设备，实时采集城市街道的车流量数据，从而为城市居民提供出行建议；还可以指导城市道路信号灯的调度，并及时发布交通信息，帮助居民规划出行路线。城市交通数据平台也是未来城市交通管理的主要依据，科学、有效地利用有关数据可以降低城市交通拥堵率，减少交通事故发生率，优化城市道路交通系统的运行。

2. 交通大数据中的数据挖掘技术

智慧城市的建设需要充分利用大数据技术，特别是在交通领域，大数据的应用可以为城市交通管理带来革命性的改变。交通大数据的采集和挖掘技术是智慧交通系统的核心组成部分，城市道路交通管理部门通过对城市道路交通数据进行智能分析和处理，可以实现交通管理的精准化和高效化。

城市道路交通数据主要分为动态交通数据和静态交通数据。动态交通数据是通过城市智能交通监测设备实时采集和上传得到的，可显示城市各区域的交通情况，包括车流量、车速等信息。静态交通数据则是指城市固定交通干线的数据，如城市主干道的通行能力、信号灯设置信息。城市道路交通管理部门需要根据实时的动态交通数据调整管理方案，同时需要关注静态交通数据，以综合分析城市交通系统的综合影响，并及时补充静态数据，以辅助交通管理。

智能交通系统会将城市交通数据分为城市干道交通数据和城市区域交通数据。城市干道交通数据主要来自城市出行车辆，车辆配有 GPS 定位系统，可以自动记录车辆的行进数据，包括方向、速度等信息。这些数据被上传至城市智能交通系统后，可以用于预测未来一段时间内的交通状况，为车主提供出行建议。城市区域交通数据则是通过设置交通数据监测设备实时监测各区域道路的车流量等获得的信息，以分析道路是否存在拥堵等情况。城市交通数据的智能采集设备主要依靠磁频感应技术，此种技术能够提高数据采集的精准度和稳定性。智能交通系统可对采集的数据进行智能分析，综合反映某段时间内的城市交通状况，并为城市交通管理人员提供参考。交通数据管理平台会先分析各时间段的交通数据，然后建立交通数据模型，最终形成城市交通数据报告，帮助城市交通管理人员调整管理方案。为了保证交通数据处理的效率，管理人员需要建立数据挖掘系统模型。该模型主要分为数据采集、数据汇总和数据阐释三个阶段。数据采集阶段需要通过城市交通监测设备实时获取各种交通数据源，并进行分类汇总；数据汇总阶段需要对已采集的数据进行预处理，减少关联性较低的数据，为建立数据模型做准备；数据阐释阶段通过数据挖掘技术对交通数据信息进行分析整理，可生成城市智能交通数据模型。

第三节 大数据与云计算、物联网的关联

一、云计算的理论阐释

云计算是当今互联网信息技术领域较为瞩目的技术之一，美国的谷歌（Google）、亚马逊（Amazon）以及中国的百度等互联网企业都在积极研发云计算技术，各国电信运营商也在努力建设云计算平台。在大数据技术的支持下，云计算与大数据的结合极大地提高了数据获取和分发的效率，进一步推动了个性化内容的生产和推荐模式的发展。为了充分发挥数据挖掘分析的价值，研究者需要充分利用云计算技术，并借助数据算法实现数据资源的可利用价值。建立良性互动的数据与用户之间的渠道，可以为用户提供实时、个性化的数据资源，满足其不断增长的需求。

（一）云计算的基本概念

云计算是当今信息科技领域备受关注的技术之一，其本质在于构建一种网络数据存储与挖掘平台，以提供可操作性的资源获取服务和个性化的定制存储服务。[1] 这种网络云平台具有高存储运行空间，用户不仅是云资源的发布者，也是云资源的使用者，可以在特定环境下利用云计算模式，生成个性化的数据资源推荐。

从广义上来看，云计算是一种数据资源共享模式，它建立了大数据、软件运营商和用户之间的共享渠道。用户使用的数据会自动保存在网络云端后台数据库中，软件运营商则可利用数据挖掘与分析技术研究用户的软件使用行为倾向，并据此调整软件资源的分发模式。[2] 因此，云计算实际上是基于网络技术形成的数据采集与个性化分发的算法。云计算更像是一种伴随大数据与网络技术生成的应用概念，用户的数据以加密的形式存储在网络云端数据库中，这种存储方式更加安全、高效。用户上传的可共享数据资源也会免费为其他用户提供支持与帮助。可以说，云计算是一种基于网络应用技术的模式创新，在互联网高效应用的时代，它为用户提供了更加个性化的服务，成为网络高效发展的重要推动力。尽管人们对于云计算的定义有不同的阐述，但总体而言，云计算具有更加人性化的服务方式，能够满足用户的使用需求，为用户带来良好的使用体验。因此，云计算不仅能够广泛存储多种类型的数据资源，还能够将这些数据资源加以细分，并利用算法生成个性化的数据资源推荐。云计算的目标是挖掘并分析所获取的数据资源，为用户提取实用的数据信息。实际上，云计算也是一种超级计算模式，它将所有的计算机终端处理系统集中起来运行，以提高数据算法的精准性。互联网软件运营商或其他企业单位可以根据数据算法及时调整管理实施方案，用户可以输入相应指令获取数据信息。

---

[1] 李丽萍.大数据时代云计算技术的发展应用[M].西安：西北工业大学出版社，2021：6.
[2] 刘鹏.云计算[M].北京：电子工业出版社，2015：1.

（二）云计算的基础分类

云计算作为一种基于网络终端系统和大数据技术的新型计算模式，逐渐成为用户存储和获取资源的主要方式。在众多公司（如谷歌、IBM 等）的共同推动下，用户可以通过简单的指令实现在线操作，实时存储或获取数据资源。根据服务方式的不同，云计算可以分为基础设施即服务（IaaS）、平台即服务（PaaS）和功能即服务（FaaS）。[①] IaaS 将硬件设备等基础资源封装成服务供用户使用，在这种环境中，用户相当于使用裸机和磁盘，可以根据需求选择运行 Windows 或 Linux 等操作系统。IaaS 公有云供应商提供存储和计算服务，包括高可伸缩数据库、虚拟专用网络、大数据分析等。AWS、微软 Azure、谷歌云平台和 IBM Cloud 等公司是主要的 IaaS 供应商，其优势在于允许用户动态申请或释放节点，并按使用量计费，提高了资源的使用效率。PaaS 要求用户按照平台指令完成系统操作。平台可提供相对稳定的操作空间和安全性能，并要求数据资源可动态更新。在 PaaS 模式中，用户作为数据资源的获取方，主要针对平台开发人员。开发人员利用云计算技术来提高数据挖掘与分析的运行效率，保证应用程序与用户的适配性。[②] 开发人员对运行模式的可访问机制和服务满足用户需求是企业应用 PaaS 模式的关键。FaaS 是指 Functions as a Service，即功能服务化或函数服务化。使用 FaaS 只需要关注业务代码逻辑，无须关注服务器资源，因此 FaaS 与 Serverless 密切相关。FaaS 提供了更加细分和抽象的服务能力，使开发者可以专注于业务逻辑的实现，而不必担心底层基础设施的管理。

（三）云计算的主要特点

云计算作为一种新型的数据处理与分发机制，具有许多基本特点，不仅体现在技术层面，在服务模式和成本效益等方面也具有独特之处。

---

① 马宁.云计算关键技术[M].成都：电子科技大学出版社，2017：29.
② 吕云翔，钟巧灵，张璐，等.云计算与大数据技术[M].北京：清华大学出版社，2018：4.

云计算具有超大规模的存储空间，这种超大规模需要大量的数据源做支持，一些知名的互联网公司（如亚马逊、微软）拥有数十万台"云"处理服务器，具备较高的云计算能力。[1] 超大规模的存储空间为用户提供了充足的存储资源，使用户可以随时随地获取所需数据。云计算利用了移动式分布处理技术，可以保证数据挖掘与分析的可靠性。[2] 大量的数据资源需要高效运行的数据处理服务器提供支持，同时需要建立分布式存储处理系统，以确保云端数据的安全性和可备份性，从而为用户提供可靠的服务。云计算实现了虚拟化的存储空间和数据处理方式，用户可以通过云计算获取虚拟化的数据资源，不受时空限制，实现实时获取所需数据资源的目的，虚拟化的存储空间和数据处理方式为用户提供了更加灵活和便利的服务。云计算具有高扩展性，通过 SPI 架构，各软件或平台运营商可以连入同一个接口，用户也可以在此架构中添加扩展设备。这种高扩展性可以使用户实现数据资源的迁移操作，提高了数据资源的协同共享程度，满足了用户对不同云端平台的使用需求。云计算提供了按需服务，用户可以根据自身使用需求实时获取对应的数据资源，不需要事先进行大量的准备工作，从而更加方便地利用云计算平台。云计算操作成本极其低廉，用户只需按照相应节点指令便可完成操作。在云端系统中，大量的数据资源被集中存储管理，云计算实现了数据资源的自动化处理，从而大大降低了操作成本，尤其适合大中型企业开展管理。

（四）云计算的实际应用

云计算作为一种技术和服务模式，正在融入各行各业，为不同领域的发展带来了新的机遇和变革。从搜索引擎到金融服务，从医疗卫生到教育培训，云计算的应用正日益广泛而深入。大型综合性服务网站（如 Google、百度）已经建立了完善的云计算数据处理中心，用户通过这些平台可以轻松获取所需的数据信息。个性化的数据分发模式提高了用户

---

① 林康平，王磊.云计算技术 [M].北京：人民邮电出版社，2017：16.
② 过敏意.云计算原理与实践 [M].北京：机械工业出版社，2017：2.

体验，增强了用户对平台的黏性。用户也可以将个人数据资源上传至云端，实现数据的实时在线存储和管理。这种存储云应用提供了高效、便捷的使用方式，实现了数据资源的跨空间共享和使用。医疗云是当前医疗领域研究的热点，它利用云计算技术建立医疗云数据资源共享平台，可以实现医疗卫生领域的高效管理和信息共享，各地医疗卫生管理机构或医院可以实时获取所需的数据信息，提高了医疗服务的效率和质量。金融云是金融服务机构必备的技术支持，它通过云计算技术建立金融云端系统，保证了金融数据信息的安全性和稳定性，各地银行等金融服务机构已经建立了相应的金融云端管理平台，提高了服务水平。教育云是信息化教育的主要趋势，它通过云计算技术建立云端教育平台，能够实现教育资源的最大化配置，提高综合使用效率，慕课等远程在线教育平台已经成为线上教育的引导者，推动了教育环境的开放和公平。除此之外，IDC 云、企业云、云存储系统等也是云计算的重要应用领域，互联网数据中心的高效化、云存储系统的管理和存储海量数据的企业等都受益于云计算技术的发展。

二、物联网的理论阐释

物联网是建立在大数据技术基础之上的，旨在实现资源的共通共享，提高资源的优化配置效率的技术。作为互联网的进一步发展，物联网构建了"万物互联"的基础，使各种实物之间能够实现互联互通和共享。物联网技术可以使用户的适配需求得到满足，从而为人们的生活、工作和生产提供更加便利和智能化的解决方案。

（一）物联网的基本概念

物联网在互联网协议的基础上，利用实时在线传输识别技术（如 RFID 技术）、全球定位技术（GPS）以及大数据挖掘与分析技术等，实现"万物互联"的概念。物联网构建了一个新型的资源检索平台，在此平台上，物与物、人与物之间实现了智能化连接和互通。与无线传感器网络不同，物联网可将各种技术融合，实现泛在连接。物联网可以使用户智能识别和管理物品，实现生活和工作的高效便捷。物联网的功能不仅可以将设备、服务和应用程序连接到互联网，还可以让这些连接发挥更大的作用。无论是家居设备还是工业生产设备，只要能够连接到物联网，就能够实现更高水平的管理和控制。物联网的重要之处在于它简化了生活，使人们可以更加轻松地处理琐碎的事务，提高了生活质量。例如，通过手机应用程序，用户可以远程控制智能家居设备（如智能灯光、智能空调），使家居环境的管理更加便捷，用户可以根据自己的需求随时随地调整家居设备的状态，提高生活的舒适度和便利性；在工业生产领域，物联网的应用也日益广泛，可以实现设备的远程监控和管理，提高生产效率和质量。

（二）物联网的基本特征

由于物联网系统中的信息采集层可以实时进行工作，所获得的信息都是实时的真实信息，确保了物联网系统能够及时地采集、处理和传输数据，从而保障了决策处理的实时性和有效性。[1] 物联网系统中的信息采集设备相对廉价且灵活，能够对现实世界中大范围内的信息进行采集、分析和处理，使物联网系统能够提供足够的数据和信息，以支持决策处理的有效性，并且随着 Ad-hoc 技术的引入，物联网的传感范围得到进一步扩大。[2] 物联网的设计理念是使用自动化的设备代替人工，所有层次的设备都可以实现自动化控制。因此，物联网系统一旦部署完成，通常不再需要人工干预，能够提高运作效率，减少出错概率，并且在很大程度上降低维护成本。物联网系统部署之后可以自动运行，无须人工干预，因此其布设几乎不受环境条件和气候变化的限制，使物联网系统能够全天候地运转和工作，整个系统更为稳定和有效。

① 周丽婕，朱姗，徐振.物联网技术与应用实践教程[M].武汉：华中科技大学出版社，2020：10.
② 李辉.物联网发展与应用研究[M].北京：北京理工大学出版社，2017：6.

（三）物联网的系统结构

物联网的系统结构包括感知层和网络层，每一层都发挥着重要的作用，共同构成了物联网的完整框架。[①] 感知层是物联网系统的基础，主要利用 RFID 技术和传感器等数据采集设备来智能感知数据。RFID 技术通过扫描物体的标签来获取数据信息，实现物品数据信息的智能化采集。通过建立传感区域和传感节点，物联网感知层形成了由智能传感节点和网关连接的结构，以实现数据信息的互通和交互共存。物联网感知层的目标是实现物品数据信息的智能采集，需要借助 RFID 技术、传感和控制技术、短距离无线通信技术等来完成。网络层是为完成数据信息存储、分发共享、实时监控等提供服务的关键层。在网络层，物联网需要依托移动通信技术和互联网数据挖掘与分析技术，用户需要保证操作设备网络端口的信号质量，以实现实时在线管理物品数据信息的目标。网络层的数据挖掘与分析技术是物联网数据管理的核心，它通过建立物联网数据中心，以云计算技术为支撑，形成智能云物联网数据感知处理平台，帮助用户在大量的数据信息中筛选满足特定需求的数据信息。在网络层中，移动通信运营商发挥着重要作用，云计算技术也促进了物联网平台的建设与发展。

（四）物联网的实际应用

物联网作为一种技术革新，正在改变着人们的生产和生活方式。共享单车、智能锁、农业生产的数字化管理以及高速上的不停车收费（ETC）系统，均为物联网技术的应用案例，反映了物联网技术的蓬勃发展。工业领域是物联网应用较为广泛的领域之一，人们通过在工厂和矿区等环境部署无线传感器网络，可以实时监测设备的振动情况，提高工厂的安全性和效率。美国英特尔公司在芯片制造厂的案例展示了如何利用物联网监测工厂设备状态，及时预警潜在的危险。物联网还可以应用

---

① 兰楚文，高泽华 . 物联网技术与创意 [M]. 北京：北京邮电大学出版社，2019：46.

于危险区域的安全监控，有效遏制和减少事故发生的可能性。医疗领域也是物联网技术得到广泛应用的领域之一，智能医疗设备是物联网技术与医疗领域的深度融合，为医疗卫生队伍提供了新的管理方式和技术支持，例如，自动胰岛素泵可以实时监测患者的血糖数据，并将数据传输至管理平台，为医生提供最新的监测信息，提高糖尿病患者的管理效率和生活质量。智能交通与车联网也是物联网技术的重要应用领域之一，人们通过在交通领域应用物联网技术，可以实现交通监控、自动收费、智能停车等功能，优化交通管理，降低交通拥堵和事故发生的可能性。美国交通运输部提出的国家智能交通系统项目规划，预计到 2025 年全面投入使用，这将进一步推动智能交通的发展。智慧物流是物联网技术的又一重要应用领域，人们通过利用物联网技术可以实现对仓储物品的远程智能操作管理，提高仓储物流管理的效率和精度。当前，随着我国电子商务行业的迅速发展，仓储物流管理面临着更加复杂的挑战，如何利用物联网技术实现仓储物流的智能化管理成为迫切需要解决的问题。

三、大数据、云计算、物联网的比较

在当今信息技术飞速发展的背景下，云计算、大数据和物联网作为新兴技术正日益成为关注焦点。这三者之间的关系密不可分，共同推动着信息技术的进步和社会的发展。物联网作为一种新型的信息传输方式，依托于互联网的基础架构，利用各种传感装置进行信息传输和通信。物联网的出现使各种设备和物品可以互相连接，实现智能化的识别、定位、跟踪、监测和管理。此种物与物之间的连接方式为大数据的产生和应用提供了基础，可将更多的实时数据纳入系统中，为数据的分析和利用提供更多的可能性。云计算作为一种超级计算模式，拥有强大的计算能力，可以模拟实验、满足大型计算需求，并以服务的方式提供 IT 资源。在大数据时代，云计算为大数据的存储、分析和处理提供了强大的支撑，通过云计算平台，用户可以更加方便地获取和处理海量的数据。大数据、云计算和物联网三者之间的关系在不断演变和深化，随着大数据概念的提出，云计算中的分布式计算技术更多地与大数据技术相结合，物联网则成为大数据采集的重要来源之一。云计算、大数据和物联网三者之间相互渗透、相互融合，共同推动着信息技术的发展。简单来说，云计算提供了存储和计算的基础设施，大数据提供了数据的分析和挖掘技术，物联网则提供了数据的采集和传输通道。

（一）大数据、云计算、物联网的区别

大数据、云计算和物联网作为当今信息技术领域的重要概念，在定义、功能和应用方面存在着一些明显的区别。物联网是互联网"大脑"的"感觉神经系统"，强调了传感器的感知功能，通过各种传感装置实现信息的传输和通信。物联网不仅具有网络线路传输、信息存储和处理的功能，还能实现人与人、人与物、物与物之间的交流和互通。因此，物联网将人类社会、信息空间和物理世界融为一体，成为互联网的延伸和扩展。

云计算是互联网"大脑"的"中枢神经系统"，它将互联网的核心硬件、软件和信息整合到一起，为各个虚拟神经系统提供支持与服务。云计算通过远程的数据中心将成千上万的计算机和服务器连接起来，为用户提供高速的运算服务。用户通过网络线路和计算机终端与云计算交互，为云计算提供数据并获取服务，从而实现了云计算的功能。

大数据是互联网智慧和意识产生的基础，随着互联网的发展和普及，用户的互动、公司与政府的资讯发布以及物联网传感器所感知的实时信息都在不断产生海量的结构化和非结构化数据，对经济、科技、教育等领域都具有重要的价值。大数据的产生和兴起使机器学习算法得以应用，从而实现了对数据的分析和挖掘，为人工智能的发展奠定了基础。工业4.0或工业互联网是互联网"运动神经系统"的萌芽，其将云计算中的软件系统用于控制工业企业的制造设备，实现了智能化生产和装置。这些智能生产设备不断将海量的数据反馈给互联网，为其提供决策依据，从而实现了工业领域的智能化和自动化。

（二）大数据、云计算、物联网的联系

大数据、云计算和物联网三者之间存在着紧密的联系和相互依存关系，它们相互补充、相互成就，共同推动着信息技术领域的发展和社会的进步。大数据和云计算是相辅相成的，大数据分析技术的发展和应用需要强大的计算和存储能力，而云计算正提供了这样的基础设施。云计算的分布式数据存储与管理系统为海量数据的存储和管理提供了可能，分布式并行处理框架（如 MapReduce）则实现了对有关数据的高效处理和分析。没有云计算的支持，大数据分析就无法实现；反之，大数据的兴起也促进了云计算技术的发展和完善。物联网与大数据和云计算密切相连，物联网的各种传感器产生了海量的数据，为大数据分析提供了丰富的信息来源。物联网的发展需要云计算提供的数据存储和处理能力来支持其运作，云计算的分析结果可以为物联网提供数据分析和决策的依据。因此，物联网、大数据和云计算三者之间形成了一种相互依存的关系，共同构建了信息技术的发展格局。从整体上看，物联网与云计算和大数据构成了一种紧密相连的体系。物联网是数据的主要来源，大数据和云计算则为物联网提供了数据存储、分析和处理的基础设施。没有大数据和云计算的支持，物联网就无法发挥其功能；而没有物联网的数据源，大数据和云计算也会失去其应有的意义和价值。

第二章 我国高校教育管理的发展

第一节 高校教育管理的基础概况

一、高校教育管理的本质分析

高校教育管理的本质即通过教育与涵养、熏陶与浸染、培养与赋能，引导学生形成发现幸福、创造幸福以及体验幸福的能力，使学生更加优秀。

（一）高校教育的本质

教育的本质是让学生丰富自己，并实现个人天性和潜能的健康发展。这一观点强调教育不应只是对现实的适应，而是应该实现个体的自我发展和成长。[①] 卢梭则进一步指出，教育的目的是使每个人的天性和潜能得到健康发展，而不是简单地向学生灌输知识。哈佛大学前校长德雷克·博克认为，本科教育目标应当包括培养判断性思维、交际能力、种族宽容心，发展道德观，形成全球视野，积累广博的知识，以培养学生的全面素质和责任感。怀特海则主张，真正的教育应当超越课本和考试，强调培养学生的独立思考能力和判断力。爱因斯坦强调，教育的目的是培养学生的独立思考和判断能力，而非单纯追求学习成绩。当前，教育

---

① 李晓雯.高校教育管理的理论探索与探究[M].长春：吉林人民出版社，2021：1.

必须面向世界、面向未来、面向现代化，具有培养社会人才的功能和使命。这意味着教育要与社会发展需求相结合，更加关注学生的实际能力和综合素质。专业设置和就业导向也应当与市场需求相适应，以培养适应社会发展需要的专业人才。[①]

教育的本质是培养人的活动，旨在促进个体的发展和社会化过程。人是教育的对象，教育在特定的社会环境中进行，而社会为教育提供了物质和精神教育资源。[②] 个体的发展与社会的发展密切相关，因此教育不仅能促进个体的成长，还能推动社会的进步，体现了教育功能的一致性。教育涉及个体内在要素的培养，包括德、智、体、美、劳等方面的培养，同时与社会经济、政治、文化等外部环境紧密相连。从根本上来说，教育的目的是帮助受教育者发展自己的能力，完善其人格，进而润泽生命、开启智慧，教育者的责任在于守护受教育者的精神高地和内心世界。个体内心的幸福、宁静、力量感受，最终都要归结于教育的本质和爱的本质。正如周国平所言，"教育应使受教育者现在的生活是幸福而有意义的，并以此为幸福而有意义的一生创造良好的基础"。在此过程中，高校是学生进入社会前的关键一站，是培养"大学之人"的摇篮。在高校中，学生会接受多方面的教育，不仅能够获得专业知识，还能够塑造自己的品格，拓宽视野，培养创新精神和团队意识。高校教育不仅是知识传授的过程，更是品格塑造和人格培养的过程。通过高校教育，学生能够充分发展自己的潜能，提升综合素质，为未来的社会生活做好充分准备。

（二）管理的本质

管理作为一种普遍存在且极其重要的社会现象，是组织生存与发展的必要条件。从不同的角度来看，学者对管理进行了各种定义，但都在

① 张燕，安欣，胡均法.现代高校教育管理与教学创新研究 [M].天津：天津科学技术出版社，2023.：6.
② 单林波.高校教育管理体系构建研究 [M].北京：首都师范大学出版社，2022：30.

探讨管理的本质与功能。[①] 张俊伟将管理定义为一种既包含疏通、引导、促进、肯定等积极作用，又包含限制、规避、约束、否定等负面作用的行为。他将"管"解释为在合理范围内进行适当的干预，同时将"理"解释为顺应规律进行合理引导。在这种观点下，管理就像治水一样，需要疏通阻塞，确保事务顺畅运行。管理的本质在于从无把握变为有把握，即增加成功的确定性，这一观点由泰罗提出，他认为管理就是确切地知道自己要别人干什么，并以最好的方法去实现。赫伯特·西蒙将管理简化为一系列决策的过程，将决策视为管理的核心。德鲁克将管理视为一种工作，具有自己的技巧、工具和方法。从法约尔的角度看，管理是对组织资源进行有效决策、计划、组织、领导和控制，以达到既定目标的过程。

（三）高校教育管理的本质

高校作为培养身心协调发展的高素养人才的社会组织，其核心业务包括教学、科研和管理。然而，要实现教学和科研目标，科学管理十分重要。那国毅指出，管理的终极目标是改变他人的生活。因此，"向管理要效益"不仅是企业的口号，也适用于高校教育管理。高校教育管理的最终目标在于改善各类办学要素的状态及组合，共同培养具有丰富精神、高尚品德、独立思考能力的社会普适性人才。[②] 高校教育管理涉及协调内部各要素以及内部要素与外部要素之间的关系，通过合理配置有限资源，使各要素能够更加适应环境，从而更好地实现办学目标。高校教育管理水平是衡量教育现代化程度的基本尺度之一，直接影响着高校的教育水平和质量，以及高校办学目标的实现。[③] 因此，高校教育管理的重要性不言而喻。管理者需要以科学的管理理念和方法，促进高校内部各项事务的有序运行，从而为学生提供优质的教育和学习环境。管理者应

① 单林波.高校教育管理体系构建研究 [M].北京：首都师范大学出版社，2022：1.
② 戴月舟.新时代高校教育管理与创新研究 [M].汕头：汕头大学出版社，2022：31.
③ 吕村，谭笑风.高校教育管理与教学研究 [M].长春：吉林文史出版社，2020：21.

·45·

该注重资源的合理配置、内外部要素的协调以及各要素与环境的适应性，从而确保高校的发展方向与社会需求相符合。

高校教育管理是一种特殊的管理，因为其管理对象是活生生的人，而不仅仅是财物。在高校中，教师和学生的管理至关重要。高校教育管理就像一把双刃剑，如果运用得当，就能激发人们的活力和创造力；但如果管理不善，可能导致人们的消极情绪和困顿状态，甚至影响整个教育体系的运行。管理的艺术在于借力，就如同物理学中所讲的力的应用一样。借力的关键在于增加协同力，即通过密切接触目标等方式，增强动力源，推动动力的释放；同时要通过避免接触障碍的方法，减少阻力的能源，降低阻力。在此过程中，管理者需要善于调动和引导教师和学生的积极性，使其为共同的教育目标而努力。现代社会中，管理已经成为一种生产力。高校应该树立"向管理要效益"的观念，充分认识提高高校教育管理水平对于资源利用效率的提升、教师和学生积极性的激发等方面的重要意义。只有不断提高管理水平和能力，高校才能更好地履行教育使命，培养出更多优秀人才，为社会进步和发展做出更大的贡献。

二、高校教育管理的发展趋势分析

21 世纪，高校教育管理经历了巨大的变革，高校教育管理现代化已成为不可避免的趋势，包括理念、技术和师资队伍的现代化。理念的现代化是指领导思想和管理理念的更新和提升，技术的现代化是指管理工具和方法的创新和应用，师资队伍的现代化则是指教师队伍的结构、素质和能力的提高。综合而言，高校教育管理现代化是对传统管理方式的辩证否定，可通过现代化的策略和方法，实现高校内外部资源的整合与最大化效益。现代化的教育管理应使每个人的价值和尊严都能够得到最大限度的展现。然而，与其他类型的管理不同，高校教育管理的发展趋势也有其独特之处。

（一）高校教育管理的人本化发展

人本化的理念将人置于一切价值的出发点、归宿和评价尺度之上。古希腊哲学家普罗塔戈拉将人视作宇宙的尺度，他的观点肯定了人的价值，树立了人的权威，这是对人类价值的最早肯定。随后，尼采、康德、萨特等哲学家也对人的价值进行了探索和肯定，强调了人的尊严和自由。在中国古代，儒家、道家、法家、兵家等思想流派都将人作为社会的根本要素，将人的本性和价值置于至高无上的地位。教育过程被认为是以提高每个人的自身价值为本质特征的价值追求和创造的活动，教育的价值在于为每个人最大可能地实现自身价值提供基础，赋予学生解释和控制经验的能力。在教育的过程中，人始终是目的，而不是手段。高校教育管理现代化强调"以人为本"，将人作为教育管理的目的和价值归宿。高校教育管理的主体和客体都是人，其最终目标也是人。高校教育管理通过管理主体对管理客体进行管理，最终达到教育人、发展人和完善人的目的。

与企业管理、军队管理、行政管理不同，高校教育管理的对象是具有较高知识水平和独立个性的教师和学生，其管理目标是教化人，使人获得全面发展。高校教育管理只有坚持"以人为本"，尊重、依靠、服务于人，才能充分调动教师和学生的主动性和创造性，激发其潜能，推动学校和个体的共同发展。

（二）高校教育管理的信息化发展

信息化是高校教育管理发展的必然趋势，也是现代化的基本特征。计算机、互联网等技术的广泛应用为提高高校教育管理质量、解决传统管理中存在的问题提供了条件。美国新媒体联盟发布的《地平线报告》指出，自带设备、创客空间、可穿戴技术、自适应学习技术与物联网等新技术将对高校教育管理产生深远影响。2015 年 5 月，联合国教科文组织在青岛举办了首届国际教育信息化大会，提出了 2030 年前的教育目

标，即实现全纳和公平优质的教育以及终身学习。2016 年 6 月，第二届
国际教育信息化大会进一步强调了互联网时代的教育变革。高校作为科
技人才的培养地和科研成果的集中地，在信息化时代承担着重要角色，
信息技术的应用已经成为高校教育管理的必然趋势。因此，构建完善的
教育管理信息化体系势在必行。从组织网络、管理内容到管理技术，高
校需要将校园信息化、智能化、智慧化作为建设的重要目标。随着信息
技术的快速发展，高校教育管理面临着新的挑战和机遇。信息技术的应
用使教育管理更加智能化和高效化，为高校教育管理提供了更多的可能
性。通过信息化，高校能够更好地整合和利用各种资源，提高教育管理
的效率和水平。然而，要实现高校教育管理的信息化，人们还需要克服
一些困难和挑战。高校需要加强对信息技术的投入和应用，培养更多的
信息化人才。高校教育管理的信息化需要建立健全的网络安全体系，保
障信息的安全和稳定。此外，高校还需要加强与企业和政府的合作，共
同推动信息技术在教育管理中的应用和发展。

（三）高校教育管理的科学化发展

21 世纪的高校教育管理正面临着前所未有的转型发展，其中科学化
是其重要方向之一。通过大数据技术的应用，高校能够不断提高教育资
源的利用率，进而提升教育和服务的质量，实现教育管理由科学管理向
文化管理的转型升级。在此过程中，遵循教育管理规律和人才发展规律
是至关重要的，同时要综合考虑管理对象的特殊性，尊重被管理者的尊
严，这样才能真正实现科学的管理。对于我国高校而言，实现科学化管
理需要充分利用现代科技发展的最新成果。高校教育管理规划、教育管
理决策、教育管理评估以及教育管理激励等方面，都可以借助数据分析
和大数据技术，实现以数据说话，使决策更加科学、客观和精准。这样
就能够有效克服传统教育管理的主观性、片面性、盲目性和滞后性，从
而使高校教育管理更具有成效性和创新性。科学化管理能够提高高校教
育管理的效率和水平，还能够为教育的改进和创新提供有力支持。通过

科学化管理，高校可以更好地了解教育的实际情况，发现问题并及时进行调整和改进。科学化管理还可以促进高校之间的经验交流和资源共享，推动教育管理的全面升级和发展。

（四）高校教育管理的民主化发展

民主、平等是现代社会的标志，也是高校教育管理现代化的显著特征，能够促进学校内部的活力提升和创新，也有助于塑造积极向上的教育环境。民主、自由的精神为知识的孕育提供了沃土，专制的体制则难以激发灵感和创新。法国思想家卢梭提出，一个孩子的老师应该是年轻的，而且一个聪慧的人能多年轻就多年轻。这一观点强调了师生之间平等、民主的关系，主张师生应该建立伙伴关系，共同分享学习的快乐。中国教育家孔子提倡"有教无类""仁者爱人"，强调了师生平等相待、和谐相处的理念。这些思想的传承促进了师生关系的和谐，也为教育的发展提供了重要保障。中国古代的学术繁荣和思想碰撞，正是民主、自由的氛围所催生的成果。在战国时期，诸子百家争鸣，各种学术思想交相辉映，呈现出繁荣的景象。蔡元培则提出大学应该囊括大典、网罗众家之学的理念，进一步强调了学术自由和多元交流的重要性。历史表明，民主不仅是高校充满生机和活力的源泉，也是推动学术繁荣和文化创新的动力。在现代高校教育管理中，体现民主、自由至关重要，需要对管理理念、方法和手段等方面进行改革和创新。构建"问计于民、问策于民、问需于民"的上下同心、内外合力的协同机制，以及"人人参与、共同决策、共享成果"的分享机制，都是实现民主化管理的重要举措。

（五）高校教育管理的互动性发展

高校教育管理的现代化离不开参与和互动的重要作用，即使有再好的决策，如果只是管理者自说自话，没有得到教师和学生的关注和参与，那么这些决策往往会成为一纸空文，无法产生实际效果。因此，教师和学生的关注及参与是集体智慧产生的前提条件。互动性是反馈的一个重要方面，反馈对于组织的运行至关重要，它可以帮助收集各种信息，对组织的目标和行为方向进行检验和调整。建立健全的互动反馈机制能够使组织在运行过程中的各种信息流自我关联、自我作用，从而引导组织向着既定目标发展。强调互动性意味着强调知行合一，强调参与和体验。有效的教育管理必然具备良好的互动性，它通过互动的教学载体和形式，能够调动学生参与到教育管理的实践中，充分发挥学生的主体意识，激发学生无穷的学习动力。在学习方面，学习活动是课堂教学的主要内容，可以通过模拟生活情境、增设生活经验单元等方式，使学生更好地融入学科知识的学习中。学科知识是遵循学科规律来架构的知识，生活经验单元则关注学生的生活。课堂教学必须将二者进行融合，通过学生的实践和师生的合作实践（包括思考和交流），来达到有效学习的目标。只有这样，学生才能真正理解和掌握知识，将其运用到实际生活中，从而实现教育的真正价值。

（六）高校教育管理的差异性发展

未来教育改革将沿着个性差异教育的方向发展。高校教育管理面对的是活生生的人，每个人都有着独特的个性，因此不能采取一刀切的方式来进行教育管理。教师在个性方面表现多样化：有的擅长科研，有的擅长教学；有的志于教学，有的志于管理；有的擅长朗诵，有的擅长吹奏；有的外向，有的内向；有的稳健，有的奔放。每个教师都有着不同的职业生涯规划和人生目标，有着不同的人生境遇和家庭环境，有着不同的价值取向和做人原则。因此，教育管理者需要因材施教，善于发现和利用每位教师的长处，制订个性化的发展计划和培训方案。

对于学生而言，他们的差异也同样明显：有的志于创业，有的志于考研，有的志于就业；有的家境殷实，有的家境贫困；有的大胆创新，有的胆小守旧；有的语言犀利、思维敏捷，有的不善言辞、踏实稳重；有的兴趣广泛、交际面宽，有的兴趣贫乏、封闭自赏；有的成绩优异、才华出众，有的学习困难、才疏学浅。因此，教育管理者应该因材施教，根据学生的特点和需求，选择个性化的教育管理内容和教学方式，激发学生的学习兴趣和潜能。尽管个性化的教育管理成本较高，但是最有效。因为只有充分尊重和发挥每个人的个性特点，才能真正实现教育的目标，促进学生的全面发展和学校的持续发展。在未来的教育改革中，个性差异教育将会成为主流，高校教育管理者则需要不断探索和创新，为每个学生提供更加个性化的教育服务。

第二节　高校教育管理的智慧化走向

一、当前我国高校教育管理发展取得的成效

随着大数据、云计算、物联网、智能终端等技术的不断发展，高校教育管理正朝着智慧化方向迈进。智慧化管理首先在北京、上海、深圳、杭州、无锡等城市的大学试行，随后在重庆、甘肃、贵州、湖北、天津、黑龙江等省市的大学得到广泛应用。传统的产业模式常常存在地域差异，主要集中在一些大城市（如北京、上海和广州），这显然不符合全国高等教育均衡发展的要求。通过基于人工智能技术的教育管理改革，西部和北部地区的省区市（如贵州、重庆、新疆、内蒙古）不再因为地理位置偏僻而无法推进智慧教育。如今，我国高校教育管理的智慧化发展取得了一定的成效，主要体现在以下几个方面。

（一）建立了高校首席信息官制度

在"互联网+"时代，网络与高校教育管理的结合日益紧密，这种结合利用互联网来促进教学、科研、管理和服务的升级，是教育变革的必然趋势。在这样的背景下，建立首席信息官（CIO）制度在高校教育管理变革中显得尤为必要，它是推动教育变革的前提，也是从上而下推进教育现代化的关键一环。2015年，教育部科技发展中心发布的调查结果

显示，首席信息官制度已初见端倪。越来越多的高校开始单独制定信息化规划，其中60%的"211"高校、60.8%的普通高校以及50%的高职高专学校有单列的信息化发展规划。同时，83%的院校建立了信息化领导小组，负责领导、组织、协调和决策校园信息化建设等重大问题。在这些高校中，大部分"211""985"高校设有独立的校园卡中心和网络中心，本科院校中有55%的学校设立了独立建制的管理机构。此外，一些高校还成立了信息化办公室作为新的信息化部门，其中有30%的"211"高校和一般院校设立了此类机构。超过80%的高校指派了一名副校长具体负责本校教育信息化发展规划的制定，其中高职高专学校中由副校长负责的比例最高，达到了88.54%。可以看出，信息化、数据化逐渐受到高校教育管理者的重视，首席信息官制度则从领导机制层面保障了我国高校教育管理的健康发展。

（二）高校信息化投入不断增加

2015年，教育部科技发展中心发布的调查结果显示，高校在信息化投入方面呈现出不断增加的趋势。这一调查涵盖了2012年至2013年高校信息中心建设的经费投入情况。结果显示，一半以上的高校这两年的信息化投入都在千万元，反映了较高的投入水平。其中，"211"院校的信息化投入超过3 000万元，一般院校的信息化投入在1 000万至3 000万元，大部分高职院校的投入则在200万至1 000万元。地区方面，华北地区的高校信息化投入最高，约45%的高校投入在3 000万元以上；而华中地区的投入相对较低，只有不到10%的高校投入在3 000万元以上。①

高校信息中心建设资金主要来自学校划拨的专项建设经费和常规经费。在高校中，经费主要来自信息化部门外的资金，如国家或地方职业院校教学改革建设经费。从地区来看，华南、华北地区高校的经费主要

---

① 范良辰.大数据环境下高校教育管理信息化改革研究[M].北京：中国原子能出版社，2022：52.

通过学校划拨和常规运行经费来支持，而东北地区有 41% 的高校的经费来自信息部门计划外的资金，反映了当地政府对信息技术和大数据技术的支持。2012 年至 2013 年，各类信息化经费出现了升降不一的情况。高职类院校的信息化经费和常规运作经费都呈现下降趋势，与其多方筹资有关。而一般高校和"211"高校的信息化部门计划经费略有增加，主要用于大数据人才和信息技术人才的培养。然而，华中地区的经费投入前期较为滞后，近年来呈现出"后来居上"的趋势。[①]

（三）高校信息化建设稳步推进

高校信息化建设正在稳步推进，为教育管理提供了全新的发展路径和技术支持，各高校已经着手进行信息系统的建设。大多数院校在信息化建设方面主要采取购买成套软件产品的方式，未来则会趋向于外包、合作开发和自行开发。

值得注意的是，身份管理与认证系统已经基本普及整个校园，其中75% 的高校身份认证系统支持跨校区访问，25% 的高校支持跨学校访问，而 65% 的高校身份认证系统还支持移动信息平台，68% 的高校提供一个账号，支持多个设备上网。此外，近 85% 的高校提供无线网络服务，而55% 的高校甚至不对无线上网另外收费，为师生提供了更便捷的上网环境。然而，在 IPv4 地址资源日益枯竭的情况下，47% 的校园网出口已开始使用私有 IPv4 地址，IPv6 的部署情况仍然不尽理想，有待进一步发展。除了网络设施的建设，教学信息化也是各高校优先发展的业务之一。大多数高校已经建立了多媒体教室，并采购了全校性网络教学平台，探索信息技术与教学的深度融合。然而，据调查，网络教学平台产品被替换的比例较高，不少学校表示已经或正计划更换网络教学平台。优质教学资源的建设受国家项目的影响较大，如精品资源共享课、视频公开课和大规模开放在线课程。微课和慕课（MOOC）等新型教学模式也逐渐兴

---

① 梁丽肖.教育信息化背景下高校管理机制探究 [M].长春：吉林人民出版社，2021：36.

起，但在教学中的普及尚不够。值得一提的是，不少高校开始尝试移动信息发布 App，以提供更便捷的教学资源发送和通知发送等服务。一些知名高校甚至开始思考如何将 IT 与学校特色相结合，积极探索大数据研究、IPv6 研究和 MOOC 等领域的发展。据调查，我国有 12% 的高校已经使用云平台，有 3% 的高校通过年服务费方式租用平台，反映了高校信息中心发展的多样化特点。

（四）高校教育管理效能逐步提升

大数据在推动我国高校教育资源共享、教育方式改革、科研方式变革以及教育管理变革等诸多方面取得了一些成效。

1. 我国高校教育资源的共享

2013 年被誉为我国的 MOOC 元年，标志着中国高校在教育资源共享方面迈出了重要的一步。在当时，高校教育资源的分布不均和建设经费的紧张成为教育发展的主要障碍。为了应对这一挑战，基于云计算技术的大数据 MOOC 平台崭露头角，成为解决资源不足、提高教学质量的新途径。中国的 MOOC 发展模式主要分为三种：一是加入国外 MOOC 平台，二是建设本土 MOOC 平台，三是引进国外优秀的 MOOC 资源。以 "MOOC 中国" 为例，截至 2020 年已有 121 所高校加入，学生数量接近 600 万。MOOC 课程涵盖了从高中到博士学段的全范围，包括通识课程和专业课程，以及专为在职人员设计的课程。商业化的公司也投入了在线教育市场，推出了各种付费和免费的课程，但由高校或高校联盟发起的教育资源平台更能满足学习者的需求。中国大学 MOOC 是其中的佼佼者，它由爱课程网和网易公司联合建设，其课程形式多样，包括普通大学课程、职业教育课程和大学先修课程。中国大学 MOOC 的学习人次超过 2 000 万，活跃学生超过 20 万，成为我国 MOOC 公共服务平台的典范。MOOC 课程的证书授予和学分认定也是推动在线教育发展的关键因素。调查显示，80% 的 MOOC 课程提供证书，其中医学类课程的收费认证课程占比最高。然而，目前我国高校间课程学分认定仍主要限于各高校内部及高校联盟间的学分互认，对于社会学习者的学分认定尚存争议，这也是 MOOC 发展过程中面临的一个难题。

2. 我国高校教育方式的改革

在大数据时代，教育界迎来了"互联网+"的浪潮，这是一种技术变革，更是对传统教育方式的颠覆与重构。然而，如何将大数据技术与教育融合，成为教育者面临的重要挑战。美国高等教育信息化协会分析中心发布的报告显示，绝大多数学生认为在包含在线和面对面的混合环境中学习效果最佳。这也验证了移动学习、泛在学习是未来教育的趋势，它们具有即时性、参与性、情境性、社会性、泛在性、愉悦性等优势，能够有效地补充课堂教学的不足。中国的许多高校已经开始利用大数据技术进行教学方式改革的探索，并取得了初步成效。通过利用大数据推进教学改革，这些高校在顶层设计、规章制度、教学环境、教学设施、教学资源、教学方法等方面都取得了一定的进展。以陈宝生对华中师范大学的高度评价为例，他认为该校在推进信息技术与教育教学深度融合方面做出了突出贡献，为"互联网+"教育提供了良好的平台。MOOC已经成为翻转课堂和混合式教学的重要支撑，上海易班就是一个典型的例子，它已经在上海 60 多所高校开设，累计人数达到了 161 万人，建设了包含 500 门专业课程和 5 000 门兴趣课程的资源库。另外，东华大学也是利用大数据推进泛在学习的典型代表，它通过建设在线"学习超市"和"易课堂"，共开设了 179 门课程资源，取得了显著的教学成效。

当然，MOOC 也存在一些问题，如制作成本高、更新不方便。为了解决这些问题，一些高校开始尝试利用大数据技术开发智慧教室平台。以东华大学的"秋波"智慧教室平台为例，它提供了一整套解决方案，包括 ClassApp、ClassCloud 和 ClassNet 系列产品，实现了课前、课上和课后各个教学环节的全覆盖，完善了学生自动签到、课堂互动、实时在线课堂等功能。通过智慧教室平台，学校可以实现校内学习与远程学习的结合，还可以还原课堂的"原生态"，成为学校教育的重要改革举措。除了 MOOC 和智慧教室平台，一些教育者还尝试将 MOOC 与翻转课堂相结合，探索"MOOC+翻转课堂"的混合式教学模式。例如，北京大学信息科学技术学院的张铭教授在其"数据结构与算法"课程中进行了混合教学实验，取得了良好的效果，这种模式强调预习、自主学习和探究学习，通过课堂讨论来加深学生的理解。

3.我国高校科研方式的变革

科研方式的变革是高校科研领域的重要议题，涉及数据共享、科学研究方法的更新以及科研管理的智能化等方面。科研数据的共享是科学研究的基石，在过去，许多地质学家对国内地质数据的获取感到无奈，因为有关数据受到了严格的限制，无法进行共享和开放。然而，随着大数据时代的到来，越来越多的科研人员意识到，只有开放和共享数据，才能促进科研的发展。因此，建立基于云计算技术的高校大数据平台，对于科研资源的共享和利用具有重要意义。科研大数据的运用使社会科学研究更加科学化，在过去，社会科学研究主要依赖抽样调查，这种方法往往会导致研究结论的不确定性和局限性。然而，在大数据时代，社会科学研究可以通过分析海量数据，实现从定性到定量、从简单分析到复杂处理的转变。这种转变使社会科学研究更加科学化，也使教育科学研究更加具有实证性。例如，华中师范大学中国农村研究院利用大数据技术建立了"中国农村数据库"，实现了对全国60万个村庄的数字化管理，为中国农村问题的科学研究提供了重要支持。大数据科研管理平台为高校科研管理者提供了智慧化管理手段。在过去，我国高校科研管理存在着诸多问题，如科研资源的浪费、课题项目的重复申报等。然而，借助大数据技术，科研管理者可以更好地管理和优化科研资源，提高科研经费的利用效率。例如，中国科学院利用大数据技术优化科研资源供应链，解决了科研经费使用中的一系列难题，为科研工作提供了更加专业、个性化的服务。

4.我国高校教育管理的变革

高校应做到对师生统一以及明晰化的管理，最基本的要求是全校数据的一览无余。近年来，我国许多高校进行了一系列尝试，初见成效。

（1）复旦大学数据中心建设。复旦大学在数据中心建设方面取得了显著成就，处于国内高校信息化建设的领先地位。从最初的信息化建设阶段开始，复旦大学就着手建设了 U-IDC 校园数据中心，率先在全国高校中实现了这一举措。目前，复旦大学的数据中心已经拥有超过 400 个虚拟运行环境，建立了统一的数据仓库，实现了数据的共享，并建立了一套完整的数据构建系统，包括数据采集、存储、分析、计算和展现等环节。复旦大学还建立了包含多个主题数据展示系统，涵盖了教职工信息统计、学生信息统计、文科科研数据分析、教师学术表现、研究生成绩分析、本科生生命周期数据分析、一卡通分析、图书馆客流分析、宿舍使用情况统计等多个方面，为校内管理提供了全方位的数据支持。值得一提的是，复旦大学还建设了个人数据中心，为师生提供了不同于管理视角的服务，如集中数据展示、数据填报、数据下载。个人数据中心的建设使师生能够更便捷地获取所需数据，简化了以人为对象的数据化过程。在此基础上，复旦大学建立了校级的统一填报中心，师生可以一目了然地查看所有基础数据，避免了重复上报，提高了数据的利用效率。复旦大学利用数据中心开展了对来自不同地区学生的数据分析，发现学生的成绩受到不同地区基础教育发展状况的影响较大。这一发现为教育管理部门提供了重要的参考，也使教育管理决策更加智慧化、个性化和人性化。

（2）电子科技大学的"学生画像"系统研发。电子科技大学在利用大数据进行个性化管理和科学决策方面取得了重要进展，开发了一套名为"学生画像"系统的大数据分析工具。目前，该系统已经覆盖了电子科技大学 2 万多名本科生。研究表明，学生的积极生活行为与学习效果密切相关，就业能力与学习、生活质量也有密切的正相关性。大数据分析系统的应用不但可以帮助高校管理层找到"最孤独的人""最奢侈的人""最节俭的人""最有效的求职者"等学生类型，而且可以使高校教育管理更加精准和人性化。通过对学生行为数据进行深入分析，学校管理者可以针对不同类型的学生制定有针对性的管理策略，提高管理效率，更好地关心和关注每一位学生的成长与发展。电子科技大学的"学生画像"系统在智慧教育管理方面的成功经验对其他高校具有启发意义。借鉴这一先进的大数据分析工具，其他高校可以更好地了解学生的需求和特点，采取更有效的管理措施，提升教育教学的质量和效益。

（3）江苏省的"智慧就业"系统。江苏省以教育大省的身份，将"智慧就业"视为教育改革和人才培养的重要环节，积极推动建设智慧就业服务系统，以满足人力资源市场发展的需要，促进学生发展和社会和谐。在江苏省，"智慧就业"不仅是一项服务，更是一种理念，它将智慧教育与智慧江苏相结合，致力打造新型的智慧就业模式。江苏省高校招生与就业指导服务中心自2008年起就开始在全省高校推广"江苏省高校毕业生就业管理信息系统（网络版）"；2013年底与才立方软件公司合作，在双选活动中启动"智慧招聘"；2014年下半年提出"智慧就业"理念，并与才立方软件公司联合推出"智慧就业服务平台"。该平台以云端为基础，涵盖了多个学生终端，包括就业App、就业微信和就业网站等。其核心技术架构包括一个统一的就业协作管理平台，具有人岗匹配、实时推送、行为分析和数据报表等技术优势。在这一智慧就业系统中，用户主要被分为用人单位、学生、高校和管理员四类。他们可以通过不同的账户进入系统，利用平台提供的功能搭建起用人单位与毕业生之间的桥梁。平台具有信息发布、就业创业指导、认证评估等复合功能，为毕业生提供了更为全面和便捷的就业服务。通过智慧就业系统，用人单位可以更加精准地匹配人才，学生可以及时了解就业信息并进行就业准备，高校可以更好地了解毕业生就业情况并为其提供指导，管理员则可以对整个就业过程进行有效管理。这一智慧就业系统的建设不仅是江苏省教育改革和人才培养的重要举措，也是对"以人为本"的教育理念的具体实践。它通过利用大数据技术，实现了对就业市场的全面监测和精准服务，有力地促进了高校毕业生的就业和社会的人力资源配置。

二、大数据对高校教育管理智慧化发展产生的积极影响

当前，大数据的发展对高校数据采集、治理模式以及教学改革等多方面带来了一系列变革，充分体现了其革命性力量。

（一）数据采集方面的影响

由于技术和资源的限制，传统的高校数据采集主要集中在管理类、结构化和结果性数据上，用于了解教育整体发展情况。此种数据采集方式对高校教育决策和规章制度的制定起到了一定作用，但是对学生、教师科研活动的实时掌握不够，对不良结果的预测和预防也存在困难，多数情况下采用的是事后补救的措施。因此，传统数据采集方式使高校教育管理处于被动局面。然而，随着大数据技术的发展和普及，高校教育数据采集迎来了新的变革。在互联网、物联网和大数据技术的支持下，高校开始建设智慧校园，在数据采集方面取得了巨大进步。相比传统数据采集方式，智慧校园不仅在数据量上有所增加，在数据质量和数据价值方面也具有优势。高校教育管理大数据具有非结构化、动态化、过程化和微观化的特点，使处理程序更加复杂、深入和多元化。学生的学习、教师的教学以及其他活动都留下了痕迹，数据流源源不断，为高校教育管理的科学化和人性化提供了重要支持。然而，需要注意的是，高校教育管理大数据采集活动面临着一些挑战。高校教育管理涉及的对象和活动十分复杂，加上缺乏商业领域标准化业务流程，因此数据采集活动呈现出复杂性的特点。高校教育管理大数据的分析过程必须特别强调因果关系，研究人员需要通过技术分析和处理，挖掘高校教育管理大数据所体现的规律，揭示问题背后的根本原因，最终找到解决之道和应对策略，从而更好地提升高校教学与学习的活动效果。

（二）治理模式方面的影响

在当今大数据时代，数据分析已成为重要的管理工具，在决策过程

中发挥的作用越来越重要。塞仕软件（SAS）和《哈佛商业评论》的调查显示，高层管理者中有 75% 的人依赖数据分析进行部门决策，40% 的人认为数据分析的结果提升了他们在企业中的地位。这表明，在大数据时代，高校的决策模式和治理模式都有转型的必要。传统高校治理模式往往被归类为"精英治理"，由于信息化和智能化程度不高，因此管理者的决策往往受到限制，导致学校的发展方案、措施和策略无法广泛传达至师生群体。此外，传统的决策机制往往采用正式会议形式，过于严肃和拘谨，难以充分表达不同的声音，无法真正反映师生的意见和需求。

然而，在新技术的支持下，以互联网、物联网、云计算和大数据为基础的智慧校园正在逐渐兴起。此种模式可以实现高校管理者与师生之间的互动交流，从而实现治理模式的民主化和科学化。这种模式使高校管理者与师生的交流不受时空限制，可以收集有利于学校发展和业务完善的群众智慧，通过大数据分析更好地了解师生的需求和意见，为学校的发展提供更科学的决策依据，并传达学校的发展战略和思路，形成合力。学校管理者可以通过智慧校园平台，及时向师生传达学校的发展计划和战略目标，促进全校师生的共同参与和支持，同时拉近与师生的距离，化解各种矛盾。智慧校园的互动交流平台可以使管理者更加贴近师生，及时解决各种矛盾和问题，促进校园的和谐稳定，实现决策的阳光化和规范化。通过智慧校园平台，学校的决策过程可以留下详细的记录，实现决策的透明化和规范化，防止权力的滥用，促进决策的科学性和合理性。

（三）教学改革方面的影响

在当前高校教育管理的变革中，利用大数据技术进行翻转课堂教学改革或在线教育已成为一个重要内容。高校拥有庞大的学生群体，而这些学生也是信息技术的主要使用者和生产者，因此他们的学习和反馈数据成为高校教育管理大数据的重要来源。教师通过对有关数据进行分析，可以更好地理解学生的学习需求和习惯，从而进行个性化的教学。大数据教学具有私人定制和大规模个性定制两大优势。

私人定制是指根据个人学习需求和习惯，为每位学生创建个性化的学习路径和内容。通过适应性学习软件和相关算法，教师可以分析每个学生的需求，为学生提供动态的学习内容和反馈机制，从而更好地提高学生的学生成绩。

大规模个性定制则是根据学生的差异对大规模学生进行分组，相似性较高的学生会被分在一组，他们将使用相同的教材和学习方式。大规模个性定制教育的成本虽然比批量教育略高，但其教育效果却远远超过了传统的教学模式。此外，Coursera上提供了多所大学的在线课程，吸引了全球众多学生的参与。哈佛大学在线教育负责人认为，在线教育是教育领域面临的重大变革之一。在线教育的个性化和灵活性为解决教育产品的质和量问题提供了新的可能性。大数据的应用将进一步扩大在线教育的影响，使教育变得更加个性化和高效。因此，大数据在教育领域的潜力巨大，而以行为评价和学习诱导为特点的在线教育平台，只是其应用的"冰山一角"。

（四）考核评估方面的影响

中国的成语（如"刻舟求剑""刮目相看""盲人摸象"）都蕴含着深刻的哲理，告诉人们在评价事物时需要用发展的、全面的眼光。这些成语所蕴含的智慧也适用于高校教育管理者，在大数据时代，他们更应该以科学的方法评估学校的办学水平和教学成效，体现科学性和人文性。在大数据时代，高校教育管理者通过分析海量的数据，可以找到当前教育管理问题的影响因素和根本原因，并用易懂的数据关系诠释深刻的哲学道理，此种方法促进了高校教育管理评估从注重经验向注重数据、从注重模糊宏观向注重精准微观、从注重结果向注重过程的转变。高校教学活动是大数据评估常用的方法之一。在高校内部，建立大数据系统是至关重要的，该系统不仅要与外部社会大数据系统建立融合关系，还需要多方面、多维度地了解学生，包括知识、情感、能力、道德等方面。

只有如此，教师才能制订出满足学生个体需求的人性化发展方案，更好地实现以素质为中心的教育目标，培养出符合社会需求的高水平专业人才。

在当前高校教育管理中，大数据技术已经成为一种助力人才培养、促进产业发展和了解社会信息的重要手段。高校要提前布局，对人才培养、产业发展及社会信息等方面的数据进行采集，并建立连续的数据支撑系统。对于每个地区的生源情况、就业情况等，必须有长期连续的动态数据支持，这样才能使研究人员通过海量数据预测经济、社会人才需求以及高等教育未来的发展趋势，及时调整高校发展战略可以促进人才培养模式的改革，使教育更能满足社会需求。大数据技术也带来了考核评估方面的革命性改变，高校教育管理者可以利用回归分析、关联规则挖掘等方法帮助教师全方位掌握学生的学习状况、思想状况、社交状况等，关注学生成长的过程。高校教育管理者可以通过实现评价的全方位和立体化，优化教育管理策略，提升教育管理效果。例如，2011年哈佛大学研发的学习分析系统通过云计算技术，能够对学生完成学习任务的相关数据进行分析并实时呈现给教师，使教师可以及时调控课堂教学，提高教学效果。此系统目前已经在多所大学中得到推广应用。高校教育管理者利用大数据技术，还可以建立教师科研、教学的预警机制，对教学质量监测、科研趋势等设置报警区域，当达到设定的阈值时，系统会自动报警提醒管理人员重点关注一些教师的工作状态。此种方法创新了高校的教学评估体系，使之更加多元化、智能化、个性化。从传统的基于分数的结果评价向基于大数据的过程评价的转变使教育评价更加客观、准确，更能反映教师和学生的真实情况，有助于高校更好地推动教学和科研工作的发展。

（五）资源调控方面的影响

借助大数据技术，高校教育管理者可以推进高校资源大数据平台的建设，从而优化资源组合，注重资源效能，提高教育资源的利用率和管理水平，使教育资源具有新的结构和功能，并满足学生对学习和生活资源的需求，有效解决资源分配不均衡的问题。在高校，实验室、教室、图书馆等资源的利用存在着明显的不均衡现象。有的实验室空闲，有的则被很多人占用；有的教室冷冷清清，有的却坐满了人；有的图书馆阅览室门可罗雀，有的却排起长队。资源利用的不均衡严重影响了教学质量和学生的正常学习生活。建设高校资源大数据平台可以打破传统的资源归属模式，实现资源的整体调控。大数据技术可以帮助高校对资源进行科学调配和利用，使资源的管理更加清晰化和科学化。大数据中心建设应该从理念上打破硬件资源的固定归属，将资源管理的视角从单一学科或部门扩展到整个学校，实现资源的共享和统一调控。借助物联网、通信、信息、大数据、云计算等技术，高校教育管理者可以对资源和能源进行科学调配和利用，提高资源利用效率。例如，高校教育管理者可通过智能感知设备对实验室、教室等场所的使用情况进行实时监测和分析，及时调整资源分配，避免资源的浪费和滥用；学生可以通过大数据平台，方便、快捷地获取所需的学习和生活资源（如实验室预约、教室查询、图书馆座位预订），提高了资源利用的效率和便利性。在我国，许多高校已经开始探索智慧化的教学资源管理模式。高校资源大数据平台可以更好地解决资源利用不均衡的问题，提高资源的利用效率和管理水平，为教育工作的发展提供有力支持。

（六）智慧科研方面的影响

在当今科学发展的时代，大数据技术已经成为科学研究的重要工具，也为高校科研活动带来了前所未有的变革。高校作为科学研究和人才培养的重要阵地，必须充分利用大数据技术，推进智慧科研，实现博采众长、继承超越的目标。大数据科研文献库为高校科研人员提供了重要的参考资源，帮助他们从事科学研究工作。高校科研文献库的建设形式有购买文献资源和自建文献资源库两种方式，科研人员可以从高校的科研数据库中购买论文、著作等资源，也可以通过自建文献资源库的方式来满足特定领域的需求。大数据技术的应用使科学研究更加便捷、高效，有助于科研成果的传播和分享。大数据科研活动具有智慧性，高校科研人员可以利用智慧检索软件精准查找资源，定制个性化服务，从而提高研究效率。大数据技术的应用使科研活动更加智能化，有助于高校科研人员更加精准地进行研究选题和研究方向的确定。大数据技术提高了科研效益，通过大数据技术，科研人员可以更加快速地寻找相关关系，减少研究资源的浪费，节约研究的时间，提高研究的效率和成果的可靠性。除了科研文献库，科研综合信息管理与决策平台也对提高科研管理的科学性和效率性起到了重要作用。通过对内外部信息进行整合分析，科研人员可以消除或减少重复立项、经费安排不合理等问题，从而促进科研资源的优化配置，提高科研资源使用效益。建立科研综合信息管理与决策平台有助于高校科研人员更加科学地进行决策，提高科研管理的效率和水平。

第三节　我国高校教育管理机制的有效创新

一、我国高校教育管理机制创新的主要模式

（一）高校教育管理制度的创新

高校教育管理制度的创新是提高高等教育质量和效益的必然选择。在当前社会发展的背景下，高校教育管理需要适应时代的要求，采取创新的管理制度来推动教育事业的发展。高校可以通过合理分权的方式，实行校、院、系分级负责制，增加院系的权力，使决策更加开放和透明，管理更加有序。分权管理制度能够激发各级管理者的积极性和创造性，促进教育管理的灵活性和高效性。加强院系的权力可以更好地解决教育管理中的问题，提高管理效率。高校可以采用先进的绩效管理方法加强师资队伍建设，实施优胜劣汰制度。科学的绩效评价体系可以客观地评

价教师的工作能力，激励教师提高教学水平，促进教育质量的提升。同时，实施优胜劣汰制度可以激发教师的竞争意识，提高教学质量和效率。高校还可以创新学术管理制度，增强教育效果，培养高质量人才。优化学术管理机制可以提高教学科研的质量和水平，培养更多具有创新精神和实践能力的高素质人才。高校应该根据社会的需求和教育的特点，创新人才培养模式，实行灵活多样的教育方式，以满足不同层次、不同需求的学生。在教学管理方面，高校需要改革教学管理体制，实行严格的制度管理。网络技术和信息技术可以改革传统的教学管理手段，提高管理质量和效率。高校可以建立信息化的教学管理系统，实现教学资源的共享和管理，提高教学管理的智能化和便捷性。

高校教育管理制度在高校的发展中扮演着至关重要的角色，直接影响着高校教育工作的效率和质量。因此，对高校教育管理制度的完善是十分必要的，可以从分权管理制度和绩效管理制度两个方面入手。分权管理制度的建立对高校的管理具有重要意义，高校应根据每个院系、部门的特点和需求，合理配置管理权力，将部分管理权力下放到各个单位，让各个单位能够更加自主地进行管理和决策。这样，在出现突发事件时，各个单位能够迅速做出反应，及时解决问题，有效调节各单位之间的矛盾，提高管理的灵活性和应变能力。绩效管理制度的建立对教师队伍的培养和教学质量的提升至关重要，高校应采取科学的制度对教师进行评价和管理，激发教师的责任心和教学的积极性，使教师能够不断提高自身的教学水平，从而提高学生的学习效率和学习质量。

（二）高校教育质量评价体系的创新

建立科学的教育质量评价体系是高校教育管理的重要保障，只有通过创新的评价体系，高校才能够从根本上确保教育质量。在此方面，建立全方位的目标评价体系是至关重要的，科学的评价目标、全面的评价体系和完整的评价制度有利于形成全面管、全面教、深入学的激励机制。全方位的评价体系应该包括教育发展水平评价、督导评价、管理评价和学生发展评价等多个方面，确保评价的全面性和准确性。教育质量评价体系需要完善涵盖学生多方面发展的考核评价机制，包括对学生思想品德、身心素质、学习成绩、劳动素质、个人爱好等方面的评价。通过全面而细致的评价，教师可以更好地了解学生的发展情况，及时发现问题并采取有效措施加以解决，从而促进学生的全面发展。构建科学合理的教师工作评价体系是评价体系中至关重要的一环，教师评价直接关系到教育质量的提升和学校的发展。因此，教师评价应该侧重于德、能、勤、绩等方面，结合学生的测评和学校的评定进行综合评价。在建立教师评价体系时，学校需要根据自身的教育目标和教师的工作任务，制定科学合理的评价标准，注重评价指标的科学性和管理的人性化，以激发教师的积极性和创造潜能。

（三）高校教育管理理念的创新

高校教育管理者需要深入了解学生的内心需求，以更好地引导和管理学生。利用新兴事物进行管理是必要的，大学生对于新鲜事物有很强的好奇心和兴趣，因此高校教育管理者可以结合新技术、新理念（如数字化教学平台、在线学习资源）来提升管理的吸引力和互动性，从而更好地引导学生遵守高校教育管理规定。高校教育管理理念应具备科学性，需要与时俱进。随着社会的发展，教育管理理念也在不断演变。高校可以通过营造安静的学习环境、推动个性化发展和培养学生思考能力等方式，使管理理念更能满足学生的成长需求，符合社会的发展趋势。例如，高校可以通过创造互动式课堂、开展项目式学习等方式，使学生积极参与、主动思考，从而培养出更具有创新精神和实践能力的人才。高校教育管理理念还应注重学生个性化发展，每个学生都是独一无二的个体，高校教育管理者应根据学生的个性和发展需求，为学生提供相应的支持和引导。鼓励学生自主探索、提出问题、解决问题并营造良好的交流氛围，可以促进学生的个性化发展，培养兴趣，从而使教育管理更加人性化，更加关注学生的全面发展。

二、我国高校教育管理机制创新的策略

（一）互联网技术融入高校教育管理

互联网的普及和发展使学习资源的获取变得更加便捷和多样化，为高校教育管理提供了新的思路和手段。互联网技术能够整合各个领域的学习资源，为学生提供更加丰富的学习内容。学生可以通过网络课程、开放式课程等形式自由选择学习内容，不再受限于传统课程设置，从而更好地满足个性化学习需求，突破专业的限制，探索跨学科的知识领域。自主学习的方式有助于学生建立更加完整和多元的知识体系，提升综合素养。利用互联网进行教育管理可以提高教学效率和质量，教师可以利用网络平台进行教学资源的共享和交流，开展在线教学、课堂互动等活动，实现教学过程的信息化和智能化。学生能够通过网络获取最新的学习资料、参与在线讨论、提交作业等，提高学习的灵活性和效率。互联网平台为教师提供了更多的教学资源和教学工具，支持个性化教学和差异化教学，能够更好地满足学生的学习需求，激发学生的学习兴趣。互联网技术还为高校提供了丰富的实践教学资源和机会。通过虚拟实验室、在线模拟实训等形式，学生可以进行更加直观、生动的学习体验，加深对专业知识的理解和掌握。学生还可以通过网络参与各种实践项目、实习等，增加实践经验，提升专业技能和综合能力。基于互联网的实践教学模式能够满足学生对实践的需求，提高教学的针对性和实效性，促进学生的全面发展。

在教育管理方面，互联网技术的应用为高校提供了更多的管理工具和手段。通过建立在线教务系统、学生信息管理系统等，高校能够实现教育资源的集中管理和共享利用，提高管理的效率和精确度。教学评价和考核也可以借助网络平台进行，高校可以采集学生的学习数据和反馈信息，进行全面、科学的评估和分析，为教学改进提供依据和支持。

（二）坚持以生为本的理念

教育管理重视以学生为中心，强调从学生的角度出发，采取合理措施积极引导学生学习，同时致力学生品格的培养，促进学生全面发展。在此过程中，为了满足科技快速发展的要求，教师必须不断提升自身的专业水平和综合素质。通过不断学习最新的教育管理知识和技术，教师能更好地执行以学生为中心的教育策略。为实现这一目标，教师团队需制订持续的专业发展计划，定期进行技能提升和知识更新，以确保教学方法能够满足现代教育需求。教育管理者应关注团队建设，促进教师之间的协作与交流，从而形成一支富有创新精神和高效能的团队。

（三）提升高校教育管理信息化的建设工作

随着科技的迅猛发展，信息化已成为社会进步的标志。高校教育管理在这一背景下也需顺应潮流，实现信息化转型。高校教育管理者必须认识到信息化建设的重要性，并采取有效措施弥补现有的信息化教育管理中的不足，这不仅涉及技术层面的更新，还包括管理思想的革新。在具体操作上，高校教育管理者需明确信息化建设的规模，合理决定资金来源，并组织技术团队的建设。这一系列的步骤不仅要求教育管理者有前瞻性的视角，还需要技术团队具备高度的专业能力，以确保信息化工具的有效运用。如此，高校能够利用现代信息技术来加强校园管理，提高教育质量。信息化在高校的实施应充分考虑各院系的具体需求和实际情况，各院系需要提出具体的意见和建议，确保信息化建设既满足总体要求，又具有针对性。在此过程中，教育管理者对信息资源的管理尤为关键。通过有效管理，信息资源可以被更好地利用，实现资源的最大化共享，不仅提高了教育资源的使用效率，还促进了知识的传播和学术的交流。高校还应通过信息化手段，完善校园网络基础设施，确保教师和学生能够随时了解教育管理的相关政策和制度的变更。

（四）强化高校教育管理专业队伍的建设工作

高校教育管理的核心在于创新和执行，需要专业且高效的教育管理队伍来实现。为了建立专业化队伍，高校教育管理者应考虑以下几个关键方面：尊重和激励学生、提升教育管理人员的专业能力、建立有效的绩效评估制度以及拓宽人才培养和招聘渠道。在教育管理中，教育管理者需要将学生置于核心位置，营造支持性强、充满关爱的学习环境，激发学生的主体性，培养学生的创新精神和解决问题的能力。以学生为中心的管理策略能提升学生的学习效果，增强学生对高等教育机构的归属感和满意度。高校还需对教育管理人员进行定期的专业培训，可以通过邀请有经验的专家和优秀的教育管理者来实施。培训内容应涵盖高校教育管理的现代理念、具体实施方法及组织管理技能等，以确保管理人员能够掌握最新的教育理念和技术，有效应对教育管理中遇到的各种挑战。为了保证教育管理工作的效果，高校应建立一套科学的考核制度。这一制度需要明确考核的标准和内容，包括但不限于工作效率、创新能力、责任感等，以此作为选拔和培养优秀教育管理人员的依据。定期评估可以激励管理团队的工作动力，还可以持续优化团队结构，确保团队的专业性和高效性。高校还应拓展教育管理专业队伍的培养和招聘渠道，可以通过校园招聘的方式招募具有潜力的大学生，并为他们提供针对性的培训和实践机会，帮助他们快速成长为能够独当一面的教育管理人才。

第四节　我国高校教育管理的高质量发展对策

一、树立我国高校教育管理高质量发展的理念

（一）树立分享的理念

在高等教育领域，信息技术已成为教育管理的核心支柱，联结着师生、资源与学校，支撑着教学和学习活动，使其更高效、更具有创新性。国外一些发达国家的高校在教育管理上展现出了成熟的数据治理和信息技术应用方式，为我国高校提供了宝贵的借鉴。例如，马里兰大学以"推动创新"为信息技术发展的核心价值；印第安纳大学将信息技术的发展目标定位为"让师生更强大"；哈佛大学的信息技术发展愿景则是"使师生的学术更加卓越"。这些高校将信息技术视为推动教育革新的关键工具，通过技术的力量激发师生潜力，提升教学和研究的质量。艾伯林基督大学的例子则进一步说明了信息技术在教育中的变革性作用，该校倡导"合作学习是最有效的学习方式"，并以移动技术为媒介，创建了一个实时连接的融合学习社区。在该社区中，教师和学生通过移动设备和应用程序在课堂上创造互动的学习环境；在课堂外，学生则通过移动学习打破了传统课堂的界限。此外，移动设备还广泛应用于社交和管理等方面，使整个教育体验无缝连接，促进了学习的连续性和有效性。

借鉴国外经验，我国高校在推动教育管理信息化建设时，应强调"连通与分享、人技相融、应用体验"的发展理念，既要体现中国的国情和文化特色，又要彰显每所学校的独特个性。为实现这一目标，高校需要打破传统的部门、学校、行业、地域、国域等界限，建立更为广泛的协同机制和分享机制。通过共享和共融的教育资源和数据资源，高校

可以从根本上变革课堂教学结构，实现教育管理水平和效益的显著提升。例如，高校可以通过建立开放的资源库和学习平台，使教育资源不受物理空间的限制，任何时候任何地点都能被师生所利用。

（二）坚持以学生为中心的导向

高校管理层在推动教育与管理现代化进程中，应当树立"以学生为中心"的管理导向，涉及整合软硬件资源，提供集成化服务，同时利用大数据技术推动学校管理模式和教学模式的革新，从而改善校园的管理流程，优化学习体验，确保学校的战略发展目标得以有效执行。在实施中，高校需要开发一个既统一又普遍的信息技术平台，该平台应当简化并集成各项管理任务，提高操作的流畅性，易于学生和教师的接受与使用。该平台不仅仅是学校业务和注册办公室的扩展，还将成为学生和教师日常交互的门户网站，提供连续且易于访问的服务，如账户管理、课程表查询、登记材料、成绩查询。这一信息化平台还具有广泛的应用功能，能够传播紧急信息，集成校园安全、警察和医疗服务，支持商务办公功能（如账单支付、购票、购书及其他购物活动），并可进行财政账户管理。平台还能够支持课程招生、学习过程的互动、动态成绩查询等教学管理活动，是学生与校友和家庭联系的桥梁，也是培训和教职工资源访问的统一平台。

为了支持这一平台的实施和运行，高校需要加强基础设施的建设，寻找灵活且可扩展的解决方案来替代老化的电信网络设备，同时对老化设施的改进策略应该进行简化处理，以满足学生和教师的需求，帮助学校创收。在设备融合方面，高校应推广现代移动设备的使用，从而增强课堂的交互性，减少学生必须携带的学术工具，减轻学生负担，同时提高教学的可靠性。推动"综合背包"的概念在教学管理中的应用，意味着将多功能移动设备集成到学生的学习工具中，这不仅提供了教学内容的访问，还融合了通信、信息搜索和学术资源管理等多种功能，大大提高了学习效率和便捷性。

二、强化我国高校教育管理的顶层设计

（一）灵活制定战略规划

在教育管理领域，高校面临着不断变化的教育需求和技术挑战，需要通过精心设计的战略规划来引导教育的发展方向，确保学校的可持续发展，并应对未来可能面临的各种挑战。借鉴美国高校（如马里兰大学）在信息技术规划方面的成功经验，我国高校可以更好地构建自己的教育管理系统，实现管理和教学的现代化。马里兰大学的信息技术规划解决了资金来源和决策机制两大关键问题。在资金来源方面，该校建立了一个集中与分权相结合的长效投资机制，确保资金能够高效且合理地分配和投资于关键领域。在决策机制上，该校则采用多群体参与的治理结构，促进了广泛的群体参与，强化了民主治理的方式，使信息技术战略规划成为全校性的共同愿景，有效降低了学生实施过程中的阻力。我国高校在制定战略规划时，应当从战略的高度出发，注重可持续发展的原则和开放协同的思维。这要求高校教育管理者不仅要有远见，还要有创新的行动策略，以适应快速变化的教育环境和技术进步。高校教育管理的发展目标应当是建设一个"绿色、节能、智能、高效"的智慧校园，不仅包括校园基础设施的现代化，还包括教育技术的深度应用以及管理流程的智能化。

在具体实施战略规划时，高校需要对利益分配、资源统筹、平台搭建、治理结构和评价激励等方面进行细致的设计和规划。这要求管理者深入理解校内外的资源和需求，精确制定策略来使资源的效率和效果最大化。技术与人的深度融合是智慧校园建设的核心，不仅涉及技术的引进和应用，还关乎如何通过技术提升教育质量和管理效率，实现"大技载道"的现代教育理念。为激发全校师生及管理者的参与性和主动性，高校应当建立开放的沟通平台，鼓励各方面意见的提出和交流。开放的沟通环境有利于集思广益，能够产生更多创新的思想和策略，从而有效推动教育管理质量和效益的提升。

（二）注重强化组织领导

加强组织领导是推动高校信息化管理十分重要的一环。2012年，教育部成立信息化领导小组及专家组，目的是在全国范围内指导教育信息化的推进。该举措标志着国家对教育信息化重要性的认识及教育信息化在教育管理中的核心地位。从宏观层面来看，各级学校建立的教育信息化首席信息官制度是信息化管理中关键的组织架构调整，目的是通过明确分管领导，全面统筹各单位信息化的规划与发展。首席信息官的角色能够确保信息技术与教育的深度融合，促进现代大学治理结构的智慧化。信息化部门的职能也需要从单一的技术管理转向技术与管理并重的方向，强化数据分析的应用，以发掘数据的潜在价值，提高教育质量与管理效率。2016年，教育部发布的《教育信息化"十三五"规划》强调了"一把手"责任制的建立，这是全面推动信息化的关键策略。西安电子科技大学校长杨宗凯曾强调，首席信息官的职责是核心的，关乎利益重组与流程再造。这种管理哲学反映了信息化不仅是技术层面的革新，更是管理思想和流程的根本转变。

美国大学的案例表明，超过半数的高校设置了专职首席信息官，首席信息官可参与学校战略性发展规划，并设计管理技术服务与应用。美国高等教育信息化协会的调查显示，独立设置首席信息官职位的学校占比为39.3%，首席信息官是技术的管理者，更是连接信息技术与大学变革的桥梁。对于中国高校，无论是独立的还是兼职的首席信息官，他们都必须能够在学校决策中发挥"核心"作用。首席信息官不仅要具备技术知识，还要有广阔的管理视野和战略思维能力。他们应当关注整体业务目标和战略，以确保信息技术部门的工作与学校的长远发展紧密相连。在具体工作中，首席信息官应当积极主动，不仅要等待来自首席执行官的指示，还要主动提供决策支持，提高自己的影响力。他们需要关注的不仅是技术本身，还包括如何将技术应用于业务运营、增长和转型。首席信息官还必须具备变革管理的能力，能够不断推动技术创新和应用创新。

（三）明晰高校发展的架构

麻省理工学院的开放课程计划（OCW）是一个典型的例子，展示了如何通过明晰的发展架构实现项目目标。OCW 项目的成功依赖于清晰的目标定位和合理的体系结构，涵盖行政管理、技术支持、评估监控与沟通协调等多个职能团队。这些团队各负其责，确保了从课程设计到发布各环节的高效运作。OCW 的流水线作业方式提升了工作效率，降低了操作成本，此种分工合作的模式值得我国高校借鉴。对于我国高校而言，建立一个清晰和高效的教育管理架构可推动学校各项事业的可持续发展。高校教育管理应从国际经验中汲取精华，结合《国家中长期教育改革和发展规划纲要》的精神，制定出符合自身发展实际的教育管理规划（包括数据采集、管理、使用及维护等环节的整合），以确保系统的有序运作和高效功能。在发展规划的过程中，高校必须坚持业务导向和问题导向的原则，同时强调建设与运维的重要性。具体而言，高校需要制定明确的大数据发展战略规划目标，基于广泛的调研，以提高制度建设和规划方案的科学性与可操作性。大数据发展战略规划要考虑全体师生的利益，增强需求调研的透明性，确保数据中心的建设和运营能够达到最优效果。

三、有效加强高校教育管理的师资培训

（一）改革高校教育管理师资培训体系

在当今大数据和信息化时代，高校教师的角色和职责正在经历一场前所未有的转变，主要体现在教学方式上，涉及教师培训和专业发展的全面革新。面对这样的变革，高校有责任提供相应的支持和资源，确保教师能够适应新时代的教育需求。传统高校教师的角色多被视为知识的传递者和课程的执行者。然而，在信息技术迅速发展的今天，教师的角色应该从知识占有者转变为学习活动的组织者和学习的引导者，还应成为教材的创造者和教育研究的参与者。这要求教师不仅要掌握丰富的专业知识，还要具备高效的信息处理能力和运用现代信息技术进行教学的能力。

参考美国和英特尔的教师培训项目，我国高校应建立并完善教师专业发展培训课程体系，重新设计教师职前培训项目。职前培训不应局限于技术操作的基础教育，而应包括如何运用这些技术进行有效教学的实战应用。例如，高校可以将原有的简单技术课程转变为综合应用技术的实践课程，使教师能够在教学中实际应用这些技术。改革职后培训项目也很重要，职后培训的内容应当紧跟时代潮流及教育改革目标，满足学生发展的根本需求。为了实现培训体系改革的目标，职前培训课程体系应设置为"基础课＋专题课＋核心课题＋自选课"的模块化结构，以满足不同教师的需求和专业发展路径。课程体系不应是千篇一律的，而应根据不同的培训对象采取不同的方案。这意味着培训课程和教材应当具有差异性，以更有效地促进全体教师的专业发展和素养提升。针对不同对象和不同时期，培训内容应灵活调整，确保每位教师都能从中获益。对于职后教师的培训，学校应根据教育管理工作的需要和教师的个性特点进行个性化培训，采取按需培训、多元培训和个性化培训的方法，这不仅可以提高培训的效果，还能增加教师对培训内容的满意度和实用性。

（二）创新高校教育管理师资培训方式

在现代教育环境中，随着技术的快速发展，创新培训方式成为提升教师教育水平的关键策略。英特尔的未来教育项目已经引入了多种授课模式，包括人—机交流、机—机交流和人—人交流，每种模式都能够提升教师的信息技术应用能力和教学革新能力。其中，人—人交流模式尤为突出，它强调合作与体验，使教师在实际的教学活动中能够更好地与学生进行互动。模块化学习的引入使创新思维得以加强，教师可以通过灵活的学习单元掌握新的教学技术和策略，促进对知识的深入理解，激发探索新教学方法的兴趣和动力。高校在设计教师培训课程时，应避免依赖单一的信息技术基础课程解决所有问题，而应将技术能力培养与具体的课程内容和准备项目相结合。例如，高校可通过模拟活动教授教师如何选择和使用适当的应用程序来支持学习，评估这些工具的安全性和实用性，从而使教师能够在未来的教学中有效地运用这些技术。高校的培训项目应贯穿自主性、互动性、探究性和体验式学习的理念，利用网络平台开展研讨和交流，这样可以极大地提高培训的可达性和效果。

第三章 大数据时代的高校教学设计及教育模式创新

第一节 高校教学设计与教育模式创新的基本理论

一、现代教育思想

现代教育思想反映了中国自改革开放以来，在全球现代化背景下对教育理论和实践的深入探讨。现代教育思想研究的是中国教育改革的现实问题，旨在阐明教育现代化的关键规律。其中，素质教育和创新教育对信息化教学的设计和教育模式的创新产生了显著影响。

（一）素质教育思想

1. 素质教育的概念

素质教育是一种全面的教育模式，旨在提升受教育者多方面的素质。素质教育不仅关注学生的思想道德素质，还包括能力培养、个性发展以及身体和心理健康。素质教育强调的是教育的全人发展，即培养学生成为既有深厚学识，又具备良好品德，能够在社会中独立思考和创新的个体。素质教育的目标是使每位学生都能在其潜能的基础上，实现最佳的个人成长和发展。

2.素质教育的主要特征

素质教育作为一种全面的教育理念，旨在为每一位社会成员提供均衡且广泛的教育机会，其基本特征体现在四个主要方面：全体性、基础性、发展性和全面性。全体性表现在素质教育的普及和包容性上，在广义上，全体性强调素质教育应面向所有人群，通过正规或非正规教育，使每个人都接受一定程度的基础教育；在狭义上，全体性意味着所有适龄儿童都必须接受规定时限和程度的正规基础教育，确保每个人都有公平的受教育机会。基础性强调为学习者提供必要的基本知识和技能，包括人类生活的基础知识（如读、写、算）以及基本的生活技能和社交能力。素质教育不仅是学术的，也是实用的，旨在确保每个人都能够在社会中独立生存和发展。发展性侧重于培养学习者的自我学习和自我发展能力。素质教育通过启发思维、激发潜力，帮助学习者建立终身学习的基础，增强未来的发展潜力。素质教育模式强调"学会如何学习，学会如何生存"，让学习者具备自主获取知识和解决问题的能力。全面性涉及教育的广泛性和深入性，旨在促进学习者全方位的素质提升。素质教育倡导全面发展，关注学习者的共性需求，同时重视每个个体的独特需求和个性发展。素质教育理念认可并尊重个体差异，鼓励每个学习者在其最擅长和最感兴趣的领域中达到最佳水平。

（二）创新教育思想

1.创新教育的概念

创新教育旨在培养学生的创新精神、创新能力和创新人格，以适应快速变化的世界，解决未来的复杂问题。创新精神的培养是创新教育的基石，教师通过激发学生的好奇心和探究兴趣，引导学生对新奇事物保持开放和敏感的态度。教师应重视求知欲的培养，不仅要教授学生如何追求真知，还要鼓励学生对各种问题持续提问和探索，培养学生在面对挑战时不轻言放弃的精神。创新教育方式鼓励学生在日常学习中积极发现、发明和革新，以不断开拓和进取的精神来克服困难。创新能力关注的是将创新思维转化为实际的解决方案，涉及思考的深度和广度，以及应用知识和技能解决实际问题的能力。教育系统需要通过实践项目、问题解决任务和创造性挑战（如 STEM 项目或艺术创作），来实际检验和提升学生的创新能力。通过这些活动，学生可以在实际操作中学习如何应用理论，掌握解决复杂问题的策略和技巧。创新人格的塑造关注的是长远的教育目标，创新人格涵盖了一系列有利于个人和社会发展的品质（如自觉性、独立性、责任感、使命感和事业心），使个体在面对社会和个人挑战时能够展现出顽强的意志和良好的心态。教师应通过角色模仿、团队合作和领导力培训等多种方式，培养学生在遭遇失败和挫折时依然能保持坚定和乐观的态度。

2. 创新教育的基本特征

创新教育作为教育变革的一种形式，旨在满足现代社会对创造性思维和解决问题能力的需求。创新教育模式强调特异性、全面性、探究性和开放性，旨在培养具有创新能力的学生。创新教育首先强调对学习者个体特性的认可和尊重，每个学生的学习路径、能力和兴趣都有所不同，这要求教师在教学过程中尊重学生的差异，而不是试图将所有学生塑造成一种标准模式。创新不只是达到社会或科学的高峰，更多的是相对于个体原有水平的提升和突破。这种对个体发展的重视鼓励学生在自己的学习过程中追求新的目标和成就，哪怕这些成就在更广泛的社会或学术背景下看起来并不突出。创新教育要求学习者获得全面发展，不仅包括学术知识的获得，还包括身体素质、心理、道德和美学等方面的发展。教师需要提供一个丰富的学习环境，让学生可以在多个领域发展潜能。创新教育不是建立在单一素质上，而是需要整合个体的经验、智慧、能力和情感，以促进个体在面对问题时能够展现出全面的创新能力。创新教育的探究性鼓励学生对问题进行深入探究，而不仅仅是被动地接受知识。通过提出问题、独立思考和创意讨论，学生的思维能力和解决问题的技能得到提高。教师应设计课程和活动，激发学生的好奇心和探究欲，使学生能够在实际操作中学习和创新。学生应提出自己的独特见解，实现个性化的创造性成果。创新教育的开放性不仅体现在学习资源的获取上，还体现在教育的界限上。创新教育鼓励学生走出课堂，探索更广阔的世界。通过课外阅读、实践活动和社会参与，学生可以扩展他们的知识视野，增加社会经验。创新教育形式还强调将学习内容与现实世界联系起来，使学习活动不局限于理论和书本知识，而是与社会、经济、科技和文化发展的实际相联结。

表 3-1 总结了现代教育思想的类型，方便研究者理解素质教育和创新教育的概念。

表 3-1　现代教育思想的类型

教育类型	关键概念	主要特征	目标与功能
素质教育	全面的教育模式，旨在提升全方位素质	全体性、基础性、发展性、全面性	促进全人发展，培养具有深厚学识和良好品德的个体，激发潜能，建立终身学习的基础
创新教育	培养创新精神、创新能力和创新人格	特异性、全面性、探究性、开放性	适应快速变化的世界，解决复杂问题，培养个性化的创造性成果，通过实践活动提升创新能力

二、马克思主义人的全面发展理论

从中国古代的六艺教育，到古希腊教育的"七艺"培养方案，再到中世纪欧洲对宗教神学的专注，各个时期的教育目标反映了当时社会的教育价值观和历史条件的制约。最终，教育目标的多样化逐渐形成一个更系统的理论——马克思主义人的全面发展理论。

马克思和恩格斯在 19 世纪中叶，基于对先前哲学家（如普罗泰戈拉、圣西门、傅立叶）理论的吸收和扩展，提出了人的全面发展理论。这一理论不仅是哲学上的一个概念，还是对人的发展进行全面考量的理论框架，涉及人的需要的全面发展、主体性的全面发展、能力或才能的全面发展、个性的自由发展以及社会关系的全面发展。

人的需要是推动一切社会活动和物质生产的根本动力，教育应满足人的物质、社会和精神需求，从而促进人的本质力量的展示，提升个人存在的价值。人是历史的创造者，故人的主体性表现为在社会历史活动中的能动性和创造性。教育应培养个体的自主性，使个体能够作为社会发展的主体而行动。教育应促进人的能力的全面发展，包括自然力和社会能力、潜力和现实能力、体力和智力等，这是实现人的全面发展的核心。个性的自由发展是人的本质力量发展的集中体现，教育应帮助个体实现其天赋的充分发展，强调自主性、独特性和创造性。社会关系是人的现实本质的体现，教育应促进个体与社会的积极互动，丰富人的社会经验和社会性质，使个体在多元交往中实现自我。跨越历史的长河，无论是亚里士多德的"和谐教育"、裴斯泰洛齐的泛智教育，还是卢梭的自然主义教育思想，都在不同程度上表达了对人的全面发展的追求。这种追求在现代教育中变得尤为显著，这是因为 21 世纪的社会发展对人才的要求是要具备专业技能，具有全方位的能力，包括批判性思维、创造力、人际交往能力和自适应能力。

在 21 世纪，经济全球化和信息化迅速发展，教育变得更加重要，因为教育不仅是传授知识的过程，更是培养能够应对快速变化世界的全面发展人才的过程。随着知识经济的崛起，所谓的"头脑经济"要求每个人都能够创新、合作并解决复杂问题。这种经济形态强调的是知识和信息的价值，促使教育系统重视传统学科技能之外的社会和情感技能的培养。在当今快速变化的时代，人的职业生涯可能会经历多次转换，这要求个体具备灵活的职业技能，有能力适应未来工作环境中可能出现的各种变化。因此，追求人的全面发展重在培养个体的综合素质和能力，使之能够在多变的社会中保持竞争力和创造力。教育系统必须打破传统教育模式的局限，采取更开放和灵活的教育策略（如项目式学习、翻转课堂和终身学习计划），促进学生的个性发展。此外，教育应更加注重跨学科学习，通过融合科学、技术、工程、艺术和数学（STEAM）教育，培养学生的创新思维和解决复杂问题的能力。

三、建构主义学习理论

从宏观角度来说，建构主义是当代学习理论的创新，是信息化教学模式构建的理论基础。

（一）建构主义学习理论的基本要素

建构主义学习理论的基本要素包括情境、建构、动机、能力与共同体，如图3-1所示。这五个要素构成了现代学习环境的基石，不仅能够影响学习过程，还能够影响学习成效。

图3-1　建构主义学习理论的基本要素

学习的情境强调了环境条件对学习活动及其效果的重大影响，情境不仅包括学习活动发生的物理环境（如教室、实验室、图书馆），还包括与学习活动相关的社会环境和文化环境。例如，学生在进行科学实验时，实验室的设备、实验材料的可用性以及合作伙伴的互动都是学习情境的一部分。在一个优化的学习情境中，学生能够通过发现、探索和实践等多种方式，进行知识的转移和构建。学习情境能够支持学习任务的完成，促进学生对知识的深入理解和应用。

建构是学习理论中的一个核心概念，涉及学生通过实际操作或在虚拟环境中模拟活动来构建心智模型。此过程是动态的，需要学生根据新的经验不断地调整和重建认知结构。例如，搭建积木和在线绘画活动都是建构活动的实例，它们要求学生运用并整合多种信息和技能。建构活动的重要性还体现在为学生提供解决问题的策略和方法，在学生的职业生涯中发挥着重要作用。

在学习过程中，学生的动机发挥着关键作用。研究显示，当学生对学习任务抱有真正的兴趣时，他们完成任务的效率会显著提高，学习的深度和持久性也有所改善。在信息化时代，面对复杂和具有挑战性的任务，学生需要发挥自立和自主的能力，通过内在动机的驱动，积极探索和解决问题。

能力的发展是教育的核心目标之一，在多元智能理论的指导下，教师可以采用多样化的教学方法和教学风格，以适应不同学生的独特能力和偏好。能力发展的有效性在于能够促进学生在各个领域的能力发展（如逻辑思维、创造力、社交技能），从而全面提升他们解决实际问题的能力。

学习共同体的概念强调了协作学习的重要性。在现代社会，无论是学习还是工作，团队合作和共同体学习都是常态。通过小组互动、同伴支持和教师指导，学生能够更有效地掌握知识和技能。共同体学习还能够帮助学生发展必要的社交技能，有助于他们未来的职业生涯和个人发展。共同体学习不仅是获取知识的途径，还能促进学生通过合作来解决问题，建立关系网，共同参与社会实践。

（二）建构主义的知识、学习与教学

1. 建构主义的知识

建构主义理论认为，知识是个体在与现有经验相互作用的过程中主动建构的结果。此过程涉及个体认知结构的不断调整，以适应外部世界的复杂性。知识建构的过程中，个体不仅会接收信息，还会对信息进行加工和重新组合，创造出新的意义。教师在这一理念指导下，应鼓励学生通过探索、实验和反思等多种学习活动，培养主动学习能力和创意思维。

知识的形成不仅受个体认知能力的影响，还深受社会环境和文化背景的制约。在社会互动中，知识通过语言、文化工具和社会实践实现传递和转化。在教育实践中，教师应重视小组合作、社区参与和跨文化交流。通过参与社会性活动，学生可以更全面地理解和吸收知识，同时能将个人知识与社会实践相结合，实现知识的社会化。

情境性强调的是知识与其被掌握和应用的具体情境之间的关系，知识的意义和应用依赖于特定的文化、历史和物理环境。因此，教师应设计富有情境的学习活动，使学生能在具体且相关的环境中学习知识。例如，教师可以通过情景模拟、案例研究和现场考察等方式，让学生在真实或接近真实的环境中进行学习，从而增强知识的实用性和深度。

知识的复杂性体现在知识不是简单的事实堆砌，而是一个动态发展的、多层次的体系。知识结构的复杂性要求学生能够在多个层面上进行思考，运用各种思维模式来解决问题。因此，教师应提供支持多维思考的学习环境，鼓励学生进行批判性思维、创造性思维和系统思维的训练，帮助学生构建多层次、多维度的知识结构。

知识的隐性或沉默性表明，许多知识是难以言传的，它存在于个体的经验、直觉和未经明确表达的技能中。此种知识的特点要求教育过程中，教师不仅要传授显性知识（如事实和概念），还要通过实践、模仿和内隐学习等方式，帮助学生掌握隐性知识。

2. 建构主义的学习

建构主义对学习的概括强调了学习是知识建构的过程，而非知识的传授，是个体与社会互动的产物。学习的核心在于理解知识的意义，而非针对知识本身进行研究。建构主义对学习的概括主要包括如图3-2所示的几个层次。

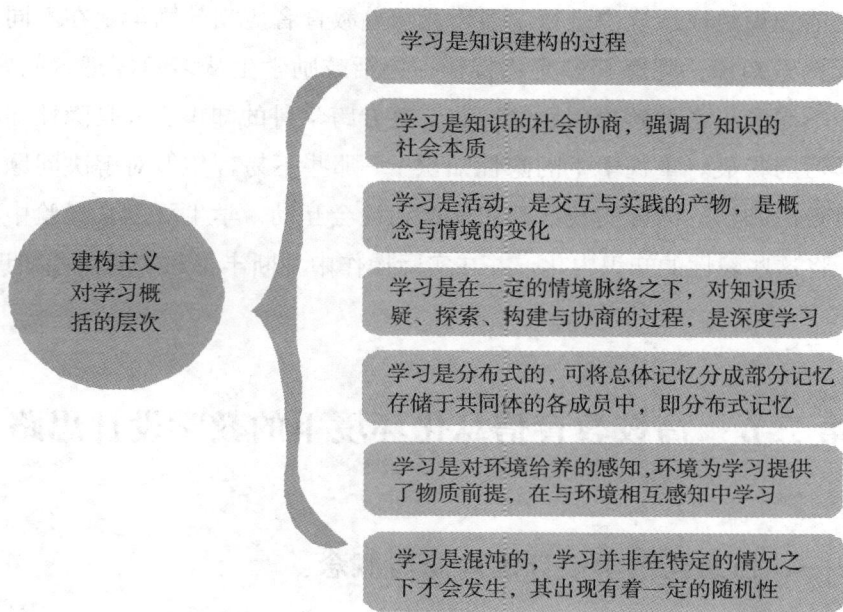

图 3-2　建构主义对学习概括的层次

3. 建构主义的教学

从建构主义的角度来看，教学是知识的传递，且是一个涉及学习者、教师、环境互动的复杂过程。该理论认为应当通过创设一系列有助于学习者发展的环境和条件来进行教学，可以概括为五大教学隐喻：一是个人意义的学习环境建构。要求教育者提供充足的认知工具和资源，使学习者能通过与外部世界的互动交流来构建个人意义。教育者的任务是创造一个充满挑战和支持的环境，让学习者通过探索和实践，将新信息与既有知识结合，形成深刻的个人理解。二是学习共同体的建立。强调学习者之间以及学习者与教师之间的交流与协商。通过建立学习共同体，教育者鼓励学生之间的合作学习，使他们能够共同解决问题，分享见解，从而加深对学科内容的理解。三是真实学习情境的创设。教育者应致力提供真实的学习情境，这些情境与学生的现实生活和未来职业实践紧密相关。通过模拟真实世界的挑战，学生能够在实践中应用他们的知识和技能，增强学习的相关性，提高学习的动机。四是多维度知识学习。在多维度的知识组成系统中进行学习，意味着教育者应当鼓励学生在不同层面上探索知识，理解其多元化特征，包括鼓励学生从多角度理解问题，运用不同的思考和解决问题的方法，整合跨学科的知识。五是隐性知识的学习与扩展。重视学生的隐性知识——那些不易言传但对解决问题至关重要的知识。结合实践活动、反思和社会互动，学生可以从经验中学习，将这些隐性的知识内化，并在实际操作中不断丰富和扩展这些知识。

第二节　高校教育信息化环境下的教学设计思路

一、信息化教学设计的内涵与概念

信息化教学设计反映了现代教育技术与教学方法的结合，是教育实践在信息时代的一种自然演进。信息化教学设计不是简单地将信息技术工具应用于教学中，而是一种全面的教学策略，涉及教学理念的转变和教学方法的革新。[①] 信息化教学设计的核心在于系统地整合传播学、学习理论和教学理论，通过科学的分析方法来解决教学中遇到的问题，并提出有效的教学解决方案。信息化教学设计方法要求教师除了了解教育内容，还要精通如何通过技术增强教与学的效果。此外，信息化教学设计还强调根据教学目标和内容，考虑具体的学习环境和条件，为学生策划合适的学习资源和活动。在此过程中，教师需要充分考虑学生的学习需求和背景，确保教学活动的针对性和有效性。信息化教学设计包含了一系列具体的计划步骤（如确定教学目标、分析学习者的特征、分析教学内容、选择教学媒体和教学策略），体现了教师的教学理念和设计思路，反映了教师的教学意图。

---

① 刘鑫军，孙亚东.互联网时代高校教育管理模式改革与实践研究[M].长春：吉林人民出版社，2021：96.

二、基于多媒体环境的教学设计

在信息技术日益普及的今天，多媒体环境的教学设计已成为推动教育现代化的重要手段。多媒体教室提供了一种新的教学平台，集合了视觉、听觉和互动性，极大地丰富了教学手段和资源，从而为实现教学改革和变革学习方式提供了必要的技术支持。[①] 多媒体教学设计首先需要考虑的是学生的具体特征及认知需求，不同年龄段的学生具有不同的认知结构和学习方式，多媒体资源的选择和使用方式需要与学生的特征相匹配。例如，小学生通常对图像、视频等形象化内容的接受度较高，多媒体教学可以直观地展示抽象概念，帮助学生更好地理解和记忆[②]；而对于中学生，特别是一些正在学习抽象概念（如数学公式和科学理论）的学生，多媒体教学可以通过模拟实验或互动教学软件帮助他们理解复杂的理论。多媒体教室的设计还需要根据教学目标和内容策划合适的学习活动，此过程需要教师充分利用多媒体技术的优势（如视频、图形、互动白板）来提高学习活动的吸引力和有效性。例如，在教授历史课程时，教师可以使用多媒体展示历史事件的视频或重现历史场景的 3D 模拟，使学生能够在沉浸式的学习环境中更好地理解和感受历史。

多媒体的使用应恰到好处，选择适当的多媒体和资源形式不仅要考虑课堂活动的实际需要，还要考虑多媒体在教学过程中的最佳应用时机。多媒体的使用应当能够在不同的教学阶段发挥最大的效益，如在引入新课题时使用视频激发学生的兴趣，在解释知识点时通过动画加深学生的理解，在复习阶段通过互动问答帮助学生巩固知识。在多媒体环境下，教师应鼓励学生积极参与到学习过程中。学生不仅要观看和听讲，还通过实践、讨论和协作来探索知识。例如，教师可以设计基于问题的学习

---

① 郝伟.大数据时代下信息化教学的实践与应用[M].北京：北京工业大学出版社，2019：62.

② 王继成，李竹林.大数据时代高校信息化战略与实践[M].沈阳：东北大学出版社，2016：31.

项目，让学生在小组中使用多媒体资源来研究问题并提出解决方案，促进学生的批判性思维和创新能力的发展。多媒体环境下的教学设计还应关注隐性知识的传授，隐性知识通常不易通过传统教学方法传递，但多媒体技术（尤其是模拟和游戏化学习）可以为表达和共享隐性知识提供有效途径。互动式和沉浸式的学习体验可以使学生在实际操作中掌握复杂的技能和策略，这些通常难以通过直接教授明确地传达。

三、基于交互式电子白板环境的教学设计

交互式电子白板的引入标志着现代教育技术在传统教学方法中的一次革命性融合，这种新兴的教学媒体继承了多媒体教学的优势，还加入了传统黑板的互动特性，从而极大地丰富了课堂教学的互动性和多样性。交互式电子白板自带的资源库提供了一个广泛的教学工具和素材集合，包括各种绘图工具、形状、图表以及专门为实验课设计的虚拟实验设备，可以直接在课堂上使用。这些资源的易访问性和即用性允许教师在课堂上灵活应对不同的教学需求，同时支持教师将个人或定制化的教学内容轻松集成进课程中。为了最大化这些资源的教学效果，教师应提前准备，熟悉有关工具的功能和操作，确保在教学过程中能够顺畅地调用和展示。

交互式电子白板强大的多媒体整合能力为创设真实或虚拟的学习情境提供了无限可能，通过与其他数字媒体如视频、音频和动画的无缝连接，教师可以模拟复杂的科学实验、历史事件或艺术表演等，使学生能够在仿真的环境中进行学习。情境化的学习有助于学生更好地理解抽象概念和复杂过程，增强学习的直观性和实际操作性。交互式电子白板的多功能性支持多种教学方法的实施，教师可以利用白板进行直接的演示操作，控制多媒体内容的播放，或者使用白板上的注释工具来突出重点、解释复杂概念。此外，白板的交互功能也支持学生参与到教学活动中（如直接在白板上作答、展示作业或参与电子投票），提升了学生的参与度，加强了学习过程中的反馈和评估。设计以交互式电子白板为支撑的教学过程时，重点应放在如何有效地利用其互动性来增强学生的学习体

验上。课程设计应包括开场引入、知识讲授、互动探究和总结反馈等多个环节，每个环节都应充分考虑如何利用电子白板的功能来优化教学效果。例如，在开场部分，教师可以通过播放相关领域的实际操作视频来吸引学生注意力；在知识讲授环节，通过白板展示图表和数据分析来辅助说明；在互动探究环节，引导学生使用白板进行小组讨论和结果展示；最后在总结反馈环节，利用白板进行知识点的复习和即时测验。

四、基于多媒体网络环境的教学设计

多媒体网络环境的教学设计是在现代教育技术的推动下，逐渐形成的一种新型教学模式，拓展了传统多媒体教室的功能，还通过网络技术增强了教学的互动性和灵活性。在多媒体网络环境下，教师和学生可以更有效地进行信息的交流和知识的共享，提供了自主学习、协作学习和探究学习的丰富机会。在多媒体网络环境下，教学设计的第一步是精心设计学习任务。任务驱动的学习模式要求学生在完成具体任务的过程中，能够主动探索和解决问题。而学习任务应当具有现实意义，能够引起学生的兴趣和动机，同时应当具有一定的挑战性和开放性，以促使学生发挥创造力和批判性思维能力。教师在设计学习任务时，可以结合学科知识点和现实生活中的问题，设计相关的案例或项目，使学生能够在解决问题的过程中深入学习相关知识。

网络学习环境的设计包括为学生提供必要的学习资源、工具和协作交流平台。应当支持学生的探索性学习，帮助他们有效地获取和处理信息。例如，教师可以利用在线数据库、电子图书馆、专题网站等资源，提供丰富的背景材料和数据。教师还应提供论坛、博客、即时通信工具等交流平台，促进学生之间的讨论和合作以及教师与学生之间的实时反馈和指导。为了确保教学活动的有效性，教师需要对学习活动进行精心的组织和安排，包括制订详细的教学进度计划，明确每一阶段的学习目标和内容。教师还需要设计合适的教学策略和活动，引导学生如何使用网络资源，如何在网络环境下进行有效的学习和交流。对于需要协作的学习活动，教师要组织合适的学习小组，明确各个小组的任务和角色分配，确保每位成员都能参与到学习过程中。在多媒体网络环境下，学习评价应当关注学习过程和结果的双重维度。过程性评价关注学生在学习活动中的表现，如探究能力、协作精神和解决问题的能力。结果性评价则关注学生学习成果的质量，如项目成果、研究报告或其他学术产出。教师可以利用各种在线工具和平台，收集学生的学习数据和反馈，实时监控学生的学习进度，并提供针对性的指导和帮助。

第三节　大数据时代的高校信息化教学模式创新

一、信息化教学模式的基础内涵

信息化教学模式是传统教学模式在现代信息技术环境下的一种进化，它利用技术工具和数字资源来优化教学流程，提升学习效果。信息化教学模式的核心在于运用信息技术来重新定义教与学的互动方式，使教学过程更加灵活、互动和个性化。教学模式是教学理论与实践之间的桥梁，传统的教学模式侧重于教师的讲授和学生的接受。信息化教学模式则打破了单向传递的局限，引入了更为动态的学习活动结构。在信息化教学模式下，教学活动不再局限于课堂内的互动，还扩展到了线上平台，通过网络课程、虚拟实验室和在线协作等多种形式，极大地丰富了学习的时空场景。信息化教学模式强调技术的整合使用，如智能教学系统、云计算服务以及移动学习应用，这一系列技术支持使教学内容和学习资源可以跨越地理和时间的限制，随时随地为学生提供支持。同时，教师可以利用大数据分析来跟踪学生的学习进度，实时调整教学策略，实现真正意义上的因材施教。

（一）教学模式的含义分析

教学模式作为教学方法的综合体，体现了从宏观到微观的教学理念的演化。教学模式的概念在教育界中的多样化解释，反映了教学模式在不同教学场景和需求下的灵活性和适应性。教学模式不仅是理论的集合，还是教学实践中的一种应用框架，能够通过具体的教学结构、方法和策略，指导教育实践的开展。教学模式的核心强调教育理论和教育思想的重要性，它们是构成教学模式的基础。这些理论和思想塑造了教学的整体框架，决定了教学活动的组织方式和教学内容的呈现形式。利用系统化的教学结构，教学模式能够帮助教师更有效地实施教学策略，提高教学效率和教学质量。教学模式与教学计划的关系是密不可分的，但二者并非同一概念。教学模式提供了实施教学的总体框架和指导原则，教学计划则是这些原则和框架的具体实施细节。教学计划详细规划了课程内容、教学时间以及评估方法等，是教学模式具体操作的体现。教学模式的设计通常具有一定的前瞻性和适应性，能够根据技术发展和教育需求的变化进行调整。在实际操作中，教学模式的形成既可以从实践中总结出来，也可以基于理论先提出假设后在实际教学中不断完善，其灵活的形成过程使教学模式能够不断适应教育的发展，反映对教学实践的深刻理解和创新应用。

（二）信息化教学模式的定义、特征与意义

1. 信息化教学模式的定义与特征

信息化教学模式是在传统教学模式基础上，整合信息技术的资源和工具，创建的新型教学活动结构。信息化教学模式通常被称为"基于技术的教学模式"或"数字化学习模式"，利用数字工具和网络平台，支持更加灵活和互动的教学方法。随着技术的不断进步和教育需求的深化，信息化教学模式在全球范围内不断演化，形成多样化的教学策略和实践。

技术应用是信息化教学模式最直观的特征，涉及各种信息技术工具

（如计算机、智能设备、互联网）的应用。技术的使用极大地拓宽了教学的时空界限，使教学活动可以跨越地理位置，实现任何时间、任何地点的学习和互动。信息化教学模式推动了教育观念的转变，使课堂教学从教师主导的传授式教学，转向以学生为中心的探究式和参与式学习。信息化教学模式强调学生的主动性和创造性，鼓励学生通过探索和实践来构建知识。在信息化教学模式中，学习被视为一个动态的、互动的过程，学生不再是被动接受知识的容器，而是能够通过网络资源和协作工具主动构建自己的学习经验。利用信息技术，教师可以设计更加个性化和差异化的教学内容，满足不同学生的学习需求。此外，教学方法也由单一的讲授式扩展到了翻转课堂、项目式学习等多种形式。信息化教学模式还改变了教学评价的方式，使教学评价从单一的考试成绩评价转向过程性评价和多元化评价。[1]

2. 信息化教学模式的意义

信息化教学模式通过整合现代信息技术与教育实践，调整教学方法和评价方式，从而更有效地促进学生的全面发展。信息化教学模式并非单纯在技术应用上的一个简单升级，而是教育理念和教育方法的全面刷新。[2] 在信息化模式下，教学活动能够更灵活地满足学生的学习需求，提升他们的信息处理能力、批判性思维能力以及解决复杂问题的能力。传统教育重视的"3R 素养"（阅读、写作、算术）在信息时代已经不能完全满足社会的需求，信息时代更加强调"3T 素养"，即技术运用、团队协作和迁移能力。信息化教学模式正是在这样的背景下诞生的，它通过使用先进的技术工具和方法，不仅能够教授学生基础学科知识，还能够教会他们如何在不同情境下迁移和应用这些知识、如何在团队中协作以及如何有效利用技术资源解决问题。信息化教学模式丰富多彩，涵盖了从传统的课堂教学到基于资源和项目的探究式学习，以及翻转课堂和

---

① 尹新，杨平展. 融合与创新：高校教育信息化探索与实践 [M]. 长沙：湖南科学技术出版社，2018：16.

② 张连城. 高校教育信息化建设与应用 [M]. 北京：知识产权出版社，2012：43.

网络协作式学习等多种形式，这些教学模式各有其特点和适用场景。基于资源的学习能够提供丰富的网络信息资源，帮助学生自主获取和分析信息，增强自学能力。基于项目的教学强调通过完成具体项目来实践和深化知识，增强学生的实际操作能力。翻转课堂模式改变了传统课堂的教与学方式，将"课堂内讲授"转变为"课堂外自学"，在课堂上进行深入讨论和问题解决。网络协作式学习则充分利用网络工具，支持学生在虚拟环境中进行协作和交流，突破了地理和时间的限制。①

二、基于课堂教学的信息化模式

（一）基于技术支持的讲授式教学

讲授式教学作为一种历史悠久的传统教学方式，一直以其系统性和高效性在教育领域中占据重要地位。讲授式教学方法主要通过教师的系统阐述帮助学生理解、记忆知识点，掌握必要技能。随着技术的不断进步，讲授式教学也迎来了新的发展，尤其是信息技术的引入，使传统的讲授式教学在保持原有优势的同时，增添了多种新的功能。依据奥苏贝尔的有意义学习理论，讲授式教学可分为三个主要阶段：课程引入阶段、知识传授阶段和知识整合阶段。在课程引入阶段，教师应明确课程目标，激发学生的学习兴趣。教师可提出关键问题或展示核心概念，引导学生理解学习的重要性和目的。此外，教师还可通过与学生已有知识建立连接，帮助学生构建学习的初步框架。在知识传授阶段，教师可通过多种手段呈现新知识（通过讲授、多媒体演示、小组讨论等方式），使新知识的组织结构和逻辑关系清晰化。在这一过程中，教师应不断地通过实例来加强概念之间的联系，使学生可以更好地吸收和理解新信息。在知识整合阶段，教师应帮助学生将新知识与原有的认知结构相融合，通过问题解决、案例分析等方法，强化知识的内化和应用。该阶段是确保学生

---

① 谭义东．"互联网+"的高校教育信息化[M]．北京：九州出版社，2020：69．

能将所学知识迁移到新情境中的关键。

在技术高度发达的今天，同步式讲授教学模式成为可能。同步式讲授教学模式通过现代信息技术的支持，打破了时间和空间的限制，允许教师和学生在不同地点进行实时的互动和学习。在配备了摄像机、话筒、电子白板和投影仪的教室中，教师可以像在传统教室中一样进行讲授。通过电子白板，教师的板书可以及时传达给远端的学生，投影系统则使远端学生的反应和表情可以直接被教师观察。信息技术提供的丰富资源使教师可以在讲授中引入更多的辅助材料（如在线视频、互动模拟），增强了教学的趣味性，提高了信息的接收效率。教师可以通过视频控制系统，实时接收学生的反馈，及时调整教学策略和内容。

（二）五星教学模式的原理

五星教学模式由 M.David Merill 博士提出，是现代教育领域中一种高效的教学策略。该模式遵循全面而系统的教学原则，特别注重学习者的主动参与和实际应用，能够提升教学的实效性和质量。五星教学模式整合了多种教学理论的核心要素，它通过五个基本原理，能够系统地推动学生从获取知识到应用技能的全过程。五星教学模式强调以问题为中心的教学方法，教学活动应围绕实际问题展开，使学习者在解决问题的过程中学习并应用新知识。这种情境化的学习使学生能够看到学习内容与现实世界的直接联系，增强学习的动机和实用性。结合具体问题的探究不仅能使学生学到理论知识，还能培养解决问题的实际能力，为日后的职业生涯和生活挑战做好准备。五星教学模式的一个原则是激活学生的先验知识。教学过程中，通过回顾和激活相关的旧经验，教师可以帮助学生建立新旧知识之间的联系，在复习了已有知识的基础之上，通过关联已知和新知，加深学生对新知识的理解和记忆。这一过程增强了学习的连续性和深度，使学生能够在已有知识框架的基础上更有效地构建新知识。在五星教学模式中，展示新知识的方式也非常关键。通过直观的示范或展示而非仅仅通过言语讲解，教师可以更有效地向学生阐明复杂的概念或技能。"展示与演示"的方法能够使学习过程更加生动和具体，帮助学生直观地理解和掌握学习内容。此外，教师可以利用多媒体资源和实物操作等多样化的展示方式，增加学习的互动性和趣味性。知识的应用是五星教学模式中非常关键的一环。在教学的过程中，学生应主动将新学的知识或技能应用于实际问题的解决中，通过实践来巩固和深化理解。这种"让我试试"的学习方式可以有效提升学生的参与度和学习效果，使他们在实际操作中遇到问题、寻找解决方案，从而实现知识的真正内化。五星教学模式还强调将学到的知识和技能融会贯通，并迁移到日常生活中去。教师应鼓励学生将学习内容与个人经验相结合，探索知识在现实生活中的应用场景，从而达到知识与技能的全面掌握和运用。

三、基于资源的信息化教学模式

基于资源的信息化教学模式是当代教育技术发展的一个重要成果，它将学习的大部分主动权交给了学生，教师则扮演着指导者和协助者的角色。该教学模式强调利用丰富的多媒体资源，通过自主探索来达成学习目标，从而满足现代教育以及信息时代对个性化和自主学习的要求。基于资源的信息化教学被定义为在一个丰富的信息化教学环境中，学生通过自我驱动的方式，使用各种电子和数字媒体资源来探索、学习和解决问题的教学模式。在此模式下，学生的学习过程不是被动接收，而是主动获取知识，通过互动的方式深化理解和应用。

四、基于项目式学习的信息化教学模式

（一）基于项目式学习的信息化教学内涵

基于项目的信息化教学属于建构主义学习理论，强调实践和体验中的探索学习，致力促进学生主动参与，提高学生的深入理解能力，注重技能的培养和个人潜能的发掘，尤其是解决复杂和具有挑战性的现实世

界问题的能力。项目式学习通过小组合作的形式，使学生在一定的时间内，围绕一个真实世界的复杂问题进行深入研究并给出解决方案。在此过程中，学生需要利用所学的知识和跨学科的技能，结合教师的指导，通过多样的信息化工具和资源进行自主学习和协作。项目的设计通常以实际意义和应用为出发点，能够激发学生的内在动机。学生在完成项目的过程中是问题解决的参与者和创新的实践者，项目式学习能够帮助学生实现自我价值，增强学习的主动性和创造性。信息化教学为项目式学习提供了丰富的资源和灵活的学习环境，学生可以通过网络资源、多媒体内容和在线协作工具，获取所需的信息，与他人交流想法，共同构建知识。这种环境促进了学习的开放性和多样性，允许学生从多个角度和方法来探索和解决问题。

项目的设计应接近学生的现实生活或反映真实世界的问题，其真实性能够提高学生对问题的关注度和学习内容的实用价值，使学习过程更具有吸引力和意义。项目不应受限于单一的解决方案或思考路径，而应鼓励学生运用多元的思维方式和学习策略。开放性不仅能够促使学生应用和拓展已有的知识，还能鼓励他们探索未知的领域，使用创新的方法解决问题。项目需要有明确的操作步骤和可实现的目标，确保所有参与者都能在自己的能力范围内贡献力量，同时保证项目的顺利进行和成功完成。项目的难度应适中，与学生的能力和已有知识水平相匹配。过于简单或复杂的项目都可能影响学生的学习热情和成效，恰当的挑战能有效激发学生的学习兴趣和潜能。

（二）基于项目式学习的信息化教学原则

在现代教育中，基于项目的信息化教学通过整合有趣、实际和具有挑战性的学习项目，旨在提高学生的参与度和学习效果。为了实现这一目标，教学设计应遵循一系列基本原则，确保学习活动既符合教学目的，又能够充分利用信息技术的优势。项目设计必须具有趣味性，能够引起学生的兴趣和好奇心。通过"寓教于乐"的方式，教师能够将枯燥的学习内容转化为引人入胜的学习活动，激发学生的学习热情，提高学生的学习动力和参与度。例如，教师可以通过角色扮演、游戏化学习或竞赛等形式，让学生在愉悦的氛围中探索和学习。项目设计应具有真实性，即项目内容应来自或能够直接应用于真实世界的情境中，从而增加学习的实用性，帮助学生更好地理解理论知识与实际应用之间的联系。真实性的设计使学生能够看到学习活动的直接价值和意义，进而更加积极地投入学习中。项目设计应有拓展性，考虑到不同学生的能力和知识水平，教师应允许学生在完成基本任务的同时，探索更广泛的相关主题或更深层次的问题。拓展性培养了学生的创新和批判性思维，也为不同能力和兴趣的学生提供了个性化的学习路径。项目式学习强调学生的主体地位，项目设计应以学生为中心，考虑他们的需求、兴趣和学习方式。学生根据自己的方式进行探索和问题解决，可以增强自主学习能力和责任感。通过这种方式，学生不仅是知识的接受者，更是知识的创造者。项目设计必须考虑现有的信息化教学条件，确保所设计的项目能够在现有的教学环境中有效实施，包括合理利用可用的技术工具和资源（如互联网资源、学习管理系统、交互式白板），确保有关的技术能够支持项目的教学目标和学习活动。

（三）基于项目式学习的信息化教学设计

基于项目的信息化教学设计模式以具体的项目为核心，这些项目紧密结合学习目标、内容及学习者的特点，为学生提供具体而有目的的学习体验。此模式强调项目设计的真实性、可操作性和适当性，确保学生能在实际与相关的学习情境中实现预定的学习目标。在执行项目式教学时，项目不仅要求学生能够解决复杂问题，还应该包含多个子任务，每个任务都是向最终目标迈进的一步。在此过程中，教师是学生学习过程中的引导者和支持者。教师的职责是确保学生在自主探索的同时获得必要的支持，从而顺利完成项目。项目化学习的设计如表3-2所示。

表 3-2　项目化学习的设计

项目化学习的流程	主要内容
项目的初步设计	学习目标分析
	学习内容分析
	学习者特征分析
项目分析	学习情境分析
	学习支持分析
	学习资源分析
	学习策略分析
学习活动设计	活动组织形式设计
	活动内容设计

五、基于翻转课堂的信息化教学模式

（一）翻转课堂概述

翻转课堂作为一种教育创新模式，在信息化环境中发挥了重要作用，它重新定义了传统教育中师生的角色和课堂的功能。在翻转课堂模式下，课堂教学的结构得到了根本性的转变，学习的主动性更加明显。在翻转课堂中，教师需要提前准备教学视频和其他数字化学习材料，将其作为学生课前学习的主要内容。学生在课前需要观看教学视频，并对关键概念和知识点进行自学，这可以使学生按照自己的节奏掌握课程内容，同时为课堂时间的优化使用提供可能。课上时间被用来进行更深层次的学习活动，如作业答疑、知识的深入讨论、协作探究和实践操作。翻转课堂模式强调学生的参与和交流，互动和协作能够促使学生更好地理解和内化知识，同时能够提升批判性思维和解决问题的能力。翻转课堂要求教师能够有效地利用数字化工具和网络资源，制作高质量的教学视频，教学视频应涵盖课程的核心内容，还要能够激发学生的学习兴趣。同时，教师需要根据学生的反馈调整教学策略，优化课程设计，确保学习效果。

（二）基于翻转课堂的信息化教学设计特点

基于翻转课堂的信息化教学设计是现代教育技术与教育理念的深度融合，其核心在于将传统教学模式中的"教学"转化为"学教"，强调学生在学习过程中的主体地位以及教师在这一过程中的辅助和指导作用。这种模式重构了课堂的功能，并优化了学习资源的利用，使学习活动更加高效和个性化。在翻转课堂中，教学结构的转变体现在学生从学习的被动参与者转变为主动建构者。教师不再是单一的知识传递者，而是成为组织者、指导者和促进者。通过设计富有吸引力的学习情境，教师可利用协作、对话等多种教学手段激发学生的学习动机和创造力，引导学生在理解和掌握知识的同时，能够在实际情境中应用所学知识。翻转课堂强调以学生为中心。在该教学模式下，学生通过自主观看教师预制的教学视频和访问在线资源，可在课外完成知识的初步学习和理解，课堂则转变为一个互动和讨论的平台，学生在这里通过实际操作、协作探究和教师的现场指导，实现知识的深层次理解和应用。该模式突出了学生在学习过程中的主导作用，促使学生从被动接受知识转变为主动探索和建构知识。在翻转课堂中，教学任务的本质经历了显著的转变。传统模式下，教师需要在课堂上完成知识讲授的主要任务，而学生的任务是在课外完成作业和复习。翻转课堂将这一模式彻底改变，教学视频和网络资源的使用使知识讲授部分转移到课外，学生可以利用自己合适的时间和节奏掌握知识。课堂时间则被用来进行更为深入的讨论、完成实践操作以及接受教师的个性化反馈和评价，提升了学习效率，增加了学习的深度，拓宽了广度。

（三）基于翻转课堂的信息化教学设计方式

翻转课堂教学设计的主要内容包括课前、课中以及课后三个阶段，具体模式如图 3-3 所示。

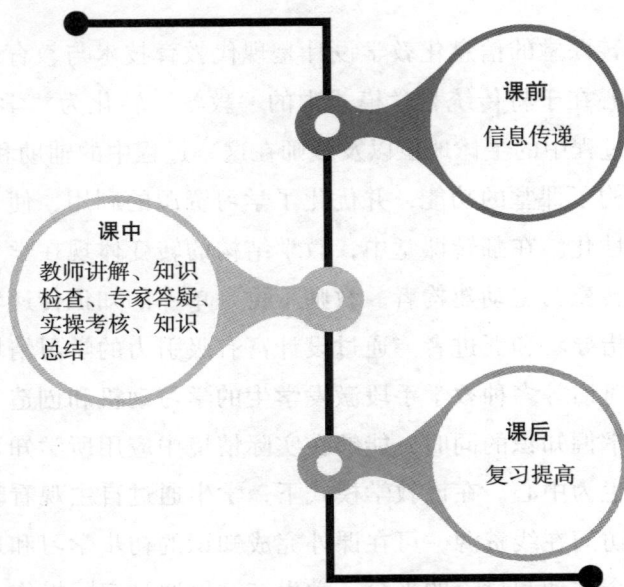

图 3-3　翻转课堂设计的阶段

1. 课前

在课前教学环节中，教师可利用现代信息化工具丰富学习资源的提供方式。教师可将学习任务单、教学视频和操作视频等内容上传至学生学习平台，使学生可以在多样的环境下（如图书馆、宿舍、家中）进行自主学习，扩展了学习的空间和时间界限，增强了学生学习的灵活性和主动性。学生可以通过平台上的资源自主学习新知识，遇到问题时能够及时通过资源查找解决方案，或通过在线咨询方式向教师或同学求助。平台还能提供相关练习题，帮助学生加深对新知识的理解和应用，有效地准备课堂上的深入学习和讨论。课前自主学习的模式提升了学习效率，激发了学生的学习兴趣，为课堂教学打下了坚实的基础。

2. 课中

借助信息化技术，课中教学环节可以更加精准和有效地针对学生的需求进行调整和改进。在课前学习平台的活动中，学生可以通过观看视频、完成学习任务单和提交练习来积累经验值，这样能够使学生在课前就对学习内容有所掌握，并通过将经验值转化为考核分数的方式，提高学生的学习动力。课堂上，教师可对经验值高的学生和表现最佳的小组进行表扬，这种正向反馈机制可以极大激发学生的学习热情，培养预习的习惯，对于学生的长期学习和成长极为有益。教师可以通过学习管理系统提前了解学生在学习过程中遇到的问题和疑惑，在课堂上便能有针对性地进行解答和讲解，极大提高了教学效率。利用板书记录重要知识点，配合动画演示和视频播放，可以使复杂的理论知识更加形象、直观，有效地帮助学生加深理解，解决理论知识记忆负担大的问题。课堂上通过小组合作完成教师布置的具体任务，不仅可以提高学生的知识应用能力，还能激发学生的求知欲。在小组探讨和任务执行过程中，学生可以实时解决遇到的问题，教师则提供现场指导，及时纠正错误，记录学生表现，从而确保学生在互动和合作中达到最佳学习效果。课程结束时，教师应综合评价学生的课前准备和课中表现，包括预习情况、知识掌握程度和知识应用等方面。教师可实施奖励机制，表彰表现突出的学生和小组，进一步提高学生的积极性。最后，教师应对本次课程的关键知识点进行总结回顾，并明确布置后续课程的学习任务，确保学生在连续的学习过程中能够持续进步。

3. 课后

在课后教学环节中，教师可通过学生学习平台发布详细的反馈（包括考核信息和课堂中发现的问题），为学生提供明确的改进方向。教师还可发布在线作业，并设定具体的完成时间，确保学生在规定时间内完成任务，以巩固课堂所学知识。为了支持学生的持续学习，教师可及时上传后续课程的学习资源，使学生可以提前预习和准备。此外，如果学生在复习过程中遇到新的疑问，他们可以利用在线咨询和讨论的方式寻求帮助。

六、基于网络协作学习的信息化教学模式

（一）协作学习的原理

协作学习亦称合作学习，是一种强调通过小组合作来达成学习目标的教学策略。协作学习方式源于美国，从 20 世纪 70 年代中期至 20 世纪 80 年代中期迅速发展，并在 20 世纪末至 21 世纪初传入中国。在协作学习中，学生被分成小组，在一定的激励机制引导下，小组成员需要相互协作，通过集体的智慧和努力解决问题，完成既定的学习任务。协作学习方式促进了知识的获取，强化了学生的社交技能、团队协作能力和问题解决能力，是当前教育领域推崇的有效教学法之一。

（二）基于网络远程协作学习的基本特点

基于网络的远程协作学习作为现代教育技术的一种应用，正在逐渐改变传统的教育和学习方式。通过多媒体技术、虚拟现实技术及计算机网络，远程协作学习模式为学生提供了一个无界的学习空间，允许他们跨越地理和时间限制，以全新的方式进行协作和学习。网络远程协作学习的特点之一是它打破了传统学习的时间和空间限制，在此模式下，学生可以在任何时间、任何地点进行学习和交流。网络远程协作学习的灵活性使国与国之间的协作成为可能，学生可以与本地的同学进行交流，也可以与世界各地的学者和专家共同探讨学术问题。网络环境能够通过虚拟现实和多媒体技术真实地呈现复杂的问题情境，让学生能够身临其境地理解和分析问题。情境的逼真呈现能够帮助学生更好地理解抽象概念和复杂情况，提高了学习的实际应用能力。在网络协作学习环境中，教师不再是唯一的知识传递者，学习过程中的互动和协作主要通过计算机网络平台实现。网络协作学习方式确保了教学活动的连续性和稳定性，使教学过程的控制更加合理地分配给了参与者，包括教师和学生。网络环境中的学生分组方式非常灵活，学生可以根据学习任务的需要选择最

合适的协作伙伴，无论他们身在何处。其灵活性极大地增强了学习的个性化和针对性，有助于提高学习效率。

在传统的协作学习中，学习过程和成果通常需要人工记录，而在网络远程协作学习中，这些记录工作可以由系统自动完成，减少了学习过程中的手工操作，使学生能够更专注于学习内容本身。许多在传统学习中需要手动完成的低层复杂工作（如数据记录、信息整理），在网络学习中可以通过自动化工具简化，提高了学习效率，降低了学习过程中的误差。网络远程协作学习的一大优势是资源的丰富性，学生可以访问各种在线库和数据库，利用网络上无穷无尽的资源，从视频讲座到学术文章，均可以满足他们的学习需求。

（三）基于网络远程协作学习的设计模式

华南师范大学的谢幼如等研究人员通过对比传统的协作学习方式和基于网络的远程协作学习，详细阐述了后者的设计模式及核心要素。网络远程协作学习方式的重点是构建一个全面的协作学习环境，包括明确的协作任务、高效的小组组织、合适的协作工具、流畅的协作流程、实用的协作策略和规则以及明确的成果定义。在该教学模式中，协作任务的设计是基础，它确定了学习的目标和内容，能够确保学生在远程学习中有明确的学习动机和目标。协作小组的组织需要考虑成员的搭配，以利用各自的长处，增强小组内的互动与合作。协作工具的设计关乎学习效率，协作工具应支持文件共享、实时通信等功能，使远程协作更为顺畅。协作流程的设计关注的是活动的具体步骤，能够确保每个环节都有序进行。协作策略和规则的设计是为了维持协作学习的秩序和效率，明确规则可以减少团队内的摩擦，提高协作的成效。协作成果的设计则是对学习成果的期望和评估，它直接关系到学习活动的成功与否。

第四节　大数据时代师生教学 App 互动模式应用

一、图形计算器模式

诺亚舟的图形计算器为数学探究式学习提供了一种创新的工具，特别适合直观地展示和探索数学原理。图形计算器使学生能够观察到数学图形随参数变化的动态过程，从而深入理解数学概念与原理。图形计算器包括编辑器与播放器两个部分，这两部分强化了图形计算器的功能性和交互性。图形计算器的主要功能包括制作数学教学资源和允许学生自由移动图形中的点和线以进行学习探究。该工具采用了 Web 版设计，学生无须安装任何客户端软件，只要连接到 Wi-Fi，即可通过创建学生名并登录网站来查看和使用这些资源。

二、互动视频 iVideo 模式

互动视频 iVideo 作为一个革新的教育工具，充分融合了最新的多媒体技术与教学需求，为学生提供了一种全新的知识获取和探索方式。它并不是一个简单的视频播放工具，而是一个包含丰富教学资源和互动元素的复合教学平台，极大地提高了教学视频的互动性和教学效果。互动视频 iVideo 由编辑器和播放器两大部分组成，编辑器允许教师或内容创建者在视频中插入文本、图片、超链接、音频及视频等多种互动内容，使学习内容更加丰富和吸引人；播放器则配备了多种智能功能，增强了学生的学习体验和视频的教育价值。复读功能允许学生选定视频中的任意片段进行重复播放，无须整段倒带，极大地方便了学习者对特定内容的复习和强化学习。在互动视频 iVideo 中，字幕不再只是简单的文本显示。通过取词模式，学生可以获取单词的详细解释，包括词性、发音和释义。切换至取句模式时，系统能提供句子的完整翻译及语法分析，帮助学生更好地理解语言结构和内容意义。所有加入视频中的互动元素（如文本、图片、链接、音频、视频片段及游戏组件）均按照时间线排序，以帧列表的形式展示，使学生可以便捷地在不同的互动内容之间自由跳转，按需学习。互动视频 iVideo 提供了多种互动视频播放模式，包括暂停模式（默认）、信息框模式、自动播放模式及无触发区模式，满足了不同学生的个性化需求，允许每位学生根据自己的学习习惯和偏好选择最适合的播放方式。互动视频 iVideo 因其高度的适应性和扩展性，已被广泛应用于教育、娱乐和日常生活等多个领域。在教育领域，它特别适合进行语言学习、科学实验操作指导、历史事件复现等，通过生动的互动和丰富的视觉内容，能够极大地提升学生的学习兴趣和学习成绩。

三、互动试题模式

互动试题 iQuestion 是一个由诺亚舟根据 QTI（IMS question and test interoperability specification）规范开发的高度互动的测试系统。该系统通过整合动态反馈和互动功能，极大地提高了学生的学习体验和教师的教学效率。该系统允许学生在提交答案后立即获得关于答案正确与否的反馈，以及详细的解答解释，帮助他们及时了解自己的学习情况并迅速纠正错误。此外，互动试题不再局限于基本的选择题和填空题，还拓展到了完形填空、阅读理解和排序题等多种题型，涵盖了从基础知识到复杂应用的广泛领域，使试题更加全面和具有挑战性。对于教师而言，互动试题 iQuestion 提供了一个强大的后台支持系统，教师可以轻松查看班级以及个别学生的答题情况，包括学习进度、错误题目和常犯错误类型等。系统还能自动分析这些数据，为教师提供科学的教学决策支持，帮助教师制订更有效的教学策略和辅导计划。互动试题系统支持的主观题类型（如问答题和主观阅读题），增加了学生表达和理解深层次知识的机会，也让教师能够更全面地评估学生的思维深度和理解能力。

第四章　基于大数据时代的高校数字化教育资源建设与应用

第一节　高校数字化教育资源概述

一、高校数字化教育资源的概述

（一）高校数字化教育资源的概念

高校数字化教育资源是信息技术发展带来的教育创新成果，是传统学习资源在数字化技术推动下的一种转型和升级。具体来说，高校数字化教育资源可通过数字化处理，针对高等教育中学生的特定学习需求进行优化配置，以支持多样化的学习方式。[①] 可以通过电脑、智能手机以及其他联网设备访问数字化教育资源。它支持远程学习和自主学习，极大地丰富了学习内容和形式。此外，高校数字化教育资源具有共享性特点，不仅促进了学术资源的广泛流通，还加强了教学资源的互动性和可访问性，为高等教育的数字化转型提供了重要支撑。

---

① 王昌海，陶斐斐.中国教育信息化研究 [M].贵阳：贵州人民出版社，2009：120.

（二）高校数字化教育资源的特点

高校数字化教育资源可将大量多类型、多媒体的信息通过数字化形式进行整合，有关信息在经过专业处理后变成了各种数字文件，可以在任何支持数字数据的设备上展示，从视频、音频到文本和图像，多样的信息表现形式丰富了教学内容，提升了信息的易用性和互动性。[①]数字化教育资源通过网络高效分布于全球，无论是在开放的教育平台、电子图书馆、学术数据库还是在高校自建的资源系统，数字化教育资源都易于访问且分布广泛，为全球学生和教师提供了知识分享和学术交流的平台。便捷的信息获取功能是数字化教育资源的显著特点，学生和教师可以利用任何联网的设备，随时随地访问和使用这些资源，打破了地理和时间的限制，确保了教学的连续性和灵活性。多媒体信息呈现方式使学习内容更加直观和生动，从复杂的科学短片到互动的模拟教学，多媒体资源使抽象的理论知识变得易于理解，同时增加了学习的趣味性和实效性。高校数字化教育资源的更新速度极快，新的研究成果和教学材料可以迅速被上传并共享到云端，教师可以及时接触到最新的学术成果和教学方法，从而保证教学内容的前沿性和相关性。高校通常会提供开放的学习平台，让师生不受物理媒介的限制，可以自由地访问、使用和贡献教育资源，其开放性促进了资源的共享，激发了学术社群的互动与协作。

高校数字化教育资源具有极高的多效性和衍生性，即同一资源可以满足多种教学活动和学习需求，如一个互动式视频讲座可以用于课堂教学、自学或远程教育，同时可以作为研究讨论的材料。此外，随着教学需求的变化，高校数字化教育资源可以经过适当的修改或再创作，衍生出新的教学内容或形式，从而持续地服务于教学的不同方面。数字化教育资源的共享性允许多个学生同时访问同一资源而不会降低使用质量，这是传统教育资源无法比拟的。例如，数字图书馆中的电子书可以被无

---

① 王民. 数字教育资源生态化建设和共享模式研究 [M]. 上海：上海交通大学出版社，2014：83.

数学生和教师同时查阅，而不会出现传统图书借阅的磨损或者无法获取的问题。高校数字化教育资源的共享性极大地提高了资源的使用效率，同时使教育资源能从单一学校或机构扩展到更广泛的社会甚至全球范围。高校数字化教育资源的重复性是指资源可以被无限复制而不降低质量，并且易于传播。无论是视频、音频还是文本文件，都可以通过数字方式被迅速复制并广泛传播，无须担心物理损耗。

（三）高校数字化教育资源的价值

1. 使用价值

高校数字化教育资源的使用价值是指高校数字化教育资源能够有效地节省教学时间、增强教学效果并提升学习体验。高校数字化教育资源利用现代信息技术，将传统的教育内容转化为更易接入、使用和共享的格式，拓宽了教育资源的应用范围。高校数字化教育资源的使用价值不会因为所有权的转移而消失，即使资源被转移到另一平台或被其他学生获取，其内含的教育价值依然存在，可以被重复利用。

2. 多重价值

高校数字化教育资源的多重价值是指在交换和使用过程中，当数字化教育资源被采用后，购买者（通常是学生或教育机构）获得了资源的使用价值（如获取知识和技能的工具），出售者（可能是教育内容的提供者或开发者）则获得了经济回报，而因为资源的数字化特性和共享性，出售者也能继续使用同一资源，进行进一步的开发或再利用。此种情况下，资源的使用价值不会因为转移而消失，与物理商品不同，高校数字化教育资源的价值可以在多方面得以保留和增加。

3. 交换价值

在高校数字化教育资源共享的过程中，劳动的消耗与转移为这些资源创造了显著的交换价值。数字化教育资源由于其具有可复制性，可以通过最小的分发成本实现广泛的传播，从而带来更大的经济效益和递增的边际收益。数字化教育资源的教育性质和转化潜力有助于智力资本的形成，增强了发展性和价值效益，减少了物理资源的消耗，提高了教育资源的可达性和影响力，促进了知识的普及和教育的创新。

二、高校数字化教育资源的未来发展

（一）未来高校数字化教育资源的特点

在高等教育领域，未来的数字化教育资源展现出了前所未有的特点，其生成性、开放性、适应性和智能性将彻底改变传统教育模式，为高校师生提供更加丰富和灵活的学习方式。未来的高校数字化教育资源具有生成性和开放性，传统的数字化学习资源一旦创建，内容便相对固定，而未来的教育资源将是动态更新和持续进化的。数字化教育资源能够在学生的互动和使用过程中不断生成新的内容，通过语义分析技术实现资源之间的动态连接，形成一个智能的网络学习空间。这种开放的学习资源不仅能够随着使用者的需求更新内容，还能够让学生的注释、讨论和疑问成为资源的一部分，从而实现真正的协作和共享。未来的高校数字化教育资源将展现出高度的适应性和智能性，数字化教育资源能够从广阔的网络中自动筛选最适合每个学生的内容，并根据学生的设备和学习习惯动态调整内容的呈现形式。例如，资源可以根据学生的阅读习惯、学习进度和理解能力，调整教学视频的播放速度，提供个性化的学习路径等。此外，这种智能资源还能够通过分析学生的学习历史，推荐相关内容，优化学习体验。每种资源不仅是独立的学习单元，还是资源网络和社会认知网络中的一个节点。在未来的数字化教育模式中，学习资源将形成一个庞大的知识网络，学生不仅能够访问丰富的信息，还能通过资源网络与其他学习者进行互动，共同探讨学习问题，增强了学习资源的实用性和互动性，促进了学术社群的形成，有助于知识的深入理解和创新。

（二）未来高校数字化教育资源的技术标准

随着信息技术的迅速发展，高校数字化教育资源在未来的技术标准和实现方式上将呈现多样化和智能化的特征。这些标准优化了学习资源的结构，提升了学习效率和质量。在经济全球化的今天，学习资源必须能在各种终端和异构平台之间自由流通。统一的协议和标准能够实现资源的无缝连接和高效共享，保证资源的广泛可访问性。

在数字化学习中，资源的粒度大小直接影响着资源的重用性。合理的粒度划分能够确保资源既具有足够的信息量，又不至于过度繁杂，便于学生快速吸收和应用。学习资源的逻辑聚合是构建有效学习路径的关键，能够通过智能算法，根据学生的学习进度和表现情况动态调整学习内容的顺序，以满足个体化的学习需求，优化学习效率。数字化教育资源应具备根据学生的特性定制学习路径的能力，通过分析学生的行为和偏好，推送最适合学生学习的风格和能力水平的资源，增强学习的个性化体验，支持学习过程中信息的实时检测和共享，使学生可以及时获取反馈，调整学习策略。学生的互动和讨论也能被系统捕捉并整合为新的学习内容，平台应提供工具和接口，让学习者能够上传自创内容或对现有资源进行注释和修改，这种互动性增加了学习的深度和广度。数字化教育资源应能自动更新和替换过时内容，保持信息的时效性和准确性，同时通过智能分析优化资源的展示顺序，确保最优质的内容能够被优先访问。在庞大的资源库中，高效的检索系统是必不可少的。优化的索引和智能算法能够确保学生快速找到所需的资源。

第二节 基于大数据时代的高校数字化学习资源的整合及管理

一、基于大数据时代的高校数字化学习资源的整合

（一）高校数字化学习资源的整合方式

1. 基于 OPAC 进行整合

在高等教育机构中，数字化教育资源的有效整合对于提高学术研究和教学质量具有重要意义。通过联机公共目录查询系统（online public access catalogue, OPAC），高校可以优化图书馆资源的管理和访问，实现资源的最大化利用。OPAC 作为一个先进的在线公共检索目录，提供了传统的书目信息检索功能，可将有关信息与电子全文期刊、电子图书以及视听资料等多媒体信息资源进行连接。此系统的核心价值在于它能够将纸质资源与数字资源融合，形成一个综合性的学术资源网络。例如，当学生或教师通过 OPAC 检索特定主题的图书时，系统不仅会显示书籍的位置和可用性，还能找到相关的电子全文、目次、文摘、书评以及可能的音频或视频资源。这种功能极大地丰富了学生的学习和研究体验，使他们能在一个平台上访问多样化的信息，从而进行深入的学术研究。

2. 基于资源导航进行整合

在高校环境中，基于资源导航的整合发挥着至关重要的角色，尤其是在管理和提供访问大量数字化教育资源方面。基于资源导航的整合方式通过系统地区分不同来源的教育资源，依据学科专业、主题内容、资源类型等标准进行有序组织，极大地方便了学生和教师的检索与使用。整体导航和部分导航的概念在高校的数字化资源管理中具有特定的应用。

整体导航致力构建一个覆盖所有资源的导航系统，包括电子书籍、学术论文、教学视频、模拟软件等各类学习材料。通过整体导航系统，学生可以全面地了解和探索可用的学术资源。部分导航则专注于特定类型或主题的资源，如专门导航历史文献或特定科目的教学工具。基于资源导航的整合主要提供资源的位置和访问方式，可能在展示资源深层内容和核心主旨上有所不足，但它仍然是高校数字化教育资源整合中十分重要的一环。

3. 基于跨库检索系统进行整合

在高校环境中，基于跨库检索系统的整合提供了一种有效的途径，可通过整合多个数据库和资源库来实现资源的一站式访问。基于跨库检索系统的整合方式支持在高等教育领域内的广泛学术研究和学习需求，允许师生通过单一查询界面搜索并访问存储在不同位置的多种数字化教育资源。跨库检索系统的核心在于它能够连接并统一各种学术资源的检索方式，如电子书籍、学术期刊、研究数据以及多媒体教育内容。这种系统可以覆盖从图书馆的电子目录到专业的研究数据库，为学生提供一种无缝的信息检索体验。实现这一功能通常要有强大的后端技术支持，以及对不同数据源的深入理解和高度的技术整合能力。然而，基于跨库检索系统的整合面临的挑战也不小。不同的数据库和信息系统往往采用不同的技术架构和数据标准，要求跨库检索系统必须兼容各种不同的搜索引擎和访问协议。保证检索结果的准确性和相关性，需要一套复杂的算法和学生反馈机制来优化。为了实现有效的跨库检索，高校需要采用统一的元数据标准，实施互操作性协议，并在各个参与单位之间建立紧密的技术合作。

4. 基于链接进行整合

在高校数字化教育资源的整合过程中，基于链接的整合方法展现了显著的优势。此方法利用超文本链接的网络特性，将图书馆及教育机构的各类资源通过引文和知识点相互连接，形成一个具有内在逻辑关系的有机系统，从而优化了信息的检索路径，提升了知识发现的效率。基于链接的整合使学术文章、电子书籍、研究报告、学术视频和其他教育材料能够互相引证，为学生提供一个内容丰富的学习网络。例如，一个关于生物化学的教学视频可能链接到相关的科研文章、实验操作指南或者案例研究，使学生和教师可以在探索一个概念时获得多维度的支持。此外，基于链接的整合强调了知识服务的内容层面，使每一条链接都成为知识传播和学术对话的桥梁，增强了学习资源的可接近性和实用性，鼓励跨学科的学术交流，为高等教育中的教学和研究提供了更加便捷的支持。

5. 基于知识管理进行整合

在高校的数字化教育资源整合过程中，基于知识管理的整合模式成为一种有效的实践策略，尤其在信息爆炸的时代背景下。基于知识管理的整合模式并不是将信息和资源简单地汇总在一起，而是通过智能化的技术，使教育资源的管理和应用更为高效。知识管理的整合利用了先进的语义网技术和知识本体的建设，通过有关的技术手段，能够对大量散布在不同平台和数据库中的教育资源进行有效的语义标注和关联。例如，通过定义具体的输入输出参数和服务类型，教育资源的知识管理系统可以确保数据的一致性和语义的准确性。基于知识管理的系统为高校提供了一个语义服务门户，使资源的发布者可以根据自定义的访问政策，决定哪些学生可以访问哪些资源。这种系统还支持语义驱动的服务调用，学生无论通过哪个平台或设备访问，都能保证获取到准确和相关的知识内容。

（二）高校数字化学习资源的整合技术

1. 分类的技术

在高校数字化教育资源的管理与整合中，分类技术起着至关重要的作用。为了适应教育的多样化和个性化需求，现代教育体系越来越依赖于先进的分类技术，以提高教育资源的可访问性和实用性。分类技术主要包括智能自动分类和分众分类。两类分类技术各具特点，服务于不同的应用场景。

智能自动分类技术利用人工智能和机器学习算法，可自动对大量的数字化教育资源进行精确分类。智能自动分类技术可以综合多维度信息（如文本内容、使用频率、上下文关系），从不同的角度分析和分类资源，从而更全面地理解和组织资源内容。随着信息内容和学生需求的变化，智能自动分类系统能够动态地调整分类标准和方法，这种灵活性使资源分类更能满足当前的教学和学习需求，保持分类体系的平衡和效率。智能自动分类系统可以根据学生的反馈和使用习惯进行实时调整，确保分类结果满足学生的实际需求，学生导向的分类方式提高了系统的互动性和个性化服务能力。有关特点使智能自动分类技术在处理大规模数字化教育资源时特别有效，能够提供快速、准确的资源访问和检索服务。

分众分类也称为自由分类或标签分类，是 Web 2.0 技术的一部分，可通过学生生成的标签来组织和识别信息。学生可以使用日常语言对教育资源进行标记，这些标签反映了学生对资源内容的理解和需求。通过标签，资源可以更容易地在学生群体中共享和传播，提高了信息的可见性和易获取性。分众分类允许学生根据个人偏好自定义信息的组织方式，增加了信息管理的灵活性和适应性。分众分类也存在一定的局限性，如分类的准确性和一致性较低，有时可能导致信息的重复或遗漏。

2. 知识管理的技术

在高校数字化教育资源的应用中，本体和语义技术的作用尤为显著。本体技术通过定义一个领域内的关键词及相互关系，从而建立一个有组织的知识结构，有助于资源的组织和索引，增强资源间的互操作性。通过这种方式，本体技术为语义网络的构建提供了基础，使计算机系统能够理解和处理教育内容的语义。例如，在高校的数字化教育资源中，高校可以利用本体来定义不同学科间的关键概念及联系（如数学、物理和工程之间的关联），从而帮助学生更好地跨学科学习，帮助教师更好地教学。语义 Web 技术能够提供更加智能的搜索服务，使学生和教师能够更准确地找到所需的学习资料，从而提高学习效率。叙词与叙词表在高校数字化教育资源的整合中同样发挥着重要作用，其中叙词表有助于标准化和规范化关键词的使用，它通过定义词与词之间的等同、等级和相互关系，提高了教育资源的检索效率。这种技术使学生和教师可以通过一致的术语来搜索相关信息，从而避免术语不一致带来的信息检索困难。在实际应用中（如在图书馆的数字化学习资源系统中），叙词表可以帮助学生更快地找到精确的研究资料，尤其是在进行文献综述或需要广泛阅读多个学科资源时。分词技术在处理非英语语系的数字化教育资源过程中十分重要，尤其是中文资源。由于中文书写有连续性，分词技术成为中文文本处理的一个基本且关键的步骤。通过正确的分词，系统能够识别单独的词汇和短语，这对于后续的文本分析、信息检索以及自然语言处理等都是必需的。高校可以利用分词技术优化数字化教育资源的搜索引擎，提高检索的准确性和效率。例如，当学生在学习平台上搜索特定课程或关键概念时，精确的分词结果可以帮助他们更快地获取相关资料，减少资源查找时间，增加学习时间。

3. 互操作的技术

高校中常见的软硬件系统不兼容问题可通过互操作技术得到有效解决，其中中间件技术可允许不同操作系统和平台之间的应用程序进行有效通信。例如，通过中间件，一个在 Windows 系统上运行的教育管理软件可以无缝地与 Linux 服务器上的数据库进行数据交换，确保信息流的连贯性和实时性。文法层面的问题主要涉及不同语言和数据格式的转换，XML 作为一种灵活的标记语言，能够定义、传输、验证和解释数据。在高校中，XML 可用于教育资源的标准化表示（如课程内容、教学大纲和学术论文的元数据描述），使这些资源能够跨平台共享和检索。在结构层上，不同数据模式的问题可以通过统一的数据架构来解决。例如，教育机构可能需要整合图书馆系统、学生信息系统和在线学习平台的数据。通过使用统一的数据模型，各种教育信息系统能够互相理解和处理共享的数据，优化资源分配和管理流程。语义层的互操作处理的是信息交换中术语意义的差异问题，知识本体技术在此发挥着重要作用，为教育资源的元素定义了明确的关系和属性。在高校中，知识本体可以帮助构建复杂的学科知识结构，使机器和人都能理解资源的内容和上下文关系。

二、基于大数据时代的高校数字化学习资源的管理

（一）高校数字化学习资源管理系统概述

1. 高校数字化学习资源库管理与应用系统

在现代高校中，随着数字化教育资源的快速发展和应用，资源库管理与应用系统的建设变得十分重要，能够提高资源的利用率，使教学过程更加便利。在高校环境中，ENCompass、OL2、Zportal、SFX 和 MetaLib 等资源管理工具和系统提供了强大的支持，使数字化教育资源能够被有效地整合和使用。ENCompass 作为一种高效的数字化资源管理解决方案，允许高校实现对远程和本地多种类型数据库的统一检索。该系统支持广泛的元数据标准，特别是 XML 和 XSL，增强了资源编目和整合的功能。通过集成学生权限和授权管理模块，ENCompass 确保了高校学生访问多种资源时的便捷性，免除了重复认证的烦恼。此种系统的实施提升了资源的可访问性，也提高了资源的安全性和个性化服务水平。OL2 作为一种动态链接工具，基于 OpenURL 协议，允许不同数据库间的自由链接，无论是数据库、电子期刊还是 OPAC，都可以成为链接的源或目标。这种动态链接功能极大地增强了资源的互联互通性，为学者提供了便捷的研究工具。Zportal 提供了统一跨平台检索的可能，它整合了已有的资源，允许学生根据授权范围自定义检索资源，极大地提高了资源的发现性和利用率。SFX 系统能够提供基于图书馆电子资源情况的动态配置链接，覆盖全文数据库、文摘、索引、引文数据库以及其他 Web 资源等，上下文相关的动态链接增加了资源利用的灵活性，提高了学生检索到相关资料的概率。MetaLib 作为一个信息门户产品，其核心功能是提供对图书馆书目库和各种电子资源库的统一检索功能，同时涵盖资源组织和管理，有效指导学生高效利用资源。

2. 高校数字图书馆与数据库管理系统

清华同方 TPI 系统是一个涵盖数字信息全生命周期的管理平台，其

TPI4.0 版本更是整合了七大功能模块，包括数字资源采集系统、数字资源加工系统、数据库发布与检索系统、数字资源管理系统、数字参考咨询系统、网上学生教育与培训系统以及个人数字图书馆系统。这些模块共同构成了一个强大的数字资源管理和服务平台，可以有效支持学术研究、教学活动和学生学习。清华同方 TPI4.0 的实施在高校中具有多重价值，极大地提升了图书馆的资源管理效率，使资源的采集、加工和发布流程更加顺畅。平台通过提供丰富的数据库检索功能和个性化的数字参考咨询服务，大大增强了学生和教师的信息获取能力。此外，该平台还支持网上教育和培训，使远程教学和自主学习变得更加便捷。

万方数据资源系统则是建立在互联网上的大型科技和商务信息平台，它支持单库检索、跨库检索及按行业需求进行的定制化检索，能够满足多样化的教学和研究需求。万方不仅是一个强大的学术资源库，也是高校教师备课、科研和学生自主学习的重要工具。此系统的功能覆盖广泛，能够作为学校教学科研的重要支撑，也是图书馆参考咨询和个性化推送工具。系统提供的校本资源开发工具和学校管理智囊库功能，进一步提高了学校的教学质量和管理效率。

3. 高校数字化学习平台

Blackboard 作为一个广泛使用的在线教学管理平台，能支持高达百万级的学生体验，适用于不同规模的教育机构。该平台的设计以网络教学为核心，构建了一个全面的教学环境，使教师能够在线进行课程教授，而学生可以根据个人的学习能力和需求自主选择学习内容及课程。此模式有效地支持了异地教育，让不同学校和地区的学生能够相互交流，师生之间也能根据教学进度和效果进行实时互动，极大地增强了学习的灵活性和互动性。

Coursemill 则提供了一个基于网络的学习管理系统，该系统通过网络浏览器来传授课程，支持教师创建电子教学内容并追踪学生的课程进度。它允许访问课程目录、课程细节及课程报告，为教师、学生和管理员提供了简单而高效的在线课程管理、跟踪和参与工具。Coursemill 特别适用于需要进行大规模教育培训的环境（如大型企业或在线大学），它还支持 MySQL 数据库、电子商务功能、与第三方课程内容的整合以及符合 AICC 和 SCORM 标准的课程，为混合学习环境提供了强大的支持。

（二）高校数字化学习资源管理技术

1. 高校数字化学习资源存储及安全技术

高校数字化学习资源存储技术主要包括 DAS、NAS、SAN、ISCSI、CAS 以及云存储技术。其中，DAS 因其扩展性差和系统瓶颈问题而逐渐被淘汰，但它在历史上为高校的基础数据处理提供了基本支持；NAS 通过标准网络结构提供文件级服务，极大地方便了教育资源的共享和管理，高校利用 NAS 可以实现校园网络内外的数据访问，提高了教学和研究工作的灵活性和协同性；SAN 技术，特别是基于光纤通道的 FC-SAN 和基于 IP 网络的 IP-SAN，为高校提供了高速的数据传输解决方案，SAN 支持大规模数据存储和高效访问，满足了大数据时代下高校研究和学习的需求；利用现有的以太网络技术，ISCSI 为高校提供了成本效益高且易于管理的存储解决方案，它允许教育机构在不需要专门的光纤通道设备的情况下，实现高效的数据存储和访问；CAS 技术适合存储不经常修改的最终信息（如图书馆的档案资料和研究数据），高校可以利用 CAS 存储具有唯一标识符的静态内容，提高数据的检索效率和访问速度；云存储技术使高校能够将大量不同类型的存储设备通过网络整合在一起，实现数据的高效管理和访问，云存储的可扩展性和灵活性使教育资源能够跨越地理和时间限制，支持远程教育和在线学习的广泛应用。

在高校数字化教育资源的管理中，确保数据的安全是极其关键的。高校需要建立有效的备份策略和灾难恢复计划，以防数据丢失或系统故障。具体措施如下：采用先进的防病毒软件和防篡改技术，保护存储数据不被恶意软件攻击或未经授权的修改；对敏感数据进行加密，确保数据传输和存储过程的安全；实行严格的访问控制和学生身份验证机制，确保只有授权学生才能访问教育资源；实施综合的监控来跟踪对存储数据的所有访问和操作，确保可以追溯任何安全事件。这一系列措施可以保护高校数字化教育资源不受威胁，从而安全地支持教学和研究活动。高校必须持续更新和优化存储和安全技术，以应对不断变化的技术环境和新出现的安全威胁。

2. 高校数字化学习传输技术

高校利用先进的互联网传输技术，实现了教育资源库的高效管理和同步更新。其中，同构资源库通过分布式站点间的资源同步复制，确保了各个分布式站点的资源一致性和更新同步；异构资源库则通过开发专门的导入与转换工具，实现了资源的快速收集与整合，从而提高了资源库的通用性和互操作性。为确保传输过程中的安全性和可靠性，许多高校采用虚拟私人网络（VPN）技术，通过建立加密的通信通道，保护在互联网上传输的数据不受外部威胁。此外，高校还使用 FTP 和 P2P 协议进行文件传输，这两个协议可支持断点续传功能，提高了文件传输的效率和可靠性。互动电视（IPTV）技术可通过互联网协议提供个性化、交互式的视听服务，是高校数字化教育资源传输的重要方式之一，它支持多种媒体格式，为学生和教师提供了更加丰富和动态的学习材料，如视频讲座、实时课堂。内容分发网络（CDN）与视频点播（VOD）技术的结合，极大地提高了视频资源的分发效率，通过将视频内容缓存至离学生更近的服务器，高校可以显著减少加载时间，提高访问速度，确保学生体验。

对于地理位置偏远或网络基础设施不足的高校，卫星传输技术提供了一种有效的数字化教育资源传输方式。利用卫星流媒体直播和卫星投包技术，这些高校能够接收和播放最新的教育资源（如实时讲座和教育节目），接收其他地区提供的学习资料。学校应用卫星直播技术，可以实时接收并播放流媒体数据（如在线课程和专题讲座），保证传输数据的高清晰度，使教育资源的分享不受地理位置的限制。卫星投包技术允许学校通过接收 IP 数据包形式的各种类型资源，进而解析并将这些资源存储到本地数据库。此方式适用于网络环境较差的区域，能有效解决资源传输和更新的问题。

3. 高校数字个性化服务技术

在高等教育机构中，推送（Push）技术是用来定向分发教育资源的一种有效方式。此项技术的应用使高校可以向学生自动发送最新的教育资源、通知、更新内容等。例如，一旦课程内容更新或有新的学术论文发布，相关信息便可以实时推送到学生的学习管理系统或个人设备上，节省了学生和教师检查更新的时间，提高了学习资源利用的及时性和便捷性。学生可以在注册课程时订阅特定的信息频道（如课程通知、作业更新以及相关领域的最新研究动态等），确保能够根据个人学习需求和兴趣接收最相关的内容，这种定制化的信息服务极大地提升了学习的主动性和个性化体验。

简易信息聚合（really simple syndication, RSS）技术在高校中的应用使学生和教师能够方便地追踪和聚合各种教育资源。通过 RSS 订阅，学生可以接收连续更新的内容，如学术文章、教育博客、学校新闻及其他相关发布内容，这些都是通过简单的网络聚合工具实现的。RSS 聚合器可以帮助学生管理各种来源的教育内容，让学生能够在一个统一的界面中浏览来自多个教育网站和学术期刊的更新。此外，RSS 还可以用于学术研究，通过订阅相关主题的 RSS 源，研究人员可以持续获得最新的研究资料和行业动态。

第三节　基于大数据时代的高校数字化学习资源的有效开发与应用

一、基于大数据时代的高校数字化学习资源的有效开发

（一）高校数字化学习资源开发的技术

1. 数字化学习资源开发的交互式主页实现技术

利用互联网技术，高校可以构建一个功能全面的教育平台，使学生和教师之间的互动更加便捷和高效。交互式主页允许学生在任何时间和地点访问课程材料、提交作业、参与讨论和进行测试，极大地丰富了学习体验。交互式主页实现技术可以使学生利用搜索功能快速找到他们需要的学习资源（如视频讲座、电子书籍及在线研讨会），从而进行有效的自主学习。交互式主页包含了信息编辑框、选择菜单按钮等元素，这些都是用来提高学生体验的关键组件。学生可以通过有关工具进行个性化的查询，参与课程定制，甚至获取定制的学习建议。通过综合运用多媒体和互联网技术，高校的教育资源将更加丰富，教学方式也将更加灵活，能够有效地促进教与学的互动，提升教育质量和学习效率。交互式主页可通过脚本语言、Java 语言、通用网关接口（CGI）、Java 数据库连接（JDB）、动态服务器页面（ASP）五种方法来实现。

2. 数字化学习资源开发的虚拟现实技术

利用虚拟现实（VR）技术，学生能够以前所未有的方式深入探索复杂的概念和环境。从复杂的工程设备到精细的生物结构，VR 技术为学生提供了一个无边界的学习空间。高校可以利用 VR 技术为学生创造三维的学习环境，能够模拟现实世界中无法轻易体验到的场景。例如，医学

生可以通过虚拟现实进行解剖学习，而不需要真正的解剖样本，通过三维模型，学生可以从各个角度和层次深入观察人体结构；在工程和科学领域，虚拟现实技术允许学生操作虚拟的机器和设备，这些设备的模拟运行与现实世界的运行完全一致，通过动画和三维建模，学生能够理解机器的工作原理，并通过交互式操作来探索不同的工程解决方案；在环境科学和城市规划领域，VR 技术可以模拟复杂的生态系统或城市发展过程，学生可以在这些虚拟环境中进行实验和研究，验证他们的理论和设计，这种技术的应用极大地扩展了教学的边界。

高校可以利用虚拟现实建模语言（VRML）来构建详尽的虚拟环境，VRML 允许开发者创建复杂的三维场景和对象，这些场景可以被用作教学中的模拟背景。通过整合头戴式显示器（HMD）和运动传感器，虚拟现实系统可以提供沉浸式的体验。学生能够以第一人称的视角进行学习，这种沉浸感可以使学习体验更为直观和持久。利用 OpenGL 等图形函数库，开发者能够为虚拟环境提供高质量的视觉效果。同时，空间音效的加入可以进一步增强模拟环境的真实感，帮助学生在虚拟世界中获得更全面的感知。

3. 数字化学习资源开发的流媒体技术

流媒体技术允许随时访问高质量的音频和视频内容，无论学生处于何种网络环境，都能保证学习体验的连续性和高效性。高校利用流媒体技术可以实时传输讲座和课程给全球各地的学生，该技术支持高定义视频和音频，使远程学习者能身临其境般参与到课堂讨论和活动中。教师可以通过实时反馈调整教学内容，确保所有学生都能跟上课程进度。流媒体技术支持创建交互式学习界面，学生可以通过简单地点击或触摸进行学习活动，如参与在线讨论、提交作业、进行测试。这种技术还允许教师根据学生的互动和学习进度提供个性化反馈，从而提升教学质量和学习成效。高校可以利用流媒体技术建立一个丰富的视频资料库，供学生随时访问，资料库可以包括录制的讲座、实验操作视频、历史档案影片等资源，能够极大地丰富学生的学习资源，使学习不再局限于传统的书本和笔记。流媒体技术通过将大文件压缩并分成多个小包进行传输，使学生无须下载整个文件就可以观看或听取内容，减少了等待时间，也为在低带宽环境下的学生提供了流畅的学习体验。高校采用高级流技术，能够提供连续的播放体验，即使在网络状况不稳定的情况下也能保持视频播放的流畅性。流媒体技术能根据当前网络环境自动调整数据传输速率，优化带宽使用，确保在各种网络条件下都能提供最佳的学习体验。

4. 数字化学习资源开发的远程控制技术

远程控制技术使教师能够远程操作实验室设备进行实时演示，学生则可以在任何地点通过网络观看并参与实验过程。远程控制技术扩展了学生的学习环境，并使复杂的科学实验教学不受地理位置的限制。高校IT 部门可以利用远程控制技术进行软件安装、故障诊断和系统更新等操作，能够提高技术支持的效率，减少对现场服务的需求，为远程校区和在家学习的学生提供方便。远程控制技术也可以促进教师和学生之间的互动，教师可以在授课时实时控制演示文稿和其他教学资源，而学生可以在家中通过远程连接参与到课堂讨论和小组作业中，这种互动提升了学习的参与感和实时反馈。

（二）高校数字化学习资源开发的工具

高校数字化学习资源开发的工具包括三分屏录制工具、PPT 转换工具以及网络课件创作工具三大类。其中，三分屏录制工具（如微软的Producer 和速课）允许教师同时展示授课视频、PPT 和相关图片等素材，形成一种流媒体视频课件（也称为 IP 课件），这种格式的课件在提供视觉信息的同时，使学生能够看到讲解者的表情和手势，增加了学习的互动性和吸引力；PPT 转换工具（如 Snap、Articulate、iSpring、Captivate和 StreamAuthor）能够将传统的 PPT 演示转换为包含声音、视频和习题的交互式课件，此类工具支持 SCORM 标准，能够确保课件的互操作性和兼容性，使课件可以在各种学习管理系统（LMS）中无缝使用；网络课件创作工具（如 Lectora、ToolBooks 和 Raptivity）提供了一套功能强大的解决方案，用于开发多媒体和交互式学习内容，这些工具支持从简单的拖放操作到复杂的逻辑和脚本编写，允许教师或教育内容开发者根据具体的教学需求定制课件。

二、基于大数据时代的高校数字化学习资源的应用

（一）数字化学习资源在高校课堂教学中的应用

1.教学内容的呈现

虽然传统的非数字化学习资源（如书籍和实体模型）在教学中仍有其不可替代的价值，但数字化资源因其便捷性和互动性，在现代教育中逐渐显示出其重要性。数字化教育资源可通过多媒体教学课件、教学视频、音频讲座等多种形式在课堂上呈现，用于直观展示复杂的知识点和概念，演示实验操作或复杂的技术过程，使理论与实际应用之间的联系更加紧密。例如，通过模拟演示，学生可以观察到平时难以在传统课堂上展示的物理反应或机械运作。数字化教育资源的引入支持"传递—接受"式的教学模式，强化了教师在课堂上的主导地位，使教师能更加高效地传授知识，同时保证了教学内容的标准化和一致性。

2.教学情境的创设

数字化教育资源通过其多媒体特性、互动性和模拟技术，显著优化了学习情境的创设，为学生提供了接近真实的学习体验。数字化教育资源（包括文字和图像）涵盖了音频、视频以及动态交互模拟，能够使教学内容更加生动，更易于吸引学生的注意力，并激发他们的学习兴趣。在低年级的课堂上，因数字化教育资源具有丰富的视觉和听觉元素而特别有效。例如，教师使用视频展示科学实验的实时效果，可以比传统的静态图片或纯文本描述更加引人入胜，能够帮助学生形象地理解复杂的概念；这种多媒体方式还可以通过模拟实际环境（如历史事件的重现或生态系统的动态展示），使学生能够在虚拟但逼真的环境中观察和学习。对于高年级学生，数字化教育资源的应用则更注重提高深层次的认知和

培养批判性思维。在这一阶段，教学重点转向如何利用数字化工具来探索和解析复杂问题，例如，通过数据分析软件、高级模拟程序或专业的学术数据库，学生可以处理大量的数据，执行更复杂的实验设计，从而深化理解，扩展知识边界。

3. 提供自主学习支持

数字化教育资源提供了丰富多样的学习材料和工具，极大地促进了学生的自主学习。数字化学习方式强调学生的主动性和自我驱动性，使学生可以根据自己的兴趣和需求选择学习内容，从而更有效地实现学习目标。高校数字化教育资源涵盖了广泛的学术数据库、电子书籍、在线课程、教育软件以及多媒体教学材料等，这些资源可由易于访问的平台提供（如学校的学习管理系统、专业学术网站以及各种学习应用程序），能够确保学生随时获取所需的学习资料。数字化资源不仅涉及传统学科知识的传递，还包括技能训练、实验模拟和研究项目等，为学生提供了广泛的学习和实践机会。自主学习注重学生的个性化学习路径选择，学生可以根据自己的职业规划和学术兴趣，通过教育资源平台自定义学习计划，选择对应的课程和资源。例如，学生对特定的研究领域感兴趣时，可以利用数字图书馆和在线数据库进行深入研究，或者参加在线研讨会和工作坊以增进理解和技能。然而，自主学习并不意味着学生完全独立于教师指导之外，教师在这一过程中需要提供必要的学术指导，帮助学生筛选信息，避免信息过载和误导。教师需要确保学生能够批判性地评估和利用网络资源，指导学生如何在海量信息中甄别质量高的学习材料，并提供技术支持，使学生能有效利用这些资源。教师还应引导学生形成正确的价值观和信息伦理观，特别是在使用开放的网络资源进行学习时。

4. 提供协作学习支持

协作学习能够加强学生之间的互动，还可通过共同完成任务来培养团队精神和协作能力。利用高校的数字化教育资源，协作学习可以在多个层面上得到有效的实施和加强。数字化教育资源（如电子图书、学术文章数据库、互动教学软件及在线讨论平台）为学生团队提供了丰富的信息源和工具。这些资源使学生能够快速获取最新的研究资料和信息，有效地支持他们在学习项目中的研究和讨论。例如，团队成员可以利用在线数据库搜集相关资料，然后通过互动软件共享和讨论这些资料，进而增进彼此的理解，加深知识的深度。数字化学习平台（如课程管理系统和协作工具）允许学生在不同地理位置进行实时的合作。有关平台提供了共享文件、实时编辑、视频会议和实时消息等功能，极大地提高了团队成员之间的互动和沟通效率。团队成员即使身处不同的环境，也能轻松协作，共同完成设计、研究项目或其他学术活动。数字化教育资源还支持更为个性化和灵活的学习方式，在协作学习的环境中，每位成员可以根据自己的学习风格和能力选择最适合的资源和工具。这种个性化的学习方式有助于学生更有效地掌握知识，同时使学习过程更加符合他们的个人需求和兴趣。协作学习的效果得益于教育技术的进步，特别是在评估和反馈机制上。数字化工具能够提供实时反馈和进度跟踪，教师可以通过数字化工具来监测每个小组的学习情况，并提供必要的指导和支持。

（二）数字化学习资源在高校新型学习方式中的应用

1. 数字化学习资源在混合学习方式中的应用

混合学习模式已成为促进学术发展的重要策略，它将传统课堂教学与现代数字化学习资源相结合，以提升教育的效率和质量。混合教学模式强调在教师的引导和学生的主体性之间找到平衡，充分利用数字化教育资源的优势，为学生创造一个灵活且互动的学习环境。数字化教育资源在混合学习中的应用极大地扩展了传统教学的边界，通过在线课程平台、虚拟实验室、数字图书馆和互动教学软件，学生可以在任何时间和地点访问学习材料，这种灵活性使学生能够根据自己的学习节奏进行学习，对于促进学生的自主学习和时间管理能力的发展尤为重要。在混合学习模式中，教师不再是知识的唯一传递者，而是指导者和协调者。他们利用数字化工具来监测学生的进度，并提供个性化的反馈和支持。例如，教师可以通过分析学生在在线测试和互动平台上的成绩来评估学习效果，然后调整课堂教学策略，确保教学内容和学生的需求相匹配。数字化学习资源丰富了教学内容的呈现方式，通过视频、模拟和游戏化学习，吸引了学生的兴趣，提高了学习的动机。

混合学习模式正在成为教学策略的主流。它将传统的面对面教学与数字化学习资源的优势相融合，旨在优化教学效果并提高学生的学习体验。在混合教育模式中，教师的主导作用与学生的主体地位得到平衡，课堂教学的人性化与数字化学习资源的灵活性相得益彰，共同促进了学生认知与情感能力的全面发展。混合学习中的数字化教育资源不再是静态的知识传递工具，而是动态的、可交互的学习平台。数字化教育资源以 Web 2.0 的"以人为本，群建共享"精神为核心，强调资源共享和用户参与。数字化教育资源在内容上保留了知识点的完整性和准确性，同时扩展了知识点的外延，引入了丰富的辅导材料和补充材料，极大地丰富了学生的课外学习资源库。数字化教育资源在形式上也进行了创新，不仅包含文本和图像，还广泛利用音频、视频以及虚拟现实技术，提高了资源的清晰度和逼真度。这种多媒体的融合使学习内容更加生动，增强了学生的学习动机和参与感。例如，利用虚拟现实技术，学生可以在一个模拟的环境中进行实验操作，近乎真实的学习情境极大地增强了实践操作的可行性和效果。在资源的组织和管理方面，混合学习强调以学生为中心的设计理念。学习平台和资源库提供了用户友好的界面和灵活的管理工具，使学生能够根据个人的学习需求和兴趣自主地选择和组织学习内容。例如，学生可以自定义学习路径，选择感兴趣的课程模块进行深入学习，也可以通过社交功能与其他学生讨论和协作，共同完成学习任务。

2. 数字化学习资源在移动学习方式中的应用

移动学习是指通过便携设备在任何时间、任何地点进行的学习。移动学习方式的兴起得益于移动计算技术和通信技术的快速发展，它打破了传统教育模式的时间和空间限制，为高等教育带来了革命性的变革。

移动学习的核心在于充分利用数字化学习资源，包括通过各种移动设备（如智能手机、平板电脑）访问的互联网资源，以及专门为移动学习设计的应用程序和教学工具。数字化学习资源的设计和开发通常由专业团队完成，注重与先进教育理念的融合以及用户界面和交互体验的优化。对于内容的设计，移动学习资源应当追求简洁性与实用性，使学习内容易于消化且容易在移动设备上浏览。数字化学习资源应支持异步学习，允许学生根据自己的时间安排自由学习，这一点尤其适合忙碌的大学生，他们可以在通勤或等待的空闲时间进行学习。从技术层面来看，移动学习资源的开发需要选择合适的平台和工具（如 iOS、Android 和 Windows Mobile），以确保良好的兼容性和访问性。随着技术的不断进步，新的开发工具和平台也在不断出现，这要求开发者保持持续的学习和更新，以利用最新技术提升教育资源的质量和教学效果。在应用层面，移动学习资源可以灵活地与传统课堂教学结合使用，作为课堂教学的补充或用于扩展课外学习。

3. 数字化学习资源在泛在学习方式中的应用

泛在学习允许学生在任何时间、任何地点通过任何设备访问学习资源，充分利用现代技术打破传统学习的时空限制，实现真正意义上的终身学习。在泛在学习环境中，高校需要构建一个支持自动化、智能化、可持续发展的数字化学习资源体系，以满足学生个性化和动态的学习需求。这种环境下的学习资源需要通过多种方式（包括分布式网络存储、动态内容生成、情境感知技术和微型化学习单元）来提高学习效率和体验。分布式网络存储是泛在学习的技术基础。它将学习资源存储在云端或多个服务器，学生可以随时随地访问这些资源，不再局限于具体的物理位置。这种模式提高了资源的可访问性，增强了数据的安全性和备份的便利性。动态内容生成是泛在学习环境的核心特征，在这一模式下，学习资源不再是静态不变的，而是可以根据学习者的行为和偏好进行实时更新和个性化调整。例如，通过采集学生学习过程中的数据，智能算法可以推荐更适合学生学习风格和进度的内容，从而实现真正的个性化学习。情境感知设备利用各种传感器和智能设备（如智能手表、VR 头盔），可以根据学生所处的环境提供适宜的学习资源，从而增强学习体验的丰富性和沉浸感。微型化学习单元的应用通过将复杂的学习内容拆分为小的学习单元，使学生可以在碎片化的时间中完成学习任务。泛在学习环境应支持与其他学习实体的智能交互，学习资源不仅是信息的载体，还应成为学习社交互动的平台。通过技术的支持，学习资源可以形成一个大的学习网络，学生可以在该网络中与其他学习者、教师或专家进行互动，共同完成学习任务，从而提高学习效果。

第五章 面向大数据时代的高校教师教育管理信息技术素养培养方式

第一节 大数据时代高校教师应具备的信息素养分析

一、高校教师信息素养的理论概述

（一）信息素养的概念

在现代教育和职业领域中，信息素养被视为一个基本的、全方位的能力，它涉及个体在信息泛滥的现代社会中识别、获取、评估、使用和创建信息的能力。随着数字技术的迅猛发展，信息素养已成为评价一个人综合能力的重要标准之一，特别是在高等教育机构中，信息素养是教育者和学习者必须关注的重点。

信息素养包括能够有效识别信息需求的能力，要求个体不仅能够确定何时需要信息，还能够明白为何需要这些信息。该能力要求个体具备问题识别和需求分析的基本技能，是学术探究的起点。

信息素养包括寻找和获取信息的能力，数字化时代有着源源不断的信息渠道（包括在线数据库、电子图书馆、专业网站及其他多媒体资源），高效地检索有关信息要求个体熟练掌握各种信息技术工具和搜索策略，并能对信息的来源做出准确评估。

信息素养包括对信息进行批判性评估和分析的能力，涉及分析信息的准确性、可靠性、偏见和价值。高校在培养教师和学生高水平的信息素养时，应重视信息批判性思维的培养，使教师和学生不仅学会接收信息，还要学会质疑和验证信息。

信息素养还涉及将信息有效利用的能力，这意味着个体需要将收集到的信息转化为知识，用于支持决策、解决问题和创造新的内容。在这一过程中，信息技术的应用能力显得尤为重要，包括数据处理、信息管理、内容创作和视觉呈现等技能。

（二）教师自身的信息素养

教师信息素养反映了教师在教学和个人发展中应对信息社会的能力，强调教师应主动适应社会信息环境的变化，通过不断学习和培训提升处理和应用信息的技能。教师信息素养涵盖了有效获取、评估和使用信息的技术，还涉及培养积极的信息态度，使教师能够在职业生涯中有效地利用信息技术来优化教学和解决问题。[①]

二、高校教师应具备的信息素养

（一）信息意识素养

信息意识作为高校数字化教育资源中的一个核心概念，其重要性在信息化快速发展的当代尤为突出。信息意识涵盖了个人对信息技术的认识和应用，也反映了一个人对信息本质的敏感性和信息的战略使用。在高等教育中，培养学生的信息意识成为提升教育质量和教学效果的关键因素。在高校环境中信息意识体现为学生和教师对信息技术发展趋势的认识和适应能力。随着信息技术的日新月异，教师和学生应具备识别并

---

① 夏洪文.教师信息技术基本技能[M].重庆：重庆大学出版社，2013：1.

利用新兴技术的能力，这些技术已经在教育领域中展现出巨大的潜力和应用价值。[1]

高校数字化教育资源的应用要求教师和学生能够主动获取和使用信息资源。例如，教师利用在线数据库、电子期刊、学术视频等数字资源进行教学，能够增强教学的互动性和实时性，促进学生的自主学习能力的提升。信息敏感性和洞察力是评价信息意识高低的关键，在高校环境中，学生和教师应能敏锐地发现和利用有价值的信息，例如，在众多的学术资源中快速筛选最相关和最权威的信息，要求教师和学生不仅要有能力判断信息的准确性和可靠性，还要能够评估和选择最有效的信息处理工具和方法。信息意识的培养还包括了解和运用信息的伦理规范，如信息的正确引用、版权的尊重以及个人隐私的保护。[2] 有关的伦理问题在数字化学习资源的使用中尤为重要，特别是在网络学习和远程教育日益普及的今天。

在数字化时代，教师的角色已经从传统的知识传递者转变为学习的设计师和合作伙伴，强调了教师在教育过程中的多重职能，反映了教师在设计和开发课程以及信息资源方面的重要性。随着技术的发展，教师有机会更深入地参与到课程的内容创新和教学方法的改革中，从而更好地满足学生在信息时代的学习需求。教师在高等教育中需要对课程内容进行持续的更新和调整，反映学科领域的最新进展，体现社会对于新技能和知识的需求。教师需要根据社会的变化和技术的发展，不断调整和优化课程结构，确保课程内容的时代性和前瞻性。教师需要利用现代信息技术（包括网络资源、多媒体技术等手段）来支持学生的建构主义学习，为学生提供一个丰富的、互动的学习环境。教师不仅要在技术使用上具备足够的能力，还需要在网络上能够高效地搜索和整合信息，评估和选择合适的学习资源，设计富有挑战性和启发性的学习活动。教师作为课程和信息资源的设计开发者，应积极探索和实践新的教学策略和模

---

① 张韫.教师信息技术素养修炼指南[M].上海：上海教育出版社，2019：20.

② 杨彦军.教师信息技术素养教程[M].长春：东北师范大学出版社，2015：17.

式（包括翻转课堂、协作学习、项目基础学习等多种教学方法），培养学生的主动学习和批判性思维能力。通过一系列教学策略的实施，教师能够更好地满足学生的个性化学习需求，提升学生的学习效果。在课程设计和资源开发中，教师需要有前瞻性地考虑到教育技术的未来发展，如人工智能、虚拟现实等先进技术的应用。

（二）信息知识素养

1. 基础的信息知识

在信息时代，高校的教育资源不断向数字化转型，基础信息知识成为教师必备的能力，涵盖了从传统文化到现代信息技术的广泛领域。教师需要培养快速阅读和高效信息筛选的技能，以便在海量信息中准确、快速地捕捉有价值的内容。同时，高校应提供相关的培训和资源，帮助教师掌握信息技术的基础知识，包括最新的信息处理工具和应用。除了理解信息技术的操作，教师还应强化对技术背后的历史和发展趋势的了解。如此一来，教师便能够更好地整合传统与现代教学资源，有效提升教学质量和学习体验。

2. 多媒体知识

在高校环境下，多媒体知识成为教师必备的技能，特别是在设计和实施数字化学习资源时。教师需要熟悉多种软件的功能和特性，包括文本处理、图像编辑、视频制作和在线协作工具等。理解这些软件的具体应用可以帮助教师根据课程内容和学习目标选择最合适的媒体资源。例如，视觉艺术课程可能更依赖图像编辑软件，而历史或文学课程可能更多地使用文本处理和呈现软件。教师通过有效地利用多媒体工具，能够增强教学互动性，提升信息传达的效率和吸引力，进而提高整体的教学质量。

3. 网络知识

网络知识不仅涉及基础的网络操作技能（如正确使用互联网进行信息检索、使用电子邮件或参与在线论坛），还包括了解网络安全、数据保护原则以及云计算服务的使用。教师需要掌握这些技能，以便在网络环境中高效地指导和管理学生的学习活动。高校教师通过网络平台可以实现课程内容的多样化传播，例如，视频讲座、互动式网课和虚拟实验均为现代高等教育中十分重要的组成部分。不仅如此，教师还应利用网络工具进行课程管理（如布置作业、进行在线评估和反馈以及监测学生的学习进度），确保教学质量和学习成效。

4. 课程整合知识

课程整合知识要求教师能够熟练地应用信息技术，将其与多种教学媒体相结合，从而优化学科教学内容的呈现。技术的整合可以使教师更有效地设计出富有吸引力且内容丰富的教学方案，从而增强教学的互动性，并极大地提升学生的学习体验和学习效果。

（三）信息能力素养

信息能力不仅包括技术操作（如信息的搜寻、筛选、获取与评价）的熟练程度，还包括利用有关技术进行信息加工、表达和交流的能力。信息能力还应包含更广义的技能（如语言能力、思维能力、观察力和判断力），有助于提升个体在处理和利用信息时的高级认知技能。在高校数字化教育资源的开发与应用中，教师需要将信息技术与教育内容的整合视为一种高级的认知技能，而不仅仅是简单的技术操作。例如，教师在设计课程时，应运用批判性思维来评估和选择信息资源，利用问题解决能力来设计符合教学目标的教育活动。这种能力的提升能够有效地支持教师在教学过程中更好地利用数字化教育资源，促进学生的深入学习和理解。具体来说，信息能力的发展应从基本信息技术操作扩展到包含教育信息能力的全面发展，后者涉及将信息技术整合进教学实践中，以提高教学互动和学习成效。

1. 基本信息能力

信息系统的应用能力涉及教师对教育技术工具（包括硬件和软件）的熟练操作。例如，教师应熟练操作多媒体计算机、使用网络查询和浏览工具以及其他教学支持软件，这样不仅能够提高教学的灵活性，还能提高课堂的互动性和学生的学习体验。信息搜索和获取能力是教师在数字化教育环境中必须掌握的能力，有效的信息搜索和获取能力不仅取决于教师对信息源的熟悉程度，还依赖于他们使用这些信息工具的熟练程度。教师应该能够从广泛的数字资源中筛选高质量的信息，以支持他们的教学和研究活动。信息的加工能力强调教师在获取信息后的处理技巧，包括信息的鉴别、分析和综合。这一能力使教师能够将外部信息转化为课程内容和学术研究的一部分，通过信息的分类、理解、综合和评价，有效地整合和创新教学资源。信息的应用能力涉及将加工后的信息进行有效应用，以优化和表达学术和教育内容，包括利用信息技术创新教学方法、设计互动和参与度高的课程以及在学术出版物中引用这些信息以支持论点和研究成果。

2. 教育信息能力

信息化教学利用计算机、多媒体技术、网络技术及人工智能等现代信息技术来全面改革传统教学方法，教师需要具备多媒体技术的操作技能，能够灵活使用信息应用软件进行教学设计。此外，教师还需掌握在线评价和研究方法，以持续优化教学效果和学生的学习成果。信息技术与学科教学的有效整合是提高教学质量和学生学习效果的关键，教师应将信息技术视为一种强大的认知工具，引导学生主动获取信息、探索和解决问题，从而加深对知识的理解和应用。整合能够使信息技术支持学科教学，使其更加生动、互动和富有成效。在丰富多变的网络信息资源中，教师应能迅速获取并有效处理有关信息，将其转化为可管理和可利用的知识。教育知识管理不仅涉及信息的积累和共享，还涉及知识的系统化管理。教师需要熟练掌握各种知识管理工具（如知识生成、编码和转移工具），以促进知识的有序流动和创新。教师在信息化环境中既是知识的传递者也是信息技能的培养者，他们应能在课堂教学中有效地融入信息教育元素，提高学生的信息意识和技能。此外，教师还应该通过个人学习不断提升自己的信息技术能力，成为学生学习的榜样。

（四）信息道德素养

信息道德是一种通过信息行为体现出来的道德规范和行为准则，包括但不限于信息的采集、加工、存储、传播和利用。在高等教育中，信息道德的培养不仅有助于提升学术诚信，还有助于构建一个健康的网络和信息环境。例如，教师和学者在研究和教学中需严格遵守版权法，避免抄袭和剽窃。保护知识产权是遵守法律的行为，也是信息道德的重要组成部分。在数字化学习资源广泛应用的今天，信息道德面临着前所未有的挑战，例如，网络黑客行为、侵犯版权、个人隐私泄露等问题频发，严重威胁到信息安全和道德规范。高校是信息技术的高频使用场所，教师和学生都应当成为信息道德的坚定维护者。教师不仅要在自身的教学和研究活动中严格遵守信息道德，还应该将这一准则教授给学生，使其成为学生行为规范的一部分。教师在信息道德的传播和教育中起到了桥梁和纽带的作用，他们需要向学生传授在数字环境中安全地获取和使用信息的技能，还要教授在面对伦理困境时做出正确的判断。例如，教师可以通过案例教学，讨论网络诚信、尊重版权、保护隐私等问题，帮助学生形成正确的信息道德观。高校应建立全面的信息道德教育体系，将信息道德教育纳入课程体系，进行系统的讲解和训练。通过课堂教学、研讨会、工作坊等形式，师生的信息道德意识能够不断增强。高校还应利用现代信息技术（如建立在线教育平台），提供信息道德教育资源，使教师和学生能够随时了解最新的信息道德规范和相关法律法规，增强其在日常学习和工作中的应用能力。

了解信息道德的多层面性质（可以概括为两个方面和三个层次）有助于构建学习资源在学术机构中的使用和治理方式。信息道德的两个方面分为主观方面与客观方面。主观方面涉及个体在信息活动中表现出来的道德观念、情感、行为和品质（如认可信息劳动的价值和批评非法窃取他人信息的行为），主观方面强调个人信息道德，反映了个体在处理信息时的内在道德指南；客观方面关系到社会信息活动中人与人之间的关系以及反映这种关系的行为准则与规范，包括扬善抑恶、权利义务、契约精神等社会道德行为，这些规范能够指导个人在数字环境中的互动，确保数据共享和合作等行为遵守社区标准和法律框架。信息道德的三个层次包括信息道德意识、信息道德关系和信息道德活动。信息道德意识包括与信息相关的道德观念、情感、意志、信念、理想等，是信息道德行为的心理基础，体现在指导个人与信息互动的原则、规范和范畴中；信息道德关系包括个人与个人的关系、个人与组织的关系、组织与组织的关系，它建立在明确的权利和义务基础上，并通过特定的信息道德规范形式表现出来，例如，在网络资源共享方面，网络成员既有共享信息资源的权利，也要承担相应的义务，遵守网络的管理规则；信息道德活动包括信息道德行为、信息道德评价、信息道德教育和信息道德修养等，其中信息道德行为是指人们在信息交流中采取的有意识的、经过选择的行动，信息道德评价是根据一定的信息道德规范对人们的信息行为进行的善恶判断。通过将信息道德纳入数字资源管理和教育实践，高校可以将信息道德纳入跨学科课程，确保学生不仅能够学习专业领域的知识，还能了解如何正确地分享和使用信息。高校还可以创建讨论信息道德的平台，鼓励全校师生遵守这些标准。

（五）信息创新素养

在高校数字化教育资源的发展中，创新是提升教学质量的关键，也是塑造未来人才的核心竞争力。高校应充分利用数字资源，培养教师和学生的创新意识与能力。高校通过整合现代信息技术（如大数据、人工智能），可以设计并实施更具前瞻性的教学策略，促进思维模式的转变。教师作为信息和知识的传递者，应积极探索与实践，利用数字化学习工具（如互动平台和模拟软件），不断尝试新的教学方法，从而引导学生跳出传统思维，激发创新思维。

1.教师自身的创新意识

创新意识不仅会影响教师自身的教学方法，还会影响学术研究和学生的创新能力培养。在日常教学和科研中，教师敏感地察觉到存在的问题并加以分析，是推动教学内容和方法革新的第一步。教师通过数字化学习资源，可以更快捷地获取信息，及时更新教学内容，使课程与时俱进。教师应具备提出新颖观点的能力，不仅要在专业领域内具有深厚的知识底蕴，还要能够结合实际情况，提出创新的教学方案和研究视角。数字化工具（如在线论坛、学术数据库）为教师提供了广泛的视角和灵感来源。保持对新事物的好奇心和探索欲是教师创新意识的重要表现。高校教师应积极探索最新的科技动态和教育工具（如虚拟现实、人工智能），在教学中寻求创新的可能性。此外，教师应对传统观念保持一定的怀疑态度，敢于质疑和重新评估。批判性思维能够使教师挑战旧有理论，推动学科的发展，这种怀疑精神和批判性思维能力可以通过高校提供的研讨会、工作坊等形式得到培养。

2. 教师自身的创新能力

传统的教育观念认为教师的主要任务是传授知识，然而，在数字化教育资源广泛应用的今天，教师的角色应转变为促进学生主动学习和创造性思考的引导者和助手。教师应通过多媒体和网络平台，引导学生不仅能够接受知识，还能学会如何学习、如何通过网络资源自主获取和深化知识。为学生提供一个富有创造性的学习环境是教师创新能力的重要体现，学习环境包括心理和物理两个层面。在心理层面，教师应鼓励学生提出问题，挑战现有的知识架构，不断求新求变。在物理层面，教师可利用计算机教学环境（如智能教室和在线学习平台），增强教学的互动性和趣味性，使学生在探索中学习，在学习中创造。教师应利用多媒体技术和信息网络，设计引人入胜的课程，使学生能够在实际操作中深化对知识的理解。例如，运用点播系统进行视频教学，不仅可以展示理论知识，还可以展示实验操作，甚至让学生远程操控实验设备，进行实际操作，从而增强学生的实践能力和创新思维。教师在设计课程时，应不断寻求新的教学内容，将最新的科研成果和行业发展趋势融入课程之中。教师还应关注学科间的交叉融合，开发跨学科的综合课程，拓宽学生的知识视野，提高学生解决复杂问题的能力。在快速发展的信息时代，教师自身也需要不断学习最新的技术和教育理念。通过参加专业培训、阅读最新的教育研究文献、参与学术会议，教师能够不断提升自己的教学能力，更好地满足教育的发展需求。

3.教师自身的创造性思维

教师自身的创造性思维主要体现在对学生创造性思维的培养上。教师应遵循培养创造性思维的几个基本原则，如图5-1所示。

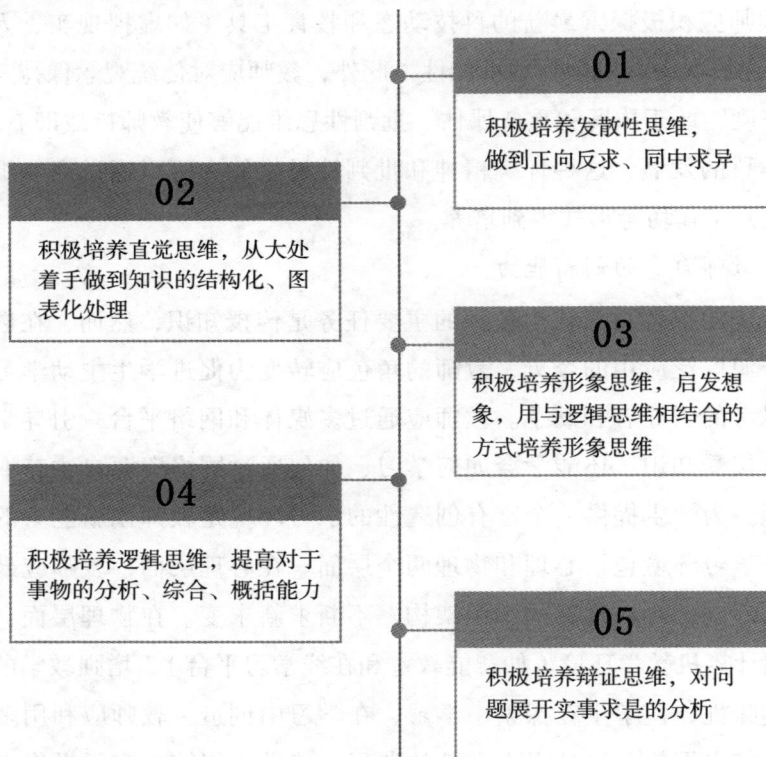

01

积极培养发散性思维，做到正向反求、同中求异

02

积极培养直觉思维，从大处着手做到知识的结构化、图表化处理

03

积极培养形象思维，启发想象，用与逻辑思维相结合的方式培养形象思维

04

积极培养逻辑思维，提高对于事物的分析、综合、概括能力

05

积极培养辩证思维，对问题展开实事求是的分析

图5-1　培养创造性思维的基本原则

第二节　当代高校教师教育管理中的信息技术综合应用能力

一、当代教师具备信息技术能力的重要性

随着计算机和互联网技术的快速发展，教学方法和工具发生了根本性的变化。现代信息技术（如多媒体教学和在线协作平台）已经成为提高教学效果的重要手段。现代信息技术让教学活动更加互动和生动，并促进了学生的主动参与和自主学习，提高了学生的信息素养和综合能力。教育领域的改革已将使用现代信息技术视为一项关键任务，而教师的信息技术能力直接影响着教学质量和教育创新的实施。教师在实际教学的过程中有效运用现代信息技术，不仅可以改变传统的教学模式，还能引入更多以学生为中心的教学策略。信息技术的应用使教育内容和教学方法更加多元化，使教育过程更加个性化和灵活。教师可以利用信息技术来设计富有挑战性的课程和项目，激发学生的创新思维和解决问题的能力。

信息技术的广泛应用改变了传统教学模式，为教师提供了更加丰富的教学手段和工具。通过多媒体教学、在线课程和虚拟实验室等方式，教师能够创造出更加生动、互动的教学场景，极大地丰富学生的学习体验和学习资源，提高学习的自主性和灵活性。教师通过使用有关的工具，可以有效地将理论与实践相结合，提高教学效率，减轻传统教学中的压力。更重要的是，信息技术的引入促进了学生信息意识的提升，增强了他们的信息伦理道德修养和运用信息技术的实际操作能力。在此基础上，教师的角色也由传统的知识传递者转变为学生学习的引导者和促进者。教师通过引导学生有效使用网络资源，能够培养学生的批判性思维能力和创新能力，为学生面对信息化社会的挑战做好准备。信息技术还为教

师自身的专业发展打开了新的途径，教师可以利用网络资源进行持续的专业成长，通过在线学习和国际合作，不断更新自身的教学内容和方法，提高教学的质量。

二、当代教师信息技术应用能力的基础结构

（一）教师信息技术的基本知识

信息技术涵盖广泛的领域，包括计算机硬件、软件、网络通信以及数据管理等方面。教师应熟悉各类信息技术的定义、使用的术语、各种技术的特点及应用场景。例如，理解云计算的工作原理、区分各种操作系统的特点以及掌握基本的网络安全知识，有助于教师在教学中有效地利用这些工具，帮助教师指导学生正确使用这些技术。信息技术的优势在于能大幅度提高信息的获取效率，扩展知识的接触面，使教学过程更加灵活和互动。教师可以通过网络和多媒体技术，使用丰富的教学资源来举办讲座和讨论会，极大地丰富了教学内容和形式。信息技术的应用还促进了学生的自主学习，学生可以在网络上自由地探索自己感兴趣的知识领域。然而，信息技术也存在局限性：一是技术的过度依赖可能导致基本学习技能的忽视，如计算、阅读和逻辑思维能力不能得到很好的培养；二是网络信息的真实性和准确性问题，教师和学生需要具备较强的信息鉴别能力，避免被错误或偏颇的信息误导。信息技术在带来便利的同时，也引出了一系列伦理与道德问题。① 例如，信息安全问题、个人隐私保护和知识产权等，都是信息技术应用中不可忽视的重要方面。教师在利用信息技术进行教学时，应强调这些伦理道德问题的重要性，教育学生遵守相关法律法规，培养学生的责任感和公正感。

---

① 杨彦军.教师信息技术素养教程[M].长春：东北师范大学出版社，2015：19.

（二）教师信息技术的教学应用

教师信息技术的教学应用主要包括数字化、网络化、多媒体化和智能化，能够有效推动教学质量的提升，提高学生的学习体验。例如，多媒体技术能够通过视频、音频等丰富的形式，使抽象的学科内容变得直观易懂；网络技术则打破了时间和空间的限制，为学生提供了随时随地学习的可能。在国际上，许多发达国家和地区已经在信息技术教学研究方面取得了显著成果，并形成了一系列有效的教学方法，如支架式教学、抛锚式教学。这些方法通过项目研究或基于主题的学习，鼓励学生从广泛的信息资源中自主选择和处理信息，以解决实际问题。我国也在信息技术教学应用研究上取得了新的进展，教师开始重视学生的主体性，认识到自己在教学中应更多地扮演学习设计师和引导者的角色，而非单一的知识传递者。[①] 教师将研究重点转向了学习资源的设计和开发上，而非仅仅关注教学媒体的使用。在构建校园网络和多媒体教室的基础上，教师应强调信息技术作为工具的作用，促进学生的自主学习和研究性学习，建立和完善教学信息资源库，利用信息技术将复杂的科学原理通过视频等形式直观展示，提高学生的理解和记忆能力。教师应指导学生使用搜索引擎、专业网站等工具，高效获取所需的学术资源和最新科研动态。教师可通过模拟实验和虚拟现实技术，创设真实的学习情境，增强学生的实际操作能力和科研素养。教师还可以通过开发在线测试和评价系统，使学生能够及时获得学习反馈，促进自我调整，优化学习策略。

---

① 王凯丽. 信息技术环境下的教师发展 [M]. 北京：九州出版社，2020：162.

第三节 大数据时代下高校教师的信息技术素养培养方式

一、强化高校教师的职前和在职培训

对于职前教师，培训重点是信息技术知识的获取与技能的训练。这一阶段，师范院校应重视理论与实践的结合，通过系统的课程设置和丰富的实习机会，让未来的教师能够在真实的教学环境中熟练运用信息技术。例如，高校可以开设专门的信息技术应用课程，强调教育技术的实际运用，如智能教室的操作、在线教学平台的应用。高校应构建一体化的教师培养模式，将信息技术的应用贯穿于教师教育的各个层面——从基础教育到专业发展。高校应开发针对未来教师的信息化教学技能训练平台（如模拟教室、在线教学资源库），有效提升职前教师的实际操作能力。

对于在职教师而言，培训应重视教师在技术应用上的持续发展。通过参与定期的技术更新培训、教学改革研究等方式，教师可以不断提升自身的信息化教学能力。例如，高校可以组织教师参与在线教学法的研讨会，或者在校内外开展合作项目，以实践最新的教学技术和方法。信息技术的教育应用不仅包括工具的使用，还包括如何将信息技术整合进教学设计与实践中。教师应学会如何将信息技术与课程内容、教学策略和学生评估有效结合。例如，教师可利用多媒体技术来增强教学互动，使用大数据分析来跟踪学生的学习进度，或以虚拟现实技术来创建沉浸式学习环境。

二、打造优质的培训环境

（一）成立培训部门

为满足在教育领域应用信息技术的广泛需求，高校应成立专门的培训部门，负责教师信息技术素养的提升。这一部门将承担起制订和实施教师信息技术培训计划的重任，通过系统的培训课程和实践操作，帮助教师掌握最新的教育技术、工具和方法。这一部门还应成为教师探讨信息技术应用、分享教学经验的平台，确保信息技术在提升教师教学效果和学生学习效果上发挥最大作用。这样才能更好地贯彻国家的教育政策，显著提高高校教育的整体质量。

（二）强化信息技术设施的建设

教师信息技术素养的培养应将信息技术设施建设作为基础，可以说，高校只有全面加强信息技术设施的建设工作，才能够有效推动教师信息技术素养与教学实践的有效结合。高校的硬件设施建设是教师信息技术素养发展的基本物质保障，加强信息技术设施的建设工作应从校园网建设、现代化教育技术中心建设与计算机中心建设入手。

1. 校园网的完善

校园网的完善涉及网络覆盖的广度和深度，还需要确保网络资源的多样性和教育质量的提升。随着校园网的持续优化，教学和教务管理将变得更加高效，行政管理和校内外的信息交流也更加顺畅。为了进一步发挥校园网在教育信息化中的作用，高校应当丰富网站内容（尤其是教学资源的种类和质量），使校园网能够满足不同学科和教学的需求。具体措施包括提供在线学习材料、教学视频、互动工具及研究资料等，以支持和促进教师和学生的教学与学习活动。通过一系列措施，校园网将成为推动高校教育创新与教师信息技能提升的强大平台。

2. 现代化教育技术中心的建设

现代化教育技术中心通过配备先进的技术设备，为教师提供了实施信息化教学的物质基础。因此，高校应该增加对该领域的资金投入，不断完善和升级教育技术设施。具体措施包括购置最新的计算机硬件、多媒体处理设备、互动智能黑板等，同时确保网络基础设施能够支持这些技术的高效运行。如此，教育技术中心将为教师提供必要的资源，使教师在教学实践中能够有效整合和应用信息技术。

3. 计算机中心的建设

随着信息技术的快速发展，教师不仅需要掌握基础的计算机操作技能，还应灵活运用各种多媒体软件进行教学。因此，高校应加强计算机中心的设施建设，包括扩展教师机房，实现全校范围内的网络接入，特别是将局域网和国际互联网延伸至每个教师的办公室。此外，高校应配备先进的教学资源管理系统和丰富的课件素材库，确保教师可以随时获取和使用高质量的教学资源。高校应对教师进行定期的信息技术培训，增强教师的技术应用能力，使教师能够更有效地整合信息技术与教学实践，使计算机中心成为推动教师教学水平提升的强大支持平台。

（三）强化学校间的交流与合作

高校间应建立更为紧密的合作关系，定期举办讲座和研讨会，为教师提供前沿的教育技术知识，并加深教师对信息化教育的理解和应用。高校通过邀请各领域的专家和学者来校授课，可以极大地丰富教师的专业知识和教学方法。此外，分发最新的教育技术书籍和学习材料也是增强教师信息技术能力的有效手段。高校应建立一套完善的激励机制，鼓励教师参与科研活动，为参与科研的教师提供适当的奖励和支持，这样可以激发教师的研究兴趣和创新精神。高校之间应加强科研成果的交流和分享，通过学术会议和网络平台，促进优秀研究成果的传播和应用。各高校应积极研究和借鉴国内外在教师信息技术素养提升方面的成功案例，通过分析实际案例，高校可以获得宝贵的经验，为本校教师的专业发展提供参考和指导。高校之间应共同探索和建立一套科学合理的教师评价体系，综合考虑教师的教学效果、科研贡献和信息技术应用能力，从而更全面地评估教师的职业水平。

（四）开发教师培训平台

随着现代教育技术的发展，高校应着力开发并完善教师培训平台，以满足教师在信息技术素养方面的持续发展需求。现有的培训平台虽然在提升教师的技术能力方面取得了一定成效，但在个性化教学资源推送、学习活动的设计和学习流程的安排方面尚显不足。因此，高校需要开发更加先进的网络培训平台，根据每位教师的专业背景和发展阶段，提供定制化的学习资源和教学方案。教师培训平台还应支持互动性强、反馈及时的学习环境，使教师能够在实时的学习过程中获得必要的指导和支持。

三、提供专业化的培训课程

结合系统的课程安排，全面提升教师的信息技术能力和素养，可以在无形中提升高校的教育质量。这些课程不仅要包括基本的信息操作技能，还应涉及信息安全、数据管理以及信息伦理和法律道德等内容。教育部门可以通过开发专业的教材，结合信息技术的最新发展，为教师提供及时更新的学习资源。教材应该全面覆盖从基本操作到网络安全等各个层面，确保教师能够掌握必要的技术知识。为了确保教师达到一定的信息技术素养水平，高校应制定严格的教学和评估标准，涉及技术能力的提升以及信息道德和法律责任意识的培养。定期的评估和考核可以有效地监测教学效果，并根据需要调整教学方案。培训团队的构建也非常关键，培训师不仅需要有扎实的信息技术背景，还应具备将技术知识转化为教学内容的能力。定期组织的讲座、工作坊和研讨会能够提供实践中的技能磨炼和理论学习。在线学习平台和虚拟实验室等现代教育技术可以为教师提供灵活的学习方式，既支持自主学习，又可以根据教师的需求和时间安排提供个性化的学习体验，使教师的信息技术素养得到全面提升，增强教师自身的职业竞争力，为学生创造更好的学习环境，推动社会的技术进步。

四、开展不同层次的培训活动

针对我国信息技术教育的地区差异，高校应通过区域间的资源整合和师资力量培养，推动数字化教育资源的广泛应用。在教师培训上，高校应根据不同地区的实际情况制定差异化策略。对于技术基础较好的地区，高校可以利用丰富的互联网资源，开展以技术应用为核心的高层次培训，可通过组织在线研讨会、虚拟实验室和协作平台，使教师能够在实践中深化对新技术的理解和应用，同时通过网络教学的实践，提升远程教学能力。而对于基础设施较差的地区，高校应重点构建基本的数字化教学环境，确保每位教师都能掌握必要的计算机操作技能和基本的教育技术应用知识，通过设置初级信息技术应用课程（如基础计算机操作、多媒体教学工具的使用），加强教师的基础教育技术培训。为促进区域间教育资源的均衡发展，高校可以建立跨区域教育技术分享和协作网络，通过定期的在线研讨和资源共享，使所有地区的教师都能接触到先进的教育理念和技术，从而不断提升全国高校教师的整体信息技术素养。

（一）基础层次的培训

在高校数字化教育资源的基础层次培训中，针对信息技术的普及和实际应用，不同岗位的教育人员应接受各自需求的专门培训。例如，学科教师需要掌握如何在课堂教学中有效使用信息技术来促进教学互动和学生参与，管理人员需学习如何通过信息系统进行学校管理和资源配置，信息技术人员则应深入了解网络和系统维护等更专业的技术知识，从而提升各岗位教职工的信息技术应用能力。

（二）应用层次的培训

在我国，信息技术素养培训与教学实践的紧密结合一直备受关注。然而，现实中存在着一些脱离教学实际的培训方式。为了解决这一问题，高校需从应用层次出发，采取一系列措施来促进数字化教育资源的有效利用。传统的培训方式往往只注重信息技术的学习，而忽视了将信息技术整合到教学实践中的重要性。构建面向课程整合的教师信息技术培训则以教学任务为基础，旨在解决教学过程中实际遇到的问题。在培训过程中，培训者需要根据实际情况对培训计划进行灵活调整，确保教师不仅能掌握本学科的信息技术，还能将信息技术应用于相关学科的教学中。从教师信息技术素养的培养现状来看，各学科之间缺乏必要的交流与合作。然而，在新的基础教育课程结构中，跨学科综合课程已成为十分重要的一部分。这要求教师跨越学科界限，与不同学科的教师进行交流，共同促进信息技术在教学中的应用。在高校数字化教育资源的应用层次中，信息技术与课程整合的难度逐步增加，为教师信息技术素养的培养设定了层级目标。培训者可根据这一层级目标，有针对性地进行教师培训，逐步提升教师在信息技术应用方面的能力。

五、面向全体教师开展培训活动

随着信息技术在教学中的应用日益广泛，全员信息技术培训已成为高校面向现代化的关键举措。然而，要实现全员信息技术培训，高校需要根据不同的情况和需求制定相应的策略与措施。在高校建设信息系统的过程中，硬件、软件与人的信息素养必须协调发展。人的能力与积极性则是信息系统发挥潜力与取得效益的前提，只有大部分教职员工能够熟练使用信息系统，系统才能真正发挥效益，否则就是一种资源的浪费。因此，高校需要提倡教职员工使用信息技术，使他们能够用并且愿意用信息技术来支持教学与管理工作。在实施全员培训时，充分利用信息系统是行之有效的途径。高校可以通过提供服务、安排时间、组织学习任务与考核等方式，促使教职员工通过使用信息系统来学习信息技术。通过这种方式，教师不仅可以学到信息技术的相关知识，还能了解如何将信息技术应用于教学实践中，从而提高教学效率与质量。全员培训并不意味着所有教职员工都能达到相同的能力水平或具备相同的积极性，高校教职员工数量庞大，因此采取骨干教师带动普通教师的方式是比较有效的。骨干教师通常在学科教育方面有一定的成就，并且具备学习与应用信息技术的积极性以及良好的合作精神与服务意识。高校对于骨干教师需要提出更高的任务要求，例如，开设一些探索性与指导性较强的信息技术辅助教学课程，安排更多的研究时间与进修交流机会，提供更多的信息系统使用时间与条件。这一系列举措可以更好地培养出一批信息技术能力较强、教学水平较高的骨干教师，从而推动整个高校信息技术教育的发展。在实施全员信息技术培训的过程中，高校还需要注意不同教职员工的个体差异与需求差异。因此，培训计划应该具有一定的灵活性和针对性，根据实际情况对教师进行差异化培训，以确保培训效果的最大化。

六、提供多样化的信息工具

传统的培训应该转向面向教学应用技能和方法的培训，不仅要有专业知识体系，还应结合信息技术的最新发展。考虑到技术的快速发展，课程设置与教材编写需要具备一定的灵活性。高校应鼓励信息技术骨干教师带动其他教师学习和掌握信息技术及其应用，可以通过展开合作等方式实现。此外，由于教师的研究领域、思维和教学风格各不相同，他们对信息工具的选择和利用呈现出差异性和多样性。因此，高校应该允许和鼓励教师利用自己认为有效的信息工具进行教学，这有助于提高教师利用信息技术辅助教学的积极性。

七、开展多种形式的培训

（一）校本培训形式

校本培训包括学校组织的信息技术培训和教学观摩等活动。自 2018 年中共中央、国务院印发的《中共中央　国务院关于全面深化新时代教师队伍建设改革的意见》发布以来，高校对教师的专业素养提出了新的要求，教师培训进入了新的设计阶段。作为教师专业能力提升的重要手段，教师培训得到了国家和社会各界的重视与支持。目前，教师培训主要呈现为"国家示范引领、地方主导统筹、区县核心发力、各校积极支持、教师人人参与"的格局，课堂培训仍然是主要形式。然而，随着教师专业素养水平的不断提高，课堂培训的针对性和有效性问题逐渐显现。因此，越来越多的教师校本培训活动开始兴起。高校数字化教育资源的校本培训注重以学校为中心，针对性强，内容丰富多样。通过参与信息技术培训和教学观摩等活动，教师可以深入学习最新的教育理念和信息技术应用，再将其应用于具体的课程教学实践中。校本培训形式使教师能够更加贴近教学实际，更加灵活地应对不同的教学任务，从而提升教学质量和教学效果。

（二）学位进修形式

高校数字化教育资源的学位进修包括本科学位的自考与函授以及获取信息技术教育等学科的研究生学位等，为教师提供了多样化的学习途径，使他们能够在工作之余不断提升自己的学历和专业能力。

（三）短期培训形式

高校数字化教育资源的短期培训是各高等院校、教研部门等组织经常采用的培训形式，如政府部门组织的骨干教师培训。传统的教学方法已经不能满足现代科学教育的需求，尤其是在普及式教育的背景下，学生具有多样性，需要更加灵活和科学的教学策略。高校需要加强教师培训，持续提升师资力量和学校办学水平，引领教师队伍的专业化发展。同时，高校要重视师资培训的后期管理，确保教师在培训后能够持续地更新知识和提升能力，以适应教育领域的不断变化和发展。

（四）自发研修形式

高校数字化教育资源的自发研修形式包括订阅教育技术和信息技术方面的相关书籍，积极参加网络论坛的专题讨论以借鉴经验，以及积极参加各种研讨会并与成功人士进行交流与沟通。诸多自主学习的方式为教师提供了丰富的学习资源和交流平台，有助于拓展教师的专业视野，增加教学经验，进而提升教学质量。高校数字化教育资源应当鼓励和支持教师通过自发研修的方式不断提升自己的教育技能和专业水平，以适应不断变化的教育环境。

第六章　大数据背景下的高校多媒体教学课件制作流程与实践

第一节　高校多媒体教学课件的素材及设计

一、多媒体教学课件的文本素材

文本指的是字母、数字和符号的组合，其文件格式不包括任何格式化信息，主要以 ASCII 码文件形式存在。尽管多媒体应用软件有多种媒体可供选择，但在表达大段内容时，文本方式仍然是应用最为广泛的。特别是在表达复杂而确切的内容时，人们更倾向于使用文字，因为文字具有最准确、最直接的表达方式。与其他媒体相比，文字占用的存储空间最少，最容易处理，并且利用计算机进行输入和存储也是最方便的。在多媒体教学软件中，文本显示有着非常重要的作用，它涵盖了概念、原理的阐述，问题的表述，以及标题、菜单、按钮、导航等方面。文本信息是准确、有效地传播教学信息的重要媒体元素，无论是教学内容的传达还是学生的学习过程都离不开文本的支持。[①] 因此，文本素材的运用是数字化教育资源中至关重要的一部分。在教学过程中，通过精心设计的文本内容，教师能够清晰地传达知识和信息，帮助学生理解和吸收

---

① 梅全雄 . 计算机辅助教学与多媒体课件制作 [M]. 武汉：华中师范大学出版社，2004：52.

知识。文本的使用有助于提升学生的阅读能力和文字理解能力。

（一）多媒体教学课件文本数据的获取

获取文本数据是数字化教育资源创建的基础步骤之一，此过程相对简单，可以通过多种方法来实现。其中，结合键盘输入来获取文本数据是一种比较常见的方法，几乎所有多媒体工具都提供了文本输入功能，教师可以直接通过键盘输入所需的文本内容。[①] 借助字符识别技术是一种获取文本数据的有效方法，如果需要利用印刷品上的文本资料，教师可以使用扫描仪将文本转换为图像，然后通过光学字符识别（OCR）软件将图像自动转换为 ASCII 字符，从而获取所需的文本数据。此外，教师还可以利用手写识别或语音识别技术，将手写文稿或录音讲稿转换为文本数据。对于由大段文字组成的文本（如课件中的说明文字），教师可以先使用文字处理软件（如 Word）将文本输入并编辑为相应的文件，然后将整个文件载入多媒体教学课件中。此方法可以确保文本的格式和布局得到有效的保留，并且相比键盘输入，具有更快捷、出错率更低的优势。

（二）多媒体教学课件文本数据的加工

对文本数据进行加工可以美化外观，增强视觉效果。教师可以通过设置字符大小、字体、颜色、位置以及分行和分段等方式使文字更加漂亮。此外，为了进一步美化文本版本，教师还可以利用文字处理软件或其他软件提供的制作艺术字功能。例如，教师在 Word 2000 菜单中选择"视图"工具栏右侧菜单中的"艺术字"，系统即可弹出一个"艺术字"工具栏；点击该工具栏的"插入艺术字"按钮，系统会显示一个"艺术字库"对话框；在此对话框中选定某种式样并编辑相应的文字，系统即

---

① 汪应，陈光海，韩晋川.高校教师信息化教学能力构成研究 [M].重庆：重庆大学出版社，2018：40.

可显示相应的艺术字效果。以上加工操作可使文本在教学资源中呈现出更加吸引人的样式，从而提升学生的学习兴趣和体验。教师可以通过精心设计的艺术字效果，使教学内容更加生动有趣，帮助学生更好地理解和记忆知识。

二、多媒体教学课件的图像素材

（一）图像的基础知识

多媒体 CAI 课件中的静止图像包括照片、绘图和插图等，动态图像则包括视频和动画。静止图像可分为二维图像和三维图像，其中二维图像包括图形、绘画和照片。动态图像是由连续渐变的静止图像序列构成的，可沿时间轴顺次更换显示，形成运动视感的媒体。图像信息是形状和颜色信息的集合，在计算机中以位图和矢量图的形式存储和表现。位图也称为栅格图像，由像素拼合而成，每个像素具有特定的位置和颜色值。在处理位图时，教师应针对每个像素做颜色的更改。然而，位图放大后会出现失真现象，常见的位图文件格式有 BMP、GIF、JPEG 等。矢量图由数学对象定义的曲线组成，可根据图像的几何特性描绘图像。矢量图文件相对位图文件来说比较小，图形放大后不会失真，图像边缘清晰，常见的矢量图文件格式有 AI、CDI、CDX、DXF 等。静止图像数据制作的软件统称为图像处理软件，根据静止图像的不同类别，图像处理软件可分为用于绘画的绘画软件、用于绘制各种图形的绘图软件、用于对各种照片和图像进行编辑的图像编辑软件以及用于 3D 图形制作的 3D 图形软件。

（二）图像素材的采集

图像素材的采集是数字化教育资源创建的重要一步，为丰富教学内容提供了必要的视觉支持。可以通过多种方式采集初始的静止图像。扫描仪是一种常见的图像采集设备，它能够对图片、幻灯片或印刷品进行扫描，快速获取全彩色的数字化图像。数码照相机体积小，携带方便，可以脱机拍摄需要的任何照片，然后将结果输入计算机进行数字化处理。摄像机和录像机也常用于采集图像数据，特别是对于基于模拟信息的摄录设备，计算机在配置了视频卡（视频捕捉卡）后，可以将摄像机或录像带输出的视频影像显示在屏幕上，从中捕捉需要的图像画面。此外，教师还可以从存储在 CD-ROM 光盘或磁盘上的图像库中获取图像，或直接从显示屏或抓图软件中抓取图像。具有一定绘画水平的教师可以通过图像软件自行绘制图像。图像素材采集方式的多样性为教师提供了丰富的选择，根据教学需求，教师可以灵活运用不同的采集方式获取所需的图像素材。

（三）图像数据的处理方式

在多媒体教学软件的制作过程中，初始采集的图像通常比较粗糙，需要经过图像处理软件的加工处理，包括消除划痕和污渍、调整色彩与反差、添加文字或更换照片的背景以及应用各种图像效果（如补色、镶嵌、逆光）等。教师也可以将两幅或多幅照片合成一幅，对图像进行修饰和羽化等处理。这些加工处理的目的是提高图像的质量和吸引力，使其更适用于教学目的。通过图像处理，教师可以使教学内容更加生动、清晰，帮助学生更好地理解和吸收知识。①

三、多媒体教学课件的声音素材

（一）声音的基础知识

声音是指在人的听觉范围（20 ～ 20 000 Hz）内的机械波。音调、音强和音色构成了声音的三要素。音调又称音高，与声音的频率相关，频率高则音调高，频率低则音调低。音强又称响度，即声音的大小，取决

---

① 沈大林，倪飞舟．多媒体技术与应用教程 [M].北京：中国铁道出版社，2003：133.

于声波振幅的大小。音色则由混入基音的泛音所决定，使每个声音具有独特的音色效果。声音通常分为语音、音效和音乐三种形式。语音是人们讲话的声音，用于交流信息和表达意思。音效指声音的特殊效果（如雨声、铃声、机器声、动物的叫声），可以从自然界中录制，也可采用特殊方法人工制作。音乐则是最常见的声音形式，包括旋律和节奏，用于表达情感、传递信息或提供娱乐。了解声音的基本知识对于数字化教育资源的制作至关重要，教师可以利用声音元素来丰富教学内容，例如，添加语音解说来解释概念，使用音效来模拟场景或增强教学效果以及插入音乐来引发学生的情感共鸣。

（二）多媒体教学课件声音文件的格式与特点

常见的声音文件格式包括 WAV、MIDI 和 MP3。在多媒体教学软件中，比较常用的是 WAV 波形声音。WAV 波形声音文件格式是通过对声音进行采样生成的，存储着经过模数转换后形成的数码组，代表了声音在不连续时间点内的瞬时振幅。WAV 文件具有可靠的放音质量和潜在的高质量音频，但文件数据较大，会占用处理器较多的空间。MIDI 声音文件格式是一种电子音乐设备和计算机通信的标准，存储的是一系列带时间特征的指令串，而不是声音本身。MIDI 文件依赖于播放设备，所产生的声音取决于用于放音的 MIDI 设备。MIDI 文件数据紧密，占用处理器的空间较小，但在没有控制的环境中，放音质量不可靠，使用起来相对较难，通常需要一定的音乐知识。MP3 是一种音频文件格式，它以 MPEG Layer3 标准压缩编码，具有很高的压缩率。相比于 WAV 文件，MP3 文件具有更小的存储空间，且音色和音质基本保持完整。了解不同声音文件格式的特点，教师可以根据教学需要选择合适的声音文件，并妥善处理和运用，以丰富多媒体教学软件的内容，提高教学效果。合理地运用声音文件可以使教学内容更加生动、具有吸引力，激发学生的学习兴趣，促进知识的传递与消化。

（三）多媒体教学课件声音文件的采集

直接录音是常见的采集方法之一。通过连接声卡和相关的录音软件，教师可以直接录制 WAV 音频文件。在 Windows 环境中，教师通常会使用"声卡 + 录音机（sound recorder）程序"进行录音。为了保证录音文件的质量，选择高品质的声卡和音箱，同时选用足够高的采样频率和量化精度是必要的。使用专业录音棚是另一种可行的方法，在专业录音棚内录音可以明显减小环境的噪声，获得高保真音质，然而此方法的成本较高，通常在课件制作中较少使用。如果声卡上配有支持 MIDI 的接口，教师就可以使用带有 MIDI 输出接口的电子琴或电子合成器等乐器，通过音序器软件来录制 MIDI 音乐文件，这种文件通常用于需要长时间音乐配音的场合。教师可以从存储在 CD-ROM 光盘或磁盘上的数字音频库中选取合适的音频数据。对于已经录制在 CD 光盘或录音带上的音频数据，教师可以通过适当的软件将其转录为数字声音文件，然后进行后续的加工处理。

（四）多媒体教学课件声音数据的加工处理

声音数据的采集是多媒体教学软件制作的重要步骤，但采集后的声音数据并不总是能够直接使用的。因此，教师需要进行编辑、加工、处理等工作，以确保声音质量和适用性。此过程通常通过声音处理软件完成，这些软件具有录制、编辑、播放等功能。声音数据的编辑、加工过程涉及各种处理方法，如混声处理、效果声处理。对于多声道的声音数据，教师还需要进行声道分配、存储空间划分等处理。目前，市面上有许多音频处理软件可供选择，如微软公司的 Sound Recorder、创新公司的 Wave Studio、奥多比公司的 Audition。这些软件提供了丰富的音效处理功能，能够满足不同需求。常见的音效处理方法包括在声音文件中添加回声、淡出、淡入等效果，或者在左、右音箱中往返放音或交叉放音。例如，在声音编辑软件中，教师可以选择左声道、右声道、从左到右、从右到左、淡出、淡入等选项，根据需要调整声音的效果。近年来，一些流行的音频处理软件（如 Adobe Audition、Gold Wave）提供了更加强大的编辑功能，可以进行波形的剪切、粘贴、混合以及声音频率的调节和强度增减等处理。

四、多媒体教学课件的动画素材

相较于静止的图像，动画更容易博人眼球、吸引人的注意力。最早的动画是卡通片，网页是动画应用的一个新领域。

（一）动画的基础知识

动画是一种通过快速播放一系列静止图像而形成视觉动态效果的艺术形式，它利用人眼的暂留特性，可在高速连续播放静止图像时，使人们产生连续、流畅的动态感受。通常情况下，当播放速度达到每秒 30 帧时，人们就无法分辨出单独的静止图像。计算机动画是利用计算机技术生成一系列连续的静止图像，并将它们连接起来形成的动画。与静止图像相比，计算机动画具有更大的灵活性和创造性，能够呈现生动逼真的效果。计算机动画的制作过程与静止图像的制作有着密切的联系，但计算机动画生成的图像序列更为复杂，需要借助计算机软件进行处理和编辑。计算机动画主要用于展示动态的过程，可通过一系列连续的画面快速播放来呈现。计算机技术的发展使动画制作变得更加灵活和多样化，可以生成各种栩栩如生的动画效果，打破了传统摄像技术的局限性。动画从制作形式上通常可分为二维动画（又称平面动画）和三维动画。

二维动画是通过一系列静止图像序列的连续变化而形成的动画形式，根据生成原理的不同，二维动画可分为位图动画和矢量动画。位图动画（如 GIF 动画）是由一系列位图图像组成的，每一帧都是单独的图像。而矢量动画（比较典型的是 Flash 动画）是通过矢量图形的连续变化来呈现的动画效果。对于一些简单而短小的动画，教师可以采用手工描绘的方式制作，即通过手绘每一帧图像来制作动画。而大部分二维动画是基于绘画软件、绘图软件制作的静止图像数据制作的动画，教师利用这些软件可以方便地绘制和编辑每一帧图像，从而形成连续的动画效果。常见的二维动画文件格式包括 FLC、SWF 和 GIF，FLC 是 Flash 的源文件存放格式，SWF 是 Flash 动画文件格式，GIF 则是一种常见的用于存储二维动画的文件格式。这些文件格式都能够有效地保存和展示二维动画，广泛应用于网络动画、电子广告以及手机应用程序等领域。

三维动画将动画的表现空间扩展到三维，实际上是在二维平面内模拟三维空间。通常，可利用专业的工具制作三维动画，以呈现更加自然、逼真的效果。与制作二维动画相比，制作三维动画更加复杂，因为三维动画的制作需要创建和编辑对象模型，这在计算上需要大量的资源和时间。在三维动画的制作过程中，教师可以运用透明原理和阴影技巧对动画进行微调，以达到更加逼真和令人满意的效果。教师还可以对动画进行放大、缩小等处理，以满足不同需求。三维动画的制作通常依赖专业的 3D 图形软件，这些软件提供了丰富的功能和工具，能够帮助制作者创建、编辑和渲染三维动画效果。二维动画和三维动画各有其特点，在制作多媒体教学课件时，教师应根据教学内容的需要和教学目标进行选择。

（二）多媒体教学课件的动画制作方式

动画的制作方式可以分为帧动画和造型动画。帧动画是由一幅幅连续的画面组成的图形或图像序列，它模拟了传统卡通片的制作方法。造型动画则以运动对象为主体，可以独立于帧画面改变自身的位置与形象，并且可以包含音乐和同步的配音。① 例如，一些网站主页常见的运动物体在页面中反复漫游就属于造型动画。无论是帧动画还是造型动画，其制作过程首先需要定义一幅或若干幅关键帧，如起始帧和终了帧。随后，在各个关键帧之间，教师可逐帧绘制或者使用工具自动生成"内插"的动画帧。小型的造型动画段仅需很短的时间就可以迅速生成全部的动画帧。动画数据通常会占用大量空间，并且在播放时需要较高的计算速度

---

① 葛伟，张家祥 . 多媒体课件制作实例教程 [M]. 西安：西安电子科技大学出版社，2003：66.

和数据传输速率，从而对计算机或网络硬件提出了较高要求。因此，在制作动画时，尤其是在制作网络动画时，通常不宜将画面大小设置得过大，只需达到吸引学生注意力的目的即可。帧动画和造型动画各有其特点和适用场景。帧动画适用于模拟传统卡通片的制作方式，通常在制作简单、小幅动画时使用；造型动画则更适用于需要展示运动对象并实现形象与位置改变的场景，常用于网页设计等领域。

（三）多媒体教学课件的动画制作工具

动画制作工具在当今多媒体领域发挥着巨大的作用，无论是制作动画、网页、网络广告还是电视广告，都离不开动画制作工具的支持。在二维动画的制作中，常见的制作 GIF 动画的软件包括 Animation Studio 和 AXA2D 等，这些工具专门用于创建平面动画，能够轻松地制作出生动的 GIF 动画。欧特克（Autodesk）公司的 Animator Studio 是常用的动画素材制作工具，主要用于二维动画的制作，具有强大的功能和广泛的使用范围，能够满足用户对动画制作的各种需求。Macromedia 公司的 Director 是一款兼具动画制作和系统集成功能的多媒体创作工具，它不仅可以集成图像、图形、文本、声音等多种媒体素材，还加强了二维动画的制作功能，为用户提供了全面的制作体验。矢量动画制作软件 Flash 也是常用的工具，它采用基于矢量的图形系统，具有较小的存储空间和良好的网络应用特性，特别适用于网页动画制作。关于三维动画的制作，常见的软件包括 MicroStation 和 3D Studio Max 等，它们可以建立精确的三维模型，并通过灯光、渲染等手段使模型栩栩如生。其中，3D Studio Max 作为欧特克公司的旗舰产品，在三维动画制作领域具有较好的通用性和功能，被广泛应用于课件设计等领域。在教学中，动画常常被用来模拟事物的变化过程，解释科学原理，特别是二维动画，它在教学中的应用较为广泛。通过动画，教师可以生动地展示抽象概念，加强学生的理解和记忆。因此，完善的多媒体教学软件都应该配备丰富的动画资源，以提升教学效果，激发学生的学习兴趣。

五、多媒体教学课件的视频素材

（一）视频的基础知识

视频是一种由连续的画面组成的媒体形式，其特点是将自然景物的动态图像以帧的形式呈现。与动画相似，视频也是一种通过连续播放静止图像来营造动态视觉效果的技术。视频根据制作、存储和传输方式的不同可分为模拟视频和数字视频。模拟视频是以模拟信号形式存在的视频信息，如电视信号和录像。而数字视频是经过量化采样压缩处理后保存在数字化存储介质中的视频信息，如 VCD。当视频以每秒 24 帧以上的速度播放时，人眼的视觉暂留特性会使人们感知到连续的动态画面。

在多媒体领域中，视频通常指的是数字化的活动图像。为了将模拟视频信号转换为数字视频，并存储在计算机硬盘中，教师可使用视频信号采集卡。这种设备可以将模拟视频信号压缩成数字视频，并保存为文件形式。连接视频采集卡的视音频输入端与摄像机、录像机或影碟机等设备的输出端后，教师就可以捕捉视频图像和音频信息。视频文件由一组连续播放的数字图像和伴随着的数字音频组成，每一帧图像被称为一帧，随视频播放的音频被称为伴音。计算机在播放视频文件时，需要进行解压缩或视频解码，以还原原始模拟电视的分辨率、颜色和播放速度。视频压缩编码有对称和不对称两种方式，对称压缩编码的压缩时间和解压缩时间相同，不对称压缩编码的压缩时间大于解压缩时间。通常情况下，视频压缩需要更多的时间，因此采用的是不对称压缩编码。视频中包含音频信息，因此教师在压缩视频时也需要对音频信息进行编码和压缩。完整的视频压缩格式应包括对视频和伴音的压缩和协调处理。视频的处理涉及多个步骤，包括采集、压缩、解压缩和播放等，每一步都需要精准的技术和设备支持。

（二）多媒体教学课件的视频文件格式与特点

视频文件格式的多样性在很大程度上影响了数字媒体的存储、传输和播放。在当今的数字化时代，人们接触到的视频文件格式种类繁多，每种格式都有其特点和适用场景。AVI（audio video interleave）是由微软公司开发的一种视频文件格式，它将音频和视频数据交织存储，可以在 PC 机和 Microsoft Windows 环境下使用，AVI 文件的灵活性和与硬件无关的特点使 AVI 成为广泛应用的视频文件格式之一。VOB、DVD、DAT、VCD 等格式则是用于视频存储的特定格式，分别用于 DVD 和 VCD 等光盘媒体，这些格式通常与特定的视频存储介质相关联（如 DVD 光盘和 VCD 光盘），每种格式都有其自身的特点和优势。MPEG(moving picture experts group）是一种编码视频文件格式，广泛应用于数字视频的压缩和传输，由于其高效的压缩算法，MPEG 格式的视频文件在网络传输和存储中占据重要地位。RM（real media）是一种实时音视频流格式，适用于网络应用。它采用实时流技术，可将音视频文件分成小块，通过流式传输的方式使用户在下载过程中即可播放。MOV 是由苹果公司推出的视频文件格式，适用于 Macintosh 微机系统。苹果公司还推出了 Quick Time 软件，用于处理和播放 MOV 格式的视频文件。Quick Time 软件有 Macintosh 和 PC 机上的两个版本，使 MOV 格式的视频文件可以在不同操作系统下使用。

（三）多媒体教学课件的视频数据采集与处理

视频数据的采集主要通过数字摄像机和视频卡来实现。视频数据的采集方式有两种：一种是从 CD-ROM 数字化图形、图像素材库中获取，尽管光盘数字化视频素材库相对较少，但 VCD 电影和卡拉 OK 已经十分普遍，教师可以从中选取一些数据作为素材；另一种是通过数字摄像机直接获取数字视频图像数据。视频数据的采集过程通常涉及多媒体计算机的视频卡，首先用传统影像设备获得模拟信息，然后通过视频卡转换为计算机可以处理的数字信号，通常需要将视频卡与视频处理软件配合使用。视频信息同时包含影像信息和多种同步信号，因此视频卡及视频处理软件相较于声音处理软件更为复杂，成本也更高。

采集的视频数据需要进行编辑和加工。由于从图片库获取的视频图像或拍摄的视频图像并不能直接用于多媒体教学，因此教师需要根据教学要求对视频数据进行剪辑和选取，有时还需要将多种情景、多个镜头连接起来，构成一个完整的教学内容。为了达到特定的呈现效果，教师可能需要对图像进行特效处理。在某些情况下，教师还需要在图像中叠加字幕或注释，以更有效地传达信息。针对视频数据的编辑和加工，市面上有许多视频制作工具可供选择。其中，微软公司的 Video for Windows、奥多比公司的 Premiere、苹果公司的 Quick Time 以及创新科技公司的 Video Blaster 等工具是比较常见的。这些工具通常都包括视频捕获和视频编辑两大功能，为用户提供了丰富的视频处理工具和功能。

第二节　大数据背景下的高校教育互动性多媒体课件的制作流程与实践

一、Flash MX2004 的使用基础

（一）Flash MX2004 工作窗口的基本构成

Flash MX2004 是一款功能强大的动画制作软件，其工作窗口构成简单直观，为用户提供了丰富的功能和工具，使动画制作变得更加高效和便捷。当用户单击 Windows 的"开始"按钮，执行"程序"→"Macromedia"→"Macromedia Flash MX2004"命令后，系统便可打开 Flash MX2004 的工作窗口。该窗口由多个部分组成，包括标题

栏、菜单栏、主工具栏、工具箱、时间轴面板、舞台、属性面板和控制面板集等。标题栏的顶部和其他 Windows 应用程序相同，包含了控制按钮、窗口标识和窗口按钮，用于最小化、最大化／还原、关闭窗口等操作。菜单栏位于标题栏下方，包括"文件""编辑""视图""插入""修改""文本""命令""控制""窗口"和"帮助"十个菜单，涵盖了动画制作、设置和管理等所有命令。主工具栏位于菜单栏下方，它将一些常用的命令以图标按钮的形式组织在一起，方便用户快速访问。用户只需单击主工具栏上的按钮，系统便可执行所对应的操作。工具箱位于 Flash MX2004 窗口的左边框，默认情况下包括十多种工具（如绘制工具、选择工具和修改工具），可以方便地进行图形的绘制、选择和修改。时间轴面板是 Flash 动画中非常重要的组成部分，包括图层、帧和播放头，用于组织和控制动画中的内容。舞台是进行动画创作的主要区域，用户可以在其中输入文字、绘制图形、插入图片或其他媒体文件，从而创建自己的动画。属性面板位于舞台的下方，方便用户访问舞台或时间轴上当前选项的常用属性，简化文档的创建过程。控制面板集由多个控制面板组成，用于帮助用户预览、组织和改变文档中的元素，通过控制面板中的可用选项，用户可以改变和控制元件、实例、颜色、文字、帧和其他元素的特征，从而实现更加丰富多彩的动画效果。

（二）时间轴的基本构成与操作

时间轴是 Flash 文档中管理图层和帧的重要工具，它将 Flash 文档的时长分为帧，并将不同图像堆叠在一起。每个层都包含在时间轴的左侧列中，每个层中的帧则显示在该层名称右侧的一行中。顶部的时间轴标题指示帧编号，播放头则指示当前显示的帧。底部的时间轴状态显示了所选帧的编号、当前帧频以及到当前帧为止的运行时间。通过时间轴，用户可以清晰地组织和控制 Flash 文档中的动画内容，实现精确的时间控制和帧间转换，从而创造出生动、流畅的动画效果。

1. 图层操作分析

在 Flash 文档中，图层操作是组织和管理动画元素的关键步骤。初始时，文档包含一个默认图层，用户可以根据需要添加更多的图层，以便更好地组织插图、动画和其他元素。添加图层是一个基本的操作，用户可以通过两种方式实现：一是单击时间轴底部的"插入图层"按钮，二是执行菜单中的"插入"→"时间轴"→"图层"命令。添加图层后，用户可以根据需要对图层进行重命名。通过在时间轴中单击图层名称，然后双击以输入新名称，用户可以轻松地对图层进行重命名。图层的显示和隐藏是调整文档可见性的重要方式，单击图层名称右侧的"显示 / 隐藏图层"列，用户可以方便地将图层在显示和隐藏之间进行切换。当图层处于隐藏状态时，其内容将不会显示在舞台上，这为用户提供了更大的灵活性和控制力。另外，用户还可以锁定图层，以防止意外编辑。通过单击图层名称右侧的"锁定"列，用户可以将图层锁定。当图层处于锁定状态时，其内容将无法编辑，这有助于用户更好地保护文档的结构和内容。对于需要复制或删除的图层，Flash 也提供了相应的功能。用户可以选择整个图层，执行"编辑"→"时间轴"→"复制帧"命令，将相关内容复制到剪贴板中。然后，用户可以单击"添加图层"按钮，创建一个新层，将内容粘贴到新图层中。用户还可以通过单击时间轴中的"删除图层"按钮或从右键单击图层名称，在弹出的快捷菜单中选择"删除图层"命令来删除图层。

2. 帧的处理分析

在 Flash 中，每个图层由一个或多个帧组成，帧可以视为具有一定时长的图层片段。在实际操作中，帧分为普通帧、空白关键帧和关键帧。其中，关键帧是用户可以创建和修改舞台内容的帧。当用户新建一个图层时，系统会自动为该图层添加一个空白关键帧，用户可以在舞台上为该帧添加所需的内容，而这个空白关键帧会自动转换为关键帧。普通帧的作用是延续关键帧的内容或者扩展关键帧之间的内容，Flash 可以在关键帧之间创建补间或自动填充帧，从而生成流畅的动画。通过使用关键帧，用户不需要绘制每个帧就能轻松地生成动画，大大简化了动画的创建过程。关键帧的使用极大地提高了动画制作的效率和灵活性，用户可以在关键帧上进行各种操作（如添加、删除、移动和修改对象），从而实现动画的各种效果和变化。通过在关键帧之间创建补间，用户可以让 Flash 自动计算出中间帧的变化，使动画过渡更加自然、流畅。

3. 移动播放头分析

播放头以红色标记指示当前显示在舞台中的帧。要定位时间轴的某一帧，用户只需在时间轴中单击该帧，或将播放头拖动到该帧即可。若要将当前帧显示在时间轴的中心，用户可单击时间轴底部的"帧居中"按钮。这些操作使用户能够精确控制动画播放的位置和速度，帮助他们更方便地编辑和调整动画内容。

（三）场景的使用

在 Flash 中，场景是用于放置和编辑动画内容的区域，而整个界面称为场景。舞台中的内容将最终呈现为动画，舞台之外的灰色区域则称为工作区，用于辅助编辑和制作。复杂的动画课件可能需要多个场景，系统会按照"场景"面板中的列表顺序依次播放这些场景。每个场景中的帧都按照播放顺序连续编号，有助于组织和管理动画的内容和流程。如果想让动画以非线性方式播放，用户可以在每个场景后添加控制动作。若要新建一个场景，用户可以执行"插入"→"场景"命令，系统会自动命名场景为"场景 1""场景 2"等。若要查看或编辑某个场景，用户可以执行"视图"→"转到"命令，然后选择指定场景，或者点击时间轴控制面板上的"编辑场景"按钮进行操作。若执行"窗口"→"设计面板"→"场景"命令，系统可以显示"场景"控制面板，从而进行场景的管理，包括重置、添加和删除场景。若要改变场景名称，用户只需在"场景"控制面板中双击要更名的场景，并输入新的名称。用户还可以通过在"场景"控制面板中上下拖动场景名称来改变场景在文档中的顺序，从而灵活地调整动画的流程和结构。

（四）工具箱的使用

Flash 的工具箱是制作动画过程中的重要辅助工具，通过执行"窗口"→"工具"命令，系统可以显示或隐藏工具箱。工具箱中的工具被分成四个部分，包括"工具"选区、"查看"选区、"颜色"选区和"选项"选区，每个选区都有特定的功能。"工具"选区包含了"绘图""填充""选取""变形"和"擦除"等工具，可以用来创建、修改和删除图形。"查看"选区包含了"缩放"和"手形"工具，用于调整画面的显示比例和位置，方便用户查看和编辑。"颜色"选区可以设置笔触颜色和填充颜色，使绘制的图形更加丰富多彩。"选项"选区显示了工具属性或与当前工具相关的选项，用户可以根据需要进行设置和调整。以铅笔绘图为例，用户选择铅笔工具后，通过调整属性设置并选择绘画模式，可以绘制出不同样式和形状的线条和图形。在绘画过程中，用户可以按住Shift 键来限制线条的方向，使绘制更加精准和方便。

（五）导入外部文件

Flash 具备识别多种格式的矢量图形和位图图像的能力，用户可以通过不同的方法将它们导入当前文档中以供使用，导入方式包括直接导入舞台中或文档库中以及通过剪贴板将位图粘贴到舞台中。用户可以通过执行"文件"→"导入"→"导入舞台"命令，直接将外部图像导入当前文档中，这样导入的文件会自动添加到当前文档的库中，方便用户随时在舞台上使用和编辑。用户还可以执行"文件"→"导入"→"导入库"命令，将外部图像直接导入当前文档的库中，随后，用户可以根据需要随时将这些文件从文档库中添加到文档中使用。无论是直接导入舞台还是导入文档库，Flash 都能够自动将被导入的位图图像添加到当前文档的库中。

（六）元件的介绍

在 Flash MX2004 中，每个元件都具有自己的时间轴、场景和图层。创建元件可以使用户轻松地在舞台上使用同一种图形或动画，而不必重复绘制或编辑。元件的实例是元件在舞台上的具体应用，用户可以利用同一个元件创建不同颜色、大小和功能的实例。当元件本身被修改时，它在舞台上的所有实例都会随之更新，使维护和修改变得更加方便、快捷。在 Flash 中，常见的元件类型包括图形、按钮和影片剪辑，它们各自具有不同的特点和用途。

图形元件用于制作静态图像和可重复使用的动画片段，与主动画的时间轴同步，适用于制作需要在不同场景中重复使用的静态图像或简单动画。按钮元件用于创建响应鼠标交互的按钮，用户首先需要定义按钮各种状态对应的图形，然后为按钮的实例分配相应的动作。按钮元件使用户可以轻松创建各种交互式按钮，丰富网页或应用程序的用户体验。影片剪辑元件则用于制作可重复使用的、独立于主动画时间轴的动画片段，它可以包含交互式控制、声音等内容，并且可以嵌套在其他动画剪辑中，形成复杂的动画效果。Flash 使用"库"面板来管理元件，系统会自动创建一个与动画文件相关联的永久库。当用户创建新元件时，系统会将其自动添加到库中。用户可以通过从"库"面板中拖动元件到舞台中来使用它们，这种管理方式使元件的使用变得更加简单高效。

表 6-1 给出了 Flash MX2004 的功能分类及具体操作步骤，方便用户的使用。

表 6-1　Flash MX2004 的功能分类及具体操作步骤

功能分类	具体操作	步骤描述
图层操作	插入图层	单击时间轴底部的"插入图层"按钮、执行菜单中的"插入"→"时间轴"→"图层"命令
	重命名图层	双击时间轴中的图层名称，输入新名称
	显示/隐藏图层	单击图层名称右侧的"显示/隐藏图层"列切换显示状态
	锁定图层	单击图层名称右侧的"锁定"列来锁定图层
	复制图层	选择图层，执行"编辑"→"时间轴"→"复制图层"命令
	删除图层	单击时间轴的"删除图层"按钮或以右键单击图层名称，选择"删除图层"
帧操作	关键帧和补间动画	在关键帧之间创建补间，自动计算中间帧变化
播放头操作	移动播放头	单击时间轴中的帧或拖动播放头到指定帧
场景操作	新建场景	执行"插入"→"场景"命令，自动命名，如"场景1"
	查看和编辑场景	执行"视图"→"转到"命令或点击时间轴控制面板的"编辑场景"按钮
工具箱使用	显示或隐藏工具箱	执行"窗口"→"工具"命令
导入文件	导入图像到舞台或库	执行"文件"→"导入"→"导入舞台"或"导入库"命令
元件操作	使用图形、按钮、影片剪辑元件	从"库"面板中拖动元件到舞台上使用

二、Flash 动画的基本类型与创建方式

（一）Flash 动画的基本类型

Flash 动画主要分为两类：逐帧动画和补间动画。逐帧动画是一种传统的动画制作方法，用户需要制作每一帧的画面，并将它们顺序播放以

生成动画效果。在逐帧动画中，每一帧都是关键帧，Flash 会存储每一帧的完整信息，因此文件较大。相比之下，补间动画是一种更加灵活且文件尺寸更小的动画制作方法。在补间动画中，用户只需制作关键帧，由 Flash 自动计算并生成中间的帧，即可使画面从一个关键帧渐变到另一个关键帧。

补间动画分为运动补间和形状补间两种类型。运动补间动画主要用于定义对象的位置、大小、旋转等属性随时间的变化。用户在一个时间点定义对象的属性，然后在另一个时间点改变这些属性，Flash 会在两个时间点之间插入帧的值，以创建动画效果。形状补间动画则是用来创建形状随时间的变化效果，用户可以在一个时间点绘制一个形状，然后在另一个时间点更改该形状或绘制另一个形状，Flash 会在两个时间点之间插入中间形状来创建动画。用户可以通过形状补间实现形状的渐变、形变等效果，使动画更加生动。补间动画的优点在于能够有效地创建随时间移动或更改的动画，最大限度地减小所生成文件的大小。Flash 只保存在帧之间发生更改的值，而不存储每一帧的完整信息，因此补间动画的文件相对较小，加载速度也更快。

（二）Flash 动画的创建方式

创建 Flash 动画可以通过简单的步骤来完成，下面以一个简单引导路径动画为例加以说明（见表 6-2）。首先，打开 Flash 软件并新建一个空白的 Flash 文档，在默认的"图层 1"中，使用工具箱中的椭圆工具、铅笔工具以及线条工具绘制一只瓢虫的图形，并利用色彩进行填充，使其更生动；接着，整体选中瓢虫图形，然后按下 F8 键，将图形转化为图形元件，并命名为"瓢虫"，从而方便后续的操作和管理；在"图层 1"上新建一个引导图层，默认名称为"引导层：图层 1"，在这一引导图层中绘制一条曲线，将其作为瓢虫移动的路径；在"引导层：图层 1"中的第 37 帧（自定义帧数）处右击选择"插入帧"，并在"图层 1"中对应的帧处插入关键帧，将瓢虫图形元件从曲线的初始位置移动到终点位置，形成动画的路径移动效果；单击"图层1"中的第1帧，此时系统会弹出"属性面板"，在"补间"选项中选择"动作"，这样系统就会在"图层1"中产生动作补间动画，第1帧与第37帧之间用箭头连上，表示这两帧之间产生了动画效果；最后，在动作补间动画中，选择"任意变形工具"调整第1帧和第37帧中的瓢虫元件的方向，使动画效果更加流畅和生动。用户通过以上步骤，用户就可以创建一个简单的引导路径动画，展示瓢虫沿着指定的路径移动的效果。这种方法简单易行，适合初学者入门，用户也可以根据需要进行更加复杂的动画制作。

表6-2 Flash动画的创建方式

功能分类	具体操作步骤	说明
动画创建	打开Flash软件并新建一个空白Flash文档	准备环境，开始动画设计
	使用工具绘制瓢虫图形并填充颜色	利用椭圆工具、铅笔工具以及线条工具创建动画主角
	将瓢虫图形转化为图形元件并命名为"瓢虫"	方便后续操作和动画管理，提高效率
	在"图层1"上新建一个引导图层并命名	创建路径层，为瓢虫的路径动画提供引导
	在引导层中绘制瓢虫的移动路径	定义瓢虫沿路径移动的轨迹，设定动画的运动路线
	在引导层的某帧处插入帧，同时在"图层1"对应帧处插入关键帧	设置动画的时长和关键动作点
	在"图层1"的某帧处选择"动作补间"	创建动作补间动画，使瓢虫沿路径移动
	调整第1帧和最后1帧中瓢虫元件的方向	确保动画的连贯性和视觉效果的自然性

三、课件的制作流程

（一）应用 Flash 模板进行课件创建

利用 Flash 模板创建课件是一个高效且方便的方法，能够快速构建出具有专业外观和丰富功能的教学内容。下面以"幻灯片演示文稿"模板为例，介绍制作普通课件的过程。

首先，用户需要打开 Flash 软件并单击"文件"→"新建"，进入"新建文档"面板，然后切换到"模板"选项面板，在这里，Flash 提供了包括"幻灯片演示文稿""广告""测验"等 8 类模板，制作课件常用的是"幻灯片演示文稿"类别中的模板。然后，用户需要选择"幻灯片演示文稿"类别中的"经典幻灯片演示文稿"模板样式，此类模板的布局、内容填充以及展示方式都以"屏幕"为基本元素，类似 PowerPoint 中的幻灯片方式，非常适合教学课件的制作。接下来，用户需要将每个"屏幕"中的内容更改为所需的教学内容：选择左侧的一个"屏幕"，双击其名称并更改为想要的名称；在需要加入幻灯片的位置右击，在弹出的快捷菜单中选择"插入屏幕"命令，即可插入一屏；在每个"屏幕"中编辑内容元素，将其更改为需要的效果，可以添加文字、图形、图片等多媒体元素，丰富课件的呈现方式。用户可根据需要添加其他"屏幕"，并更改其他页面的内容。这样一来，用户就可以构建出一个完整的教学内容结构，使学习者能够系统地学习知识点。

为了增强课件的整体性，用户可以自定义导航方式。用户可以创建新的导航按钮，将其作为跳转链接，也可以将需要作为链接的文字、图形元素转化为按钮元件，并为其添加动作脚本。这样，学习者可以通过点击按钮或元素来进行页面间的跳转和导航。举例来说，如果要添加跳转链接到"Flash 基础知识"页面，用户可以选择该页面并按下 F8 键，将其转化为图形元件，然后选择"动作"面板，为其输入跳转脚本语句，在此之前，用户需要确保在程序中相应地更改了页面名称。

（二）用 Flash 组件制作课件导航控制结构体

Flash 组件是 Flash 中的一种重要工具，可以帮助用户创建具有丰富功能和交互性的内容。在制作课件时，利用 Flash 组件制作导航控制结构体可以让用户更轻松地浏览和管理课件内容。下面以使用"MenuBar"组件为例，介绍制作课件导航控制结构体的步骤：打开 Flash 软件并新建一个空白文档，在新建文档中创建四个图层，分别命名为"背景层""菜单层""课件层"和"菜单脚本"；在"背景层"中导入课件图片背景，并根据需要将活动时间轴延长至若干帧（这里假设延长到 7 帧），在第 1 帧处扩展动作面板，输入"stop（）;"语句，使动画在播放时停止在第 1 帧；从组件面板中拖动"MenuBar"工具到"菜单层"，并将其充满整个屏幕宽度，在第 7 帧处右击插入帧，表示其有效范围；在"课件层"中，从第 2 帧开始创建空白关键帧至第 7 帧，每一帧可以承载一个课件内容体的动画剪辑，将 2 至 7 帧的属性面板中的名称分别改为 2 至 7，以便后续操作；在"菜单脚本"中设计菜单生成和控制导航脚本，在第 7 帧右击插入帧，表示其有效范围。完成以上步骤后，用户就可以创建"PowerPoint"和"Flash"两个有效菜单项，且每个菜单项都有三个扩展的二级菜单，这些菜单项和二级菜单分别对应着内容体的 2 至 7 帧。

表 6-3 总结了上述两个课件的制作流程，方便用户使用。

表 6-3 课件的制作流程

功能分类	具体操作步骤	说明
应用模板	打开 Flash 并新建文档，选择"幻灯片演示文稿"模板	利用模板快速构建专业的课件结构
	更改每个"屏幕"的名称	个性化每一屏内容的标题，便于管理和定位
	插入新的"屏幕"并编辑内容	在需要的位置添加新的内容屏幕，填充教学材料
	添加多媒体元素，如文字、图形、图片	丰富课件的视觉和信息表现形式
	自定义导航按钮，为按钮添加动作脚本	增强课件的交互性，方便用户进行页面间的导航
组件制作	在新建文档中创建并命名必要的图层	组织课件内容，包括背景、菜单、课件主体及脚本层
	导入背景图片并设置时间轴	设定课件的视觉基础和播放停止点
	从组件库中拖动"MenuBar"到菜单层，并设置其属性	创建顶部导航菜单，设置宽度以覆盖屏幕宽度
	在课件层创建空白关键帧，准备添加后续内容	为每部分课件内容预留空间，方便后续编辑
	在菜单脚本层编写控制导航脚本	实现菜单项与课件内容的互动，如点击菜单跳转至指定帧
	设置每个菜单项和二级菜单对应的内容帧	完成结构设定，使每个菜单项都能准确链接到相应的课件内容

第三节　大数据背景下的高校教育演示型多媒体课件的制作流程与实践

一、Power Point 2003 的基础知识

（一）Power Point 2003 软件的理论概述

Power Point 软件在 Microsoft Office 2003 系列软件中扮演着重要的角色，作为一款专门用于编制电子文稿和幻灯片的工具，它提供了丰富的功能和灵活的操作方式，使用户能够轻松地创建具有吸引力和实用性的演示文稿。Power Point 引入了"演示文稿"的概念，这种文稿形式为人们展示计划、汇报成果或进行电子教学提供了理想的方式。通过制作带有文字、表格、图像和动画的幻灯片，用户可以清晰地阐述论点、讲解内容，实现信息的有效传达。在 Power Point 中，有多种视图方式可供选择。其中，普通视图是比较常用的一种视图方式。在普通视图下，演示文稿窗口每次只显示一张幻灯片，用户可以方便地对幻灯片中的对象进行编辑和调整。另一种常用的视图方式是幻灯片浏览视图，在该视图下，演示文稿以一系列缩略图的形式按行排列，用户可以同时观看多张幻灯片，并且可以方便地对幻灯片进行调整和编辑。通过单击需要调整的幻灯片，用户可以对其进行删除操作或插入新的幻灯片，从而灵活地调整演示文稿的内容和结构。另外，Power Point 还提供了从当前幻灯片开始放映的视图方式。在这种视图下，演示文稿将从当前窗口显示的幻灯片开始，按照预先设计好的方式进行播放。用户可以通过按下 Esc 键随时退出放映，返回到演示文稿窗口，方便进行编辑和调整。

（二）演示文稿与幻灯片的创建方式

1. 新演示文稿的创建

在 Power Point 中，创建新演示文稿是一个简单而重要的步骤，用户可以根据自己的需求和喜好选择不同的方法来创建新的演示文稿。最直接的方法是通过点击常用工具栏中的按钮来创建新的演示文稿，用户可以在 Power Point 的界面上直接找到"创建新演示文稿"的按钮，点击该按钮即可创建新的演示文稿。用户也可以通过选择"文件"菜单中的"新建"选项来创建新的演示文稿，在弹出的"新建演示文稿"对话框中，用户可以选择"空演示文稿"选项，这将创建一个不包含任何内容和格式的空白演示文稿，为用户提供一个完全自由的创作空间。用户还可以根据设计模板创建新演示文稿，在"新建演示文稿"对话框中，用户可以选择"根据设计模板"选项，并在"应用设计模板"对话框中选择预先设计好的模板，这将创建一个已经规划好版式和配色方案的演示文稿，用户只需要填入自己的文字和图片即可。使用"内容提示向导"来创建新演示文稿也是一种常用的方法，用户可在"新建演示文稿"对话框中选择"根据内容提示向导"，然后根据提示操作，此时系统将会根据用户的选择创建一个预先规划好内容呈现方式的新演示文稿，为用户提供更加方便、快捷的创建方式。用户还可以使用快捷键 Ctrl+N 来快速创建新演示文稿，这是一个简便快速的方法，用户只需按下快捷键即可创建新的演示文稿。

2. 新幻灯片的插入

要插入新的幻灯片，用户可以使用三种方法，如图 6-1 所示：第一，按下 Ctrl+M 快捷键插入一张新的幻灯片；第二，单击常用工具栏中的"新幻灯片（N）"按钮；第三，选择"插入"菜单下的"新幻灯片"选项，在弹出的菜单中选择"插入新幻灯片"。

按下Ctrl+M快捷键插入一张新的幻灯片

单击常用工具栏中的"新幻灯片（N）"按钮

选择"插入"菜单下的"新幻灯片"选项，在弹出的菜单中选择"插入新幻灯片"

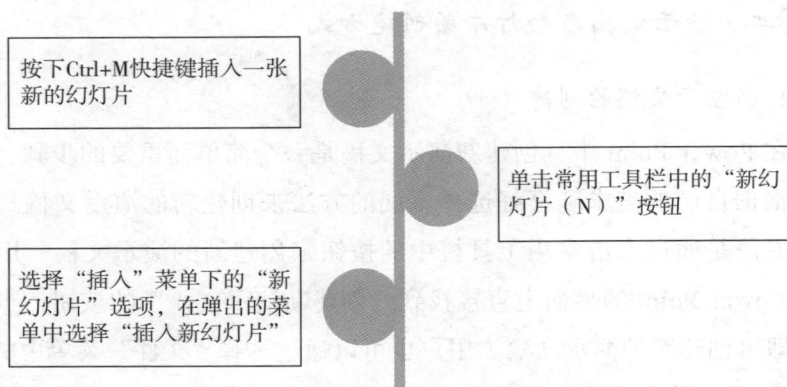

图 6-1　新幻灯片的插入

3. 演示文稿与幻灯片之间的关系

演示文稿是指整个文件，幻灯片则是演示文稿中的组成元素之一，一个演示文稿可以包含多个幻灯片。在幻灯片中，用户可以插入文字、图片、音频、视频、动画等元素，还可以对文字和内容设置不同的动画效果以及幻灯片的切换方式。每张幻灯片都可以看作演示文稿的一个单独部分，在播放时会在一个单独的屏幕上显示，形成连贯的展示效果。因此，演示文稿是整个展示的总称，幻灯片则是构成演示文稿的具体内容。

二、幻灯片的设计思路

（一）版式的选择

版式决定了幻灯片内容的排列方式。版式主要由占位符组成，这些带有虚线或阴影线边缘的框架可以容纳标题、正文、表格、图片等元素。占位符可以放置各种文字和幻灯片内容，包括标题、项目符号列表、图片、形状和剪贴画等。在 Power Point 中，选择版式可以通过"格式"菜单下的"幻灯片版式"选项来实现。点击该选项后，系统会弹出"幻灯片版式"对话框，该对话框提供了多种版式选择。当鼠标指针悬停在某一版式上时，系统会显示该版式的名称，用户可以通过单击选择合适的版式应用到幻灯片上。每种版式都规定了幻灯片上文本、图表等元素的位置和格式。虽然每种版式都有其默认的布局和设计，但用户仍可根据需要进行自定义调整。通过对版式进行调整，用户可以更好地组织和呈现幻灯片内容，使其更具吸引力和清晰度。

（二）设计模板

设计模板包含了演示文稿的整体样式，包括项目符号和字体的类型和大小、占位符的大小和位置、背景设计和填充、配色方案、幻灯片母版和可选的标题母版等元素。在 Power Point 中，选择设计模板可以通过"格式"菜单下的"幻灯片设计"选项或直接点击"格式"工具栏中的"设计（S）"按钮来实现。点击后，系统会弹出"幻灯片设计"对话框，用户可在顶部选择"设计模板"。在"设计模板"对话框中，用户单击所需模板的缩略图，即可将该设计模板应用于所有幻灯片和幻灯片母版中。若要将模板应用于单个幻灯片，用户可将鼠标指针指向模板缩略图并单击箭头，在出现的菜单中选择"应用于选定幻灯片"。若要将模板应用于多个选中的幻灯片，用户可以先在窗口左边的"幻灯片"对话框中选择缩略图，然后在"幻灯片设计"对话框中单击模板。

（三）改变演示文稿中幻灯片的方向

默认情况下，Power Point 演示文稿中的幻灯片都是横向排列的，但如果需要改为纵向版式，用户可以按照以下步骤进行：点击菜单栏中的"文件"选项，选择"页面设置"命令，此时系统会弹出"页面设置"对话框，在对话框中找到"方向"栏，并选择幻灯片"纵向"选项，完成后点击"确定"按钮关闭对话框并返回演示文稿窗口。这一简单的操作可以使整个演示文稿的布局发生变化，从而更好地满足特定的需求。与横向幻灯片相比，纵向幻灯片提供了更多的垂直空间，适合展示长文字或竖直排列的元素。纵向排列的幻灯片在某些情况下可以提供更好的可视性和阅读体验，特别是在需要大段文字或者特别长的图表时。

（四）幻灯片母版的修改

Power Point 的幻灯片母版是一个关键的设计元素，存储着关于模板信息的设置，如字形、占位符大小和位置、背景设计和配色方案。修改幻灯片母版可以实现对整个演示文稿风格的统一调整，同时可以在所有幻灯片上同步更改文本和对象。要修改幻灯片的母版，用户首先需要切换到"幻灯片母版"视图，这可以通过选择"视图"菜单栏下的"母版"选项，并在出现的菜单中选择"幻灯片母版"来实现。在母版视图下，用户可以像更改幻灯片一样对母版进行修改。例如，用户可以在母版上插入图片，从而使应用这一母版的所有幻灯片都显示相同的图片。需要注意的是，在幻灯片母版视图中，应该在普通视图的幻灯片上输入实际的文本内容（如标题和列表），对页眉和页脚应在"页眉和页脚"对话框中进行设置。在修改幻灯片母版之前，用户对单张幻灯片进行的更改会被保留，这意味着用户可以在保留个别幻灯片特殊设置的同时，对整个演示文稿的风格进行调整。完成对幻灯片母版的设置后，用户可以单击"幻灯片母版视图"工具栏中的"关闭母版视图"按钮切换回普通视图，以便查看所做的修改效果。

（五）配色方案的修改

演示文稿的配色方案是一个极具影响力的设计元素之一。用户通过调整设计模板的配色方案，可以使演示文稿呈现出与众不同的视觉效果，增强其吸引力和专业性。配色方案由 8 种颜色组成，用于幻灯片设计中的不同元素，如背景、文本、线条、标题文本。这些配色方案由应用的设计模板确定，包括默认配色方案以及可选的其他配色方案。每个配色方案均是针对特定模板设计的，甚至 Power Point 中的默认或"空白"演示文稿也包含配色方案。要调整配色方案，用户可以选择"格式"菜单下的"幻灯片设计"选项，或在"格式"工具栏中单击"设计"按钮，然后在出现的"幻灯片设计"对话框中点击"配色方案"。使用配色方案的方法与使用设计模板类似，用户可以将配色方案应用于单个幻灯片、选定的幻灯片或所有幻灯片。所显示的配色方案是当前使用模板中预先设计好的，但用户也可以对其进行修改，使演示文稿与众不同或更符合自己的主题。单击"应用配色方案"对话框下方的"编辑配色方案"，用户可以修改已选中的配色方案。在出现的"配色方案颜色"对话框中，用户可以更改幻灯片中各个元素的颜色，可以从颜色选项的整个范围内进行选择。修改配色方案后，修改结果将成为一个新方案，作为演示文稿文件的一部分，以便以后再次应用。

表 6-4 对上述幻灯片的设计思路进行了总结，方便用户快速掌握。

表6-4　幻灯片的设计思路

功能分类	具体操作步骤	说明
版式选择	通过"格式"菜单下的"幻灯片版式"选择合适的版式	选择适合内容排列的版式，如标题、图、表
设计模板	通过"格式"菜单下的"幻灯片设计"选择设计模板	选择一个整体风格和布局，应用于所有幻灯片或选定幻灯片
设计模板	在"设计模板"对话框中点击模板缩略图应用模板	根据需要将模板应用于所有幻灯片或特定幻灯片
改变方向	通过"文件"→"页面设置"修改幻灯片的方向	根据需要将幻灯片从横向改为纵向，满足不同的展示需求
修改幻灯片母版	在"视图"菜单下选择"母版"→"幻灯片母版"进入母版视图	修改幻灯片的全局元素，如字形、占位符大小、背景
修改幻灯片母版	在母版上进行修改后关闭母版视图	确保所有幻灯片上的修改同步更新，保持一致性
修改配色方案	通过"格式"菜单的"幻灯片设计"修改配色方案	选择或编辑配色方案，应用于所有幻灯片或选定幻灯片，增强视觉效果
修改配色方案	在"配色方案"对话框中编辑和应用新的配色方案	自定义配色方案，使演示文稿更符合主题或满足个性化需求

三、文字、图片以及特殊符号的使用

（一）文字输入

在 Power Point 中，用户若要输入文字，则需要通过文本框来实现，因为在空白的幻灯片上用户不能直接输入文字。文本框有三种状态：一般状态、编辑状态和选定状态。在一般状态下，用户无法对文字进行编辑。单击一般状态下的文字，系统就会进入编辑状态，此时文字周围会显示由斜线组成的虚线框，表示可以对文字进行修改和格式设置。在编辑状态下，再次单击文字周围的边框，系统就会进入选定状态，此时文字周围的边框线会变成较细的网纹，用户可以进行删除、移动、复制整个文本框以及设定文本框中文字的整体格式。在 Power Point 中添加文本框的方法如下：在要添加文本框的幻灯片上单击"插入"菜单，然后选择"文本框"，此时鼠标光标会变成一个"十"字形；在幻灯片上单击并拖动鼠标，绘制一个大小合适的文本框；将光标置于文本框中，即可开始输入文字。当需要编辑文字时，用户可以直接点击文本框以激活编辑状态，然后进行所需的修改和格式设置。另外，在编辑状态下，用户可以通过双击文本框进入文本编辑模式，此时文本框会自动适应文字内容的大小。在文本编辑模式下，用户可以随意输入文字，同时可以使用文本编辑工具栏上的各种功能（如字体、字号、对齐方式）对文字进行格式设置。编辑完成后，单击文本框外部的任意位置或按下"Enter"键即可退出文本编辑模式。

（二）图片编辑

1. 结合自己喜欢的图片设置幻灯片背景

在制作演示文稿时，选择合适的背景图片可以大大提升演示效果，吸引观众的注意力，对于学生而言更是如此。将自己喜欢的生动、美丽的图片设置为幻灯片背景，可以增强演示的吸引力和视觉效果，使学习

过程更加生动有趣。将喜欢的图片设置为幻灯片背景，用户需要打开Power Point并打开所需的演示文稿，再选择"格式"菜单下的"背景"选项，打开"背景"对话框；在"背景填充"下，点击"图像下面选择"栏里的下拉箭头，选择"填充效果"；在弹出的"填充效果"对话框中，切换到"图片"选项卡，点击"浏览图片"按钮选择喜欢的图片，然后点击"插入"，最后点击"确定"按钮，即可将所选的图片设置为幻灯片的背景。在设置背景图片时，用户需要注意两个选项："应用"和"全部应用"。点击"应用"，系统只会改变当前这张幻灯片的背景；而点击"全部应用"，系统会将所选图片应用到演示文稿中的所有幻灯片背景。此外，在设置之前，用户最好先点击"预览"按钮观看一下效果，确保图片与文本内容的清晰度和对比度。在选择背景图片时，用户要注意保持整体风格的一致性，避免使用过多或差别太大的背景而影响演示的统一性和美观性。用户最好选择与演示主题相关或能够突出重点的图片作为背景，以达到更好的视觉效果和传达信息的目的。

2. 将图片插入幻灯片中

在制作幻灯片时，插入与主题相关的图片是提升演示效果的重要方式，因为这不仅能够吸引观众的注意力，还能增强演示内容的说服力。在幻灯片中插入图片的步骤如下：首先单击需要插入图片的位置，然后选择"插入"菜单下的"图片"选项，在弹出的菜单中选择"剪贴画"或"来自文件"，根据屏幕提示的步骤进行操作，即可将所选的图片插入幻灯片中。如果需要调整图片的位置，用户只需单击图片，然后在图片四周出现8个控点后按住鼠标左键，将图片拖动到合适的位置即可。同样，用户可按住鼠标左键并拖动控点来改变图片的大小，以适应幻灯片的布局。若想删除图片，用户只需按下键盘上的"Delete"键即可完成删除操作。通过插入与主题相关的图片，用户可以使演示内容更生动、更有吸引力。这些图片可以是表格、图像、示意图等，能够更直观地展示演示文稿的内容，从而使观众更容易理解和记忆。此外，合适的图片还可以帮助提升演示的专业性和说服力，使演讲者的观点更加生动地呈现给听众。

3. 转变幻灯片中剪贴画的颜色

在演示文稿中插入剪贴画后，若觉得颜色搭配不合适，用户可以使用 Power Point 提供的功能进行颜色的调整。一种常见的方法是点击"图片"工具栏中的"重新着色"按钮来改变颜色，然而这种方法只能同时改变图片中所有相同颜色的部分，有时候并不能满足特定需求。针对此情况，用户可选中需要调整颜色的剪贴画，然后以右键点击鼠标，在弹出的菜单中选择"组合"，接着单击"取消组合"，此时系统会弹出一个对话框询问"这是一个输入的对象吗？"，点击"确定"后，一个选定对象就变成了多个选定对象；接下来，点击选定对象之外的空白处，以取消之前的选择，然后点击需要改变颜色的那一部分对象，如此便可以单独选中对象；接着，在绘图工具栏中点击"填充"按钮并选择所需的颜色，即可完成颜色的改变。这样，用户可以灵活地对剪贴画的颜色进行调整，不再局限于整体颜色的改变。

4. 为演示文稿增添透明背景

若要为演示文稿增添透明背景，用户可新建一份空白的 Power Point 演示文稿，或者打开一份已完成的演示文稿。如果要为整个空白演示文稿中的所有幻灯片添加背景，用户可选择"视图"菜单下的"母版"选项，在弹出的菜单中单击"幻灯片母版"；若只是为单张幻灯片添加背景，则只需选择一张幻灯片。用户可选择希望用作幻灯片背景的徽标或剪贴画，具体方法如下：选择"插入"菜单下的"图片"选项，在弹出的菜单中单击"剪贴画"或"来自文件"，选择作为背景的图片；在幻灯片上右键单击选择的图片，在弹出的菜单中选择"设置图片格式"，在"图片"选项卡上单击"颜色"框旁边的向下箭头，选择"冲蚀"，然后单击"确定"；在徽标或剪贴画仍处于选中状态的情况下，单击鼠标右键，选择"另存为图片"，保存图像；从幻灯片中删除原始图像，并用刚才保存的透明图像来替换该原始图像；选择"格式"菜单下的"背景"选项，在出现的"背景"对话框中，单击"背景填充"下的框中箭头，选择"填充效果"，然后在"图片"选项卡上单击"选择图片"，选择刚才保存的图片，单击"插入"，然后单击"确定"，再单击"应用"。通过以上步骤，透明图像将被添加到母版幻灯片中，应用此母版的每张幻灯片都将显示新背景。如果选择的是单张幻灯片，则背景将添加到所选幻灯片上。

（三）特殊符号的具体使用

在制作幻灯片时，用户经常需要使用特殊符号，这时候可以使用符号栏来解决这个问题。假设要在幻灯片中输入"春来了，春姑娘的脚步近了……"，用户可以根据以前学习的方法建立一个标题幻灯片，并输入标题"春"以及内容"春来了，春姑娘的脚步近了……"；接下来，单击菜单中的"视图"，在下拉菜单中选择"工具栏"命令，在"工具栏"菜单中选择"符号栏"选项；最后，点击两次符号栏中的省略号图标，即可在幻灯片中输入省略号。通过这一简单的步骤，用户就能在幻灯片中方便地输入特殊符号，使幻灯片内容更加丰富多样，更具表现力。

上述文字、图片以及特殊符号的使用方法总结如表6-5所示。

表6-5　文字、图片以及特殊符号的使用

功能分类	具体操作步骤	详细说明
文字输入	在"插入"菜单中选择"文本框"	选择幻灯片位置，点击并拖动鼠标以绘制文本框，开始输入文字
	在文本框中输入文字	输入所需内容，使用编辑工具栏调整文字格式，如字体、对齐方式
设置幻灯片背景	在"格式"菜单中选择"背景"	打开"背景设置"对话框
	选择"填充效果"并切换至"图片"选项卡	点击"选择图片"按钮，浏览并选择一张图片作为背景
	确定设置并选择"应用"或"全部应用"	选择适用于当前幻灯片或全部幻灯片的选项

功能分类	具体操作步骤	详细说明
插入图片	在"插入"菜单中选择"图片"	选择"来自文件"并选择适当的图片文件插入
	调整图片位置和大小	通过拖动图片边缘的控制点来调整大小、移动图片以适应布局
修改剪贴画颜色	插入剪贴画后选择"重新着色"	调整颜色以匹配幻灯片主题
	若需详细调色,则右键点击"剪贴画"选择"取消组合"后单独选择部分调色	选择需要改变颜色的部分并调整颜色
增添透明背景	通过"格式"菜单的"背景"设置透明图片背景	在背景填充中选择"填充效果",选择透明处理后的图片设置为背景
特殊符号使用	通过"视图"→"工具栏"→"符号栏"添加符号	在需要插入符号的位置点击符号栏中的特定符号,如省略号

四、声音、视频以及动画的插入

(一)为幻灯片添加声音与视频

为了使幻灯片更加生动有趣,用户可以添加声音和视频,以丰富多彩的元素吸引观众的注意力,使演示更加生动。若要添加声音,用户可以选择"插入"菜单下的"影片和声音"选项,在弹出的菜单中选择"文件中的声音",然后找到想要插入的声音文件,单击"确定"按钮,此时系统会询问"是否需要在幻灯片放映时自动播放声音?",若需要,则选择"是",这样插入的声音将在放映时自动播放。如果想在放映之前试听一下,用户可以双击小喇叭图标进行试听。除了插入现成的声音文件,用户还可以添加自己的声音,具体步骤如下:首先需要连接好麦克风,然后选择"插入"菜单下的"影片和声音"选项,在弹出的菜单中选择"录制声音",在弹出的"录音"对话框中录制自己的声音,录制完成点击"确定"按钮,就可以将自己的声音加入演示文稿中。插入视频的操作与插入声音的操作类似，选择"插入"菜单下的"影片和声音"选项，在弹出的菜单中选择"文件中的影片"，然后选择想要插入的视频文件，点击"确定"按钮，此时系统会询问"是否需要在幻灯片放映时自动播放影片？"，若需要，则选择"是"。若要使声音在幻灯片播放时连续播放，用户可以选中已插入的声音文件，点击鼠标右键，在菜单中选择"编辑声音对象"，然后在弹出的"声音选项"中选择"循环播放"。

（二）为幻灯片添加 Flash 动画

在幻灯片中插入 Flash 动画是为了增添动感和视觉吸引力，让演示更加生动，目前有两种方法可以实现这一目标。

利用控件来插入 Flash 动画的方法适用于需要控制动画窗口大小的情况，用户可在需要插入动画的位置单击幻灯片，然后选择"视图"菜单下的"工具栏"选项，打开"控件工具箱"，选择"Shockwave Flash Object"，用"十"字光标在幻灯片编辑区域中画出一个矩形框，该框将用于播放动画；双击矩形框，在弹出的 VB 界面中点击属性对话框中的"自定义"，在"影片 URL"中输入 Flash 动画的地址，然后点击"确定"按钮即可将 Flash 动画插入幻灯片中。

插入对象的方式会在播放幻灯片时弹出一个播放窗口，用户可以根据需要调整窗口大小，但播放完毕需要手动关闭窗口，具体步骤如下：在幻灯片中单击需要插入动画的位置，然后选择"插入"菜单下的"对象"选项，在弹出的"插入对象"对话框中选择"由文件创建"，点击"浏览"按钮选择 Flash 动画文件，然后点击"确定"，此时幻灯片中会出现一个 Flash 文件的图标，用户可以调整其大小或位置，接着以右键点击图标，选择"动作设置"，在弹出的窗口中选择"单击鼠标"或"鼠标移动"，再点击"对象动作"，在下拉菜单中选择"激活内容"，最后点击"确定"按钮完成插入动画，即可为幻灯片增添丰富的 Flash 动画。

上述声音、视频及动画的插入方法的总结如表 6-6 所示。

表 6-6　声音、视频以及动画的插入

功能分类	具体操作步骤	详细说明
插入声音	选择"插入"菜单下的"影片和声音"→"文件中的声音"	浏览并选择声音文件，点击"确定"按钮
	确定声音播放方式	系统询问是否自动播放，选择"是"或"否"
	双击小喇叭图标试听声音	检查声音文件是否正确无误
	录制声音选项（可选）	连接麦克风，选择"录制声音"，录制并保存个人声音
插入视频	选择"插入"菜单下的"影片和声音"→"文件中的影片"	浏览并选择视频文件，点击"确定"按钮
	确定影片播放方式	系统询问是否自动播放，选择"是"或"否"
	设置声音循环播放（可选）	右键点击已插入的声音文件，选择"编辑声音对象"→"循环播放"
插入 Flash 动画	利用控件插入 Flash 动画	打开"控件工具箱"，选择"Shockwave Flash Object"，绘制矩形框
	设置 Flash 动画的 URL	双击矩形框，输入 Flash 动画的地址
	利用插入对象方式插入 Flash 动画	选择"插入"菜单下的"对象"→"由文件创建"，浏览并选择 Flash 文件
	调整 Flash 对象动作设置	右键 Flash 图标，选择"动作设置"→"对象动作"→"激活内容"

五、大数据背景下高校教育交互式演示文稿的实现

实现交互式演示文稿需要巧妙地运用动画效果、切换效果、超链接和动作按钮等功能，有关元素的运用可以使演示更生动、更具有吸引力。

为了给演示文稿增添活力，用户可以为演示文稿的元素设置动画效果，具体步骤如下：选中需要设置动画的对象，选择"幻灯片放映"菜单下的"自定义动画"，在"自定义动画"对话框中单击"添加效果"，然后在下拉列表中选择所需的动画效果。无论是图形还是文本框，都可以通过设置动画效果变得更生动。例如，文字的动画效果可以设置成批

出现文字的效果，也可以设置为逐组或逐字飞入的效果，以增强视觉效果，吸引观众的注意力。

为了增强演示文稿的视觉效果，用户还可以设置幻灯片的切换方式，具体步骤如下：选中需要设置切换方式的幻灯片，选择"幻灯片放映"菜单下的"幻灯片切换"命令，在"幻灯片切换"对话框中选择切换方式，并根据需要设置速度、声音、换片方式等；如果需要将切换方式应用于整个演示文稿，只需在对话框中单击"应用于所有幻灯片"按钮。

为了提高演示文稿的交互性，用户可以在演示文稿中插入超链接，具体步骤如下：选中需要插入超链接的对象，单击鼠标右键，在弹出的菜单中选择"超链接"，然后在出现的对话框中继续设置。超链接可以指向其他幻灯片、网页或文件，使观众能够方便地获取更多相关信息。

为了实现更多交互功能，用户可以插入动作按钮，具体步骤如下：选择需要放置动作按钮的幻灯片，选择"幻灯片放映"菜单下的"动作按钮"，在弹出的菜单中选择所需的按钮，在幻灯片的编辑区域中画出一定大小的矩形区域作为动作按钮的区域框，在弹出的"动作设置"对话框中进行设置，包括指定按钮点击后的动作等；如果需要在演示文稿的每一张幻灯片的相同位置上都出现相同的按钮，用户可以在母版视图下插入动作按钮，这样按钮会出现在每张幻灯片的相同位置上。

交互式演示文稿的具体操作步骤如表 6-7 所示。

表 6-7 交互式演示文稿的具体操作步骤

功能分类	具体操作步骤	详细说明
设置动画效果	选择对象并打开"自定义动画"	选中需要设置动画效果的对象，如图形或文本框
	在"自定义动画"对话框中选择"添加效果"并设置动画类型	根据需要选择适当的动画效果，如逐字飞入

功能分类	具体操作步骤	详细说明
设置幻灯片切换	选中幻灯片并打开"幻灯片切换"命令	选择需要设置切换方式的幻灯片
	在"幻灯片切换"对话框中选择切换方式，并设置速度、声音等	设置幻灯片间的转换效果和速度等
	应用切换效果到所有幻灯片（可选）	若有需要，可点击"应用于所有幻灯片"按钮
插入超链接	选中对象并选择"超链接"	为文本、图像等对象添加超链接，可指向其他幻灯片、网页或文件
插入动作按钮	在"幻灯片放映"菜单下选择"动作按钮"	在幻灯片上选择并设置需要的动作按钮
	绘制动作按钮并设置其功能	在幻灯片上画出按钮，设置点击后的动作，如跳转至特定幻灯片或外部链接
	在母版视图下插入动作按钮以应用于所有幻灯片（可选）	在幻灯片母版中插入动作按钮，确保每张幻灯片都具有相同的按钮设置

六、大数据背景下高校教育演示型文稿的播放

制作一份出色的演示文稿不仅需要精心设计文稿内容，还需要灵活运用各种功能来增强演示效果。在这方面，改变幻灯片的播放顺序、让演示文稿自动播放、使用屏幕作为黑板、确保音视频正常播放以及在没有安装 Power Point 的计算机上播放演示文稿等功能都是至关重要的。

改变演示文稿中的幻灯片的播放顺序可以通过自定义放映来实现。自定义放映允许用户按照自己的需求确定播放哪些幻灯片以及以什么顺序播放，具体步骤如下：在"幻灯片放映"菜单下选择"自定义放映"选项，然后在弹出的对话框中创建新的自定义放映，并选择要添加到自定义放映的幻灯片。用户可以根据需要对幻灯片的顺序进行调整，并为自定义放映命名。如此，用户便可以根据不同的场景选择不同的自定义放映进行播放，从而更灵活地控制演示文稿的呈现方式。

　　让演示文稿自动播放可以让用户在放映过程中更加专注于内容的呈现，而不必手动控制每一张幻灯片的切换。设置自动播放的步骤如下：选择"幻灯片放映"菜单下的"排练计时"进入幻灯片计时状态，此时屏幕左上角会出现一个排练计时器，用户可以通过"暂停""重复"按钮设置当前幻灯片的放映时间，如果觉得时间合适，可选择"重复"来重新为当前幻灯片计时；完成排练后，演示文稿就会根据排练时间进行自动放映，极大地提升演示的流畅度和专业度。

　　在演示过程中，用户可以将屏幕作为黑板使用，这样可以更好地吸引观众的注意力，让他们更好地理解演示内容。在放映状态下，用户可以单击鼠标右键，在弹出的快捷菜单里选择"指针选项"，然后选择"绘图笔"和"绘图笔颜色"，这样就可以用彩色线条将重点部分勾画出来，使演示更加生动、有趣。

　　此外，确保演示文稿中的音视频在其他计算机上正常播放也是非常重要的。因为将音视频对象插入幻灯片时是以链接方式插入的，播放时需要音视频对象对应文件的支持，不能改变演示文稿和音视频文件存放的相对路径。为了解决这一问题，用户可以在制作演示文稿时，将演示文稿和音视频文件存放在同一目录下，这样就不会出现路径错误导致无法播放的情况，即使在没有安装 Power Point 的计算机上也可以播放演示文稿。编辑好演示文稿后，用户可选择"文件"菜单下的"打包成 CD"选项，然后选择"复制到文件夹"按钮，将打包好的文件夹拷贝到要运行演示文稿的计算机上，双击文件夹中的 ppview32.exe 文件，再单击要运行的演示文稿即可。此方式可使演示文稿在任何计算机上播放，无须安装 Power Point 软件。

　　高校教育演示型文稿的播放如表 6-8 所示。

表 6-8　高校教育演示型文稿的播放

功能分类	具体操作步骤	详细说明
改变幻灯片的播放顺序	在"幻灯片放映"菜单下选择"自定义放映"	创建新的自定义放映,并添加选择的幻灯片
	选择并调整幻灯片顺序,为自定义放映命名	根据需要安排幻灯片顺序并命名此自定义放映
设置自动播放	选择"幻灯片放映"→"排练计时"	设置演示文稿的自动播放时间
	使用排练计时器,设置每张幻灯片的播放时间并保存	调整每张幻灯片的停留时间以实现自动过渡
使用屏幕作为黑板	在放映状态下,选择"指针选项"→"绘图笔"和"绘图笔颜色"	在演示过程中实时标注重点,增强交互性
确保音视频正常播放	确保演示文稿与音视频文件存放在同一目录下	防止路径错误导致音视频无法播放
在无 Power Point 环境下播放	选择"文件"→"打包成CD"→"复制到文件夹"	将演示文稿及相关文件打包以便在不同计算机上播放
	在目标计算机上运行 ppview32.exe 文件并打开演示文稿	无须 PowerPoint 软件也可播放演示文稿

第七章 大数据时代的高校现代远程教育管理技术的实际应用

第一节 现代远程教育管理技术的概述

一、现代远程教育管理技术的概念

现代远程教育的管理涉及多方面的工作，包括课程设计、教学资源管理、技术支持、学生服务和评估等。在现代远程教育中，管理者需要不断探索创新，以适应科技发展的变化，提高教育质量和服务水平，促进学生的学习和成长。① 现代远程教育的管理需要重视课程设计，课程设计是教育的核心，决定了教学的质量和效果。管理者需要根据教育目标和学生需求，设计符合现代远程教育特点的课程内容和教学活动。他们需要了解教育技术的发展趋势，掌握多媒体教学和在线教学的原理和方法，灵活运用各种教学资源，设计出符合学生学习特点和教学目标的课程。② 现代远程教育的管理需要做好教学资源管理，教学资源是教育的基础。管理者需要建立完善的教学资源库，包括教材、课件、多媒体资料、网络资源等。他们需要收集并整理优质的教学资源，确保资源的丰富性和多样性，为教师和学生提供良好的学习条件和支持。现代远程

---

① 高小玲，吕鹏宇.远程教育系统[M].北京：中国宇航出版社，2004：1.
② 程智.远程教育学教程[M].广州：暨南大学出版社，2013：1.

教育的管理需要提供有效的技术支持，技术是现代远程教育的重要支撑，管理者需要建立健全的技术支持团队，为教师和学生提供技术培训和支持服务，解决技术故障和使用问题，保障教学活动的正常进行。他们还需要关注教育技术的发展动态，不断引进和应用新技术，提高教学效果和服务水平。现代远程教育的管理还需要加强学生服务，学生是教育的主体，管理者需要关注学生的学习需求和心理健康，建立健全的学生服务体系，提供个性化的学习指导和支持，帮助学生解决学习困难和问题，促进学生的学习和成长。现代远程教育的管理需要进行评估和改进，管理者需要建立科学的评估体系，定期对教学质量和服务水平进行评估，收集学生和教师的反馈意见，发现问题和不足，及时调整和改进教学策略和服务方式，提高教育质量和管理效率。

二、现代远程教育管理的基本特征

现代远程教育管理需要充分理解远程教育的特征，与传统课堂教育不同，远程教育使学习者不受时间和地点的限制，可以通过多种媒体完成学习任务。这种自由的学习方式特别适合成人教育和终身教育，为个体提供了更加灵活的学习空间。管理者应当认识到这一点，并通过有效的管理措施，促进远程教育的发展和实施。在现代远程教育管理中，管理者需要重视并加强对技术和媒体的支持和管理，确保学习者能够顺利地利用各种学习工具和资源进行学习。管理者应注重对学生的服务和支持，提供个性化的学习指导和服务，满足学生的需求。此外，管理者还需要建立有效的评估机制，定期评估教学效果和服务质量，及时调整管理策略和教学方法，以提高教育水平和服务水平。现代远程教育管理具有以下基本特征。

（一）学生学习方式的自由化与自主化

现代远程教育管理以学习方式的自由灵活和自主性为特征，这是管理者需要重点关注和有效利用的方面。现代远程教育利用多媒体技术和网络技术实现课程的远距离传播，突破了传统教育中的学习时间和空间的限制。学习者不再受职业和地域的限制，可以根据个人需求自主选择学习课程，教师和学生也能够在不同地点进行互动和交流。这种灵活的学习方式使任何人在任何时间都可以接收教育信息，实现实时或非实时的学习。自由灵活和自主性的学习方式为教育机构提供了开发灵活多样课程的机会，能够更好地满足学生的个性化学习需求，提供优质的培训服务。现代远程教育也为终身学习提供了重要支持，有助于社会形成学习型社会的格局。相比传统教育方式，现代远程教育管理具有不可比拟的优势，能够更好地适应时代的发展，满足人们学习的需求。

现代远程教育管理秉持以人为本的教育理念，用将学习者置于中心的自主学习方式，取代了传统教育中以教师、教材和课堂为中心的模式，使学习者不再过分依赖教师，摆脱了长期以来在传统教育中形成的被动学习状态，实现了由被动学习向主动学习的转变，有利于培养学习者的独立探索精神和开拓创新意识，使他们能够更加自主地获取知识和发展能力。在现代远程教育管理中，这种以学习者为中心的教育理念被视为重要指导原则，管理者需要通过相应的措施和方法，促进学习者的自主学习，激发他们的学习兴趣和创造力，从而实现教育的有效传递和学习者能力的全面提升。

（二）学习资源之间的有效共享

现代远程教育管理注重学习资源的高度共享。在当前，教育资源相对匮乏，因此教育资源共享已成为学习的基本需求。现代远程教育利用网络通信媒体，为学习者提供了丰富的信息资源。这些资源可以存放在共享的资源库中，供不同地域的学习者随时学习，实现了"一课多用"的目标。学习资源的共享降低了教学成本，提高了教育资源的利用效率，也满足了学习者自主选择信息的需求。现代远程教育管理致力实现优秀师资、高质量教学课件和各类媒体资料等教学资源的共享，通过基于互联网（Internet）的远程教育系统平台的部署和实施，管理者可以有效地提高教育水平和教育资源的优化配置。学习资源共享模式可以使教学资源得到更广泛的利用，还可以促进教育资源的持续更新和提升。管理者需要积极推动教育资源的共享机制，鼓励教师和教育机构将优质的教学资源纳入共享平台，以便更多的学习者受益。现代远程教育管理还应加强对共享资源的管理和维护，管理者需要建立健全的资源管理制度，确保共享资源的质量和安全，还需要定期对共享资源进行评估和更新，保证教育资源与教育需求的匹配度和时效性。

（三）远程教育管理的多维双向性

现代远程教育管理注重多维双向性。多维双向性指的是基于网络的远程教育在技术上能够实现多个维度的信息双向交流和传递，类似互联网的"万维网"的概念。在远程教育中，多维双向性是指教学活动可以在同一时刻实现教师与教师、教师与学生、教师与教学资源、学生与学生、学生与学习资源以及资源与资源之间的信息交流和传递。这一特点使远程教育成为一个高度互动和开放的教育模式，通过远程教育平台，多名优秀教师可以同时在线传授同一门课程，学生可以在同一时间共享不同教师的讲授和观点。同时，学生之间可以进行实时的交流和讨论，共同学习和成长。在这种环境下，教师和学生之间的互动不再受到时间和地域的限制，这为教学活动带来了更大的灵活性和自由度。现代远程教育管理者需要充分发挥多维双向性的优势，积极构建开放的教育平台，鼓励教师和学生之间的交流和互动。管理者可以通过引入在线讨论、实时互动课堂等方式，促进教学过程中的双向沟通和交流。

现代远程教育的多维双向性可以使教与学的交流范围在较高程度上实现最大化，这种交流范围的扩大使学习者能够更充分、更全面地获取信息和知识，从而提高学习效果。尽管计算机网络已具备多维双向信息交流的功能，但在远程教育的实际应用中，要充分发挥和挖掘多维双向性的作用并不容易。目前，我国大多数远程教育系统和平台在设计上尚未完全实现多维双向性的功能。因此，从事远程教育管理的专业人员首先需要充分了解和认识到多维双向性的存在，然后才能在具体的研究和开发过程中考虑如何将这一特点充分地结合到远程教育的实际应用中去。在现代远程教育管理中，如何有效地利用多维双向性的优势来促进教学过程中的交流和互动成为研究的重点。管理者应该致力构建开放式的教育平台，鼓励教师和学生之间的互动和合作。通过引入在线讨论、实时互动课堂等方式，管理者可以促进师生之间的双向沟通和交流，营造良好的学习氛围。现代远程教育管理者还应该加强对教学资源的共享和开放，为师生提供丰富多样的学习资源。

（四）远程教育管理的实时性与时空性

现代远程教育管理注重实时性与时空性，这两个特点在远程教育的发展中具有重要意义。实时性通常被理解为教学内容的实时转播，即教与学的"现场直播"。虽然传统远程教育形式也能实现"现场直播"，但现代远程教育的实时性更体现在及时传播最新教育内容上。随着网络技术的发展，现代社会对知识更新的要求愈发迫切，远程教育通过实时传播新知识、新科技，满足了社会对知识不断更新的需求。

在现代远程教育管理中，实时性意味着教育资源的及时更新和传播。管理者需要及时获取最新的教育内容和科研成果，通过远程教育平台将这些信息及时传播给学习者。这样一来，学习者就能够及时了解最新的科学技术和社会发展动态，不断提升自己的知识水平。现代远程教育还强调时空性，突破了学习时间和空间的限制。传统教育通常需要学习者在特定的地点和时间上课，现代远程教育则使学习者能够自主选择学习时间和地点，实现灵活学习。时空性的特点使远程教育更适合已脱离学校的成人教育，为终身学习提供了便利的手段。现代远程教育管理者应该充分利用实时性和时空性的优势，构建开放式的教育平台，提供灵活多样的学习方式。通过引入直播课程、在线讨论、实时互动课堂等教学模式，创造出具有实时性和时空性的学习环境。管理者还应关注教育资源的及时更新和传播，确保学习者能够获得最新的教育内容和知识。

在我国，许多大学在远程教育管理方面存在着相当大的差距，因此现代远程教育管理需要重新审视实时性的含义。实时性不仅意味着能够在网络上进行"现场直播"，还应该体现在如何及时传播最新的知识和科技发展上，这才是远程教育真正的功能特点。管理者需要引领学校将注意力集中在提供最新的教育内容和科技发展动态上，而不仅仅停留在课程的形式和传统教学方法上。为了实现这一目标，现代远程教育管理者需要采取一系列措施，加强对教师的培训，提高教师对远程教育的认识和应用能力，激发教师的创新意识。学校需要建立一支专业的教学团队，通过多学科、跨领域的合作，推动教学内容的创新。不仅如此，学校还可以与行业合作，引进最新的科研成果和实践经验，为学习者提供更丰富、更实用的教育资源。

时空性特点为学习者提供了更大的灵活性和自主性，学习者可以根据自己的兴趣爱好、学习进度和个人安排自由选择学习的时间和地点。这种个性化的学习方式有助于提高学习效率，让学习更能满足学习者的需求。教师同样可以受益于时空性特点，更灵活地安排教学时间和地点，更好地满足学习者的需求。

实时性和时空性的结合为远程教育提供了良好的发展机遇，只有充分发挥这两个特点的优势，远程教育才能真正实现教育的及时性、个性化等目标。

（五）远程教育管理的交互性

远程教育所具备的交互性主要体现在学习者与学习者、学习者与教师以及学习者与学习资源之间的互动交流上。交流的主动性能够激发学习者的学习兴趣，增强学习效果。学习者在远程教育系统中可以通过多种途径进行交互，如电子邮件、在线聊天室、论坛。这些交互手段使学习者不仅可以向教师提问，还能够与其他学习者展开讨论、分享经验，实现学习过程的互动与共享。交互性的实现让学习者在学习过程中获得了更多的控制权，有助于提升教学质量。学习者通过与教师和同伴的交流互动，能够更好地理解学习内容，解决学习难题，并在探究和发现中获得更深层次的学习体验。这种探究式学习和发现式学习的过程不仅培养了学习者的独立思考能力和解决问题的能力，还提高了他们的团队合作意识和沟通技巧。然而，要实现有效的交互性并不是一件容易的事情。管理者需要在远程教育系统中提供丰富多样的交互工具，并积极引导学习者参与交流互动。教师在远程教育中也需要充分发挥自己的作用，积极回应学习者的提问，及时给予反馈和指导。交互的过程使教师能够更好地了解学习者的学习需求和困难，从而调整教学策略，提升教学效果。

现代远程教育管理需要认识到远程教育与传统课堂教育之间存在的差异，尤其是在交互性方面。传统课堂的限制使师生之间的交流受限，远程教育则通过消除心理距离，提升了学习者的自主性和主动性，从而促进了更有效的交互。在传统课堂中，教师和学生同处一个空间，但由于学生众多，教师很难与每个学生进行充分的交流。即使有交流，大多也是教师提问学生回答的形式，学生往往感到被动，觉得有压力。此外，学生可能会因为担心犯错或在同学面前出丑而产生心理障碍，进一步阻碍了他们与教师的交流。因此，尽管课堂上不存在物理距离，但学生在心理上却与教师之间存在距离。相比之下，现代远程教育通过网络技术的应用，打破了时空的限制，使师生之间的心理距离变得更近。学习者可以在任何时间、任何地点自主选择学习，不再受传统教室的约束。自主性和主动性促进了学生之间的交流，使他们更愿意参与讨论、提问和分享观点。在远程教育系统中，通过各种交互手段（如电子邮件、论坛、视频会议），学生可以与教师和同学进行充分的交流，这种交流更具有灵活性和包容性。然而，要实现真正意义上的学生主动交互并不是一件轻松的事情。目前，许多远程教育课程仍然停留在传统教学模式下，缺乏创新和个性化的教学方法，远程教育课程往往只是简单地将传统课堂的教学内容搬到了网络平台上，缺乏引发学生主动交互的动机和吸引力。因此，远程教育管理者需要更新教育理念，从课程设计和内容安排着手，积极推动课程的更新和改进。

（六）远程教育管理的可控性

现代远程教育管理需要认识到远程教育的可控性特点。传统观念认为，由于距离和单向传播等原因，远程教育难以控制。然而，与其他教育形式一样，远程教育也需要对教学过程和质量进行必要的控制和监测。网络的远程教育具有双向、实时、时空和交互的特点，这为实现教育过程的可控性提供了技术支持。

三、现代远程教育管理的发展历程与趋势

在当今国际背景下，经济全球化和技术的国际化对教育的国际化起到了巨大的推动作用。随着技术手段的不断发展，教育国际化变得更加可行，教育范围也不断扩展，为教育注入了更强大的生命力。在此背景下，现代远程教育以教育技术为主要依托，展现了其在教育国际化进程中的深远影响力和未来的发展趋势。

（一）现代远程教育管理的产生背景

现代远程教育产生于信息时代的背景之下。20世纪以来，随着收音机、电视机和计算机等传播媒体的发明和广泛应用，人们对教育的传播方式和形式产生了新的认识。这些传播媒体的出现使学习者不再受地域的限制，可以在家中获取与学校课堂教育相当的内容，从而打破了传统教育中地域的壁垒。随着互联网的普及和网络技术的发展，多媒体技术和网络通信技术的综合运用为现代远程教育提供了更为广阔的空间和更多的可能性，使教育的优势得以淋漓尽致地发挥，引领着教育形式的巨大变革。现代远程教育的产生也与技术的发展密不可分，进入20世纪80年代，人类的知识总量呈指数级增长，知识更新的速度也在不断加快。在知识经济时代的推动下，人们意识到传统的学校教育已经不能满足知识更新的需求，必须通过不断深入的学习来获取更多的知识和发展机会。于是，人们开始探索如何利用技术手段来拓展教育的范围，延续教育的生命力。网络技术的应用为教育资源的自治与共享以及学习活动的合作

提供了基本的技术条件，使教育变得更加开放、灵活和多样化。除了网络技术，卫星数字通信技术的发展也为现代远程教育提供了新的可能性。卫星数字通信技术以其时空自由、资源共享、系统开放、便于协作等优点成为支持现代远程教育传播的新型技术手段，为远程教育的发展提供了有力的技术支撑。

（二）现代远程教育管理的发展历程

现代远程教育的兴起与信息技术和教育技术的发展密不可分，并经历了多个历史发展阶段。在 20 世纪 70 年代至 20 世纪 80 年代，远程教育作为教育的独立组成部分在世界各国的教育体系中崭露头角，并逐渐发展成一个相对独立的教育系统。我国的远程教育发展历程可以分为函授教育、广播电视教育和现代远程教育三个主要阶段。

函授教育起源于 19 世纪中叶的英国，属于第一代远程教育。当时，随着工业革命的兴起，社会经济迅速发展，传统的高等教育体系已无法满足社会需求。因此，伦敦大学于 1849 年率先推出了校外学位制度，促进了函授教育的兴起与发展。在中国，函授教育的发展与近代印刷和邮政业的发展密不可分。1953 年，中国人民大学和东北师范大学设立函授教育课程，随后各类高等学府也相继加入，形成了覆盖理、工、农、医等领域的函授教育体系。到了 20 世纪 70 年代后期，函授教育迎来了高潮期。函授教育以印刷课程材料为主要学习资源，通过邮寄方式传递作业和批改等手段进行教学。函授教育的代表形式包括独立设置的函授学校以及传统大学开设的函授教育和校外教育。学生通过自学和邮寄方式获取教材，完成作业后将作业通过邮寄方式交给教师批改。这一形式的教育打破了地域限制，并且为一些无法参加常规课堂教育的学生提供了学习的机会。函授教育作为远程教育发展的先驱，具有重要的历史地位和借鉴意义。

广播电视教育是 20 世纪以来随着视听技术的广泛应用而迅速发展起来的教育方式，属于第二代远程教育。这一时期，远程教育从单一的函授形式向多种媒体教学转变，其中广播电视教育是一种重要的形式。1969 年，英国开放大学的建立标志着世界上第一所第二代远程教育大学的诞生，随后，一批自治的多媒体教学的开放远程大学在世界范围内兴起。同时，独立的函授院校以及传统大学的函授部也开始在新的历史条件下发展，采用了新的教育技术和视听媒体作为辅助教学手段。在中国，20 世纪 80 年代是第二代远程教育兴起的时期。这一时期以邮政通信和印刷技术为基础，利用广播电视、录音、录像、电话、电传等多种大众传播媒体进行远程教育，其中广播电视教育为主要形式。然而，第二代远程教育技术主要用于从教师到学生的信息传递，其特点是单向传输，无法实现学生之间的充分交流。这种传递模式也受到了时间的限制。直到 20 世纪 80 年代中期，随着个人计算机技术的应用，远程教育出现了一些变化，双向视频会议系统的出现使远程教育的交互性得到了提升。现代远程教育管理需要充分认识第二代远程教育的发展历程和特点，以便更好地引领远程教育向更加开放、灵活和高效的方向发展。

现代远程教育源于 20 世纪 80 年代的继续教育，是通信技术发展的产物，属于第三代远程教育。在 1988 年的世界教育会议上，远程教育被确定为主题。随后，随着技术的不断进步和人们对远程教育认识的加深，现代远程教育的范围逐步扩展，从高等教育拓展到中小学教育和企业的职工教育，从学历教育扩展到非学历教育培训和社区教育，并与终身教育体系紧密相连。现代远程教育集合了面授、电视、网络教育的优势，融合了文本、图片、音频、视频等多种形式，在不同的时间和空间下创造了虚拟课堂环境，使师生可以进行交流，实现远距离教学的目标。我国于 1998 年首次批准了清华大学、湖南大学、浙江大学、北京邮电大学四所高校开展现代远程教育试点工作。1999 年，教育部提出了实施"现代远程教育工程"的计划，如今，现代远程教育已经覆盖我国大部分地区，试点高校增至 68 所，学生注册人数已达数百万人。随着"现代远程教育工程"的实施，国家对现代远程教育的投入不断增加，现已初步建成计算机和卫星网络相结合并覆盖全国城乡的现代远程教育网，标志着网络学习环境逐步走向成熟。第三代远程教育技术与以前相比，具有传送更加复杂信息的能力，教师可以通过电子邮件、聊天室和电子公告牌等方式与学生进行交流。计算机辅助教学、计算机模拟以及其他电子资源的利用，进一步体现了现代远程教育的特点。现代远程教育技术使学生可以接触到更多更丰富的学习资源，提高了教育的质量和效率。现代远程教育管理需要紧跟技术发展的步伐，充分利用现代信息技术，提升教育资源的利用效率和教学质量。

（三）现代远程教育管理的发展趋势

随着社会的不断进步，新技术对教育的影响越来越深刻。在知识经济时代，人们对教育的要求变得越来越严苛，现代远程教育作为一种利用信息技术发展教育的新型方式备受关注。现代远程教育管理需要紧跟技术发展的步伐，充分利用现代信息技术提升教育资源利用效率和教学质量，制定科学的教学计划和管理机制，确保教学内容的更新和适应性，同时注重教师和学生的培训，完善远程教育的评估体系，为持续改进提供支持。

1. 从学历教育转向构建终身学习体系

起初，现代远程教育的关注点主要是高等教育的学历教育，旨在为错过传统高等教育机会的学习者提供学习的机会，这一现象的产生源于社会对高等教育和高学历人才的巨大需求。然而，随着社会需求的不断演变，现代远程教育开始向多层次学历教育的方向发展，从本科教育扩展到硕士、专升本、专科等不同层次。远程学历教育的成功推动了现代远程教育向远程非学历教育领域的拓展，同时拓宽了研究视野，使人们从对远程教育的单纯研究逐步拓展到构建终身教育体系的领域。可以说，现代远程教育已从教育的边缘模式发展为主流模式。在互联网时代，现代远程教育不再是教育的替补形式，而是服务于广大人民群众的终身学习需求。它为人们提供了更广泛、更自由的学习机会，助力于构建终身学习体系。现代远程教育管理者需要在此过程中发挥引领作用，制定灵活的教育政策和计划，促进不同层次的学历教育发展，同时加强对非学历教育和终身学习的支持。

2. 技术应用转向实用化、智能化

现代远程教育依托现代教育技术平台，以高新技术为支撑，是一种新型的教育模式。这种模式的发展与信息技术的进步密不可分，每一次技术突破都能推动远程教育向前发展。因此，现代远程教育管理者需要密切关注信息技术的前沿，及时应用新技术，推动教育的持续发展。尽管如此，人们也必须意识到并不是所有的新技术都适用于远程教育。管理者需要关注学习者的感受和意见，因为学习者选择媒体时是自由的，不同的学习者可能会选择不同的媒体进行学习。因此，在开发远程教育系统时，管理者必须重视多种媒体的综合应用，以满足不同学习者的需求。另外，智能化是现代远程教育技术发展的趋势之一，要求管理者重视知识媒体的研究、开发与应用，将其有效地整合到现代远程教育资源的建设与教学应用中。管理者通过引导学习者学会应用知识媒体促进自己的学习，可以提高教学质量，满足远程教学的实际需求。因此，现代远程教育管理者需要思考如何利用技术手段更好地满足学习者的需求，完善教学组织的管理，以提高教学质量。

3. 个性化学习与协作式学习协调发展

现代远程教育以个性化学习为特点，学习者可以根据自身情况自主选择课程，自我调控学习进度，提高学习效率和效果。然而，个性化学习并非孤立的，学习者需要通过网络与其他学习者或教师进行交流，形成协作学习伙伴，相互探讨、发展思维。这种"准分离"状态促成了现代远程教育学习过程的多元化趋势，使"求同存异"的理念得以实现。管理者应重视个性化学习和协作式学习的平衡发展，为学习者提供多样化的学习选择，并通过技术手段促进学习者之间的交流与合作。个性化学习需要提供灵活的学习资源和个性化的学习支持，如定制化课程、个性化学习路径。协作式学习需要建立良好的社交学习环境，激发学习者之间的互动和合作，如在线讨论、团队项目。管理者还需关注学习者的学习需求和心理状态，提供针对性的支持和指导，促进学习者的自我发展和协作能力。在现代远程教育管理中，个性化学习和协作式学习的平衡发展既考验管理者的教育理念和技术应用能力，也需要与教学团队、学习者共同努力，共同推动教育模式的不断创新和发展。

4. 全球化发展趋势显著增强

现代远程教育已经跨越国界，形成了全球化的发展趋势。在此趋势下，远程教育的院校合作和国际竞争日益激烈。远程教育的本质是通过技术手段实现空间上的远距离教育，这为全球化提供了条件。随着世界各国联系的加深和全球知识经济的发展，现代远程教育系统的全球化发展势头日益强劲。管理者需要密切关注国际教育合作和竞争动态，不断提升教育质量和竞争力，积极参与国际交流与合作，推动现代远程教育在全球范围内的发展和进步。

第二节　大数据时代的高校现代远程教育管理系统的结构与设计

一、大数据时代远程教育管理系统的结构分析

（一）远程教育管理的教学系统

1. 教师授课系统

传统的课堂教学由教师掌控，而在现代远程教育系统中，教师可利用各种教学辅助设备完成课程教学，并通过视频、音频录制等辅助设备将教学内容记录下来，存储在教育系统的资源库中供学生获取。教师在此过程中并不占主导地位，而是作为教学资源的提供者。教师授课系统通常使用多种设备和工具，如录像机、视音频编辑器、电子白板、文件

放映机、大屏幕投影、计算机以及录放音设备。这些设备为教师提供了丰富的教学手段，能够更加灵活地展现课程内容，以满足远程教育的特殊需求。在现代远程教育管理中，教师授课系统的发展和运用需要密切关注教学效果和学生反馈。管理者应确保教师使用的设备和工具能够顺利运作，并提供培训和支持以帮助教师充分发挥教学效果。管理者还应收集和分析学生对教学内容和教学方式的反馈，及时调整和优化教学资源，以提高教学质量和学习体验。[①]

2. 教学资源库系统

教学资源库系统主要通过计算机服务器来存储教师的授课内容、多媒体 CAI 课件、网络教学软件、VCD（DVD）教材等素材，从而实现集中管理和共享教学资源的目的。教学资源库系统在现代远程教育中具有重要意义，它运用网络技术建立分布式、海量的教育资源库，能够为远程教育用户提供高效的共享和管理数据的虚拟教学信息空间。资源库不仅能提供教学资源的存储服务，还能提供资源的检索查询服务和调用服务，为教师和学生提供便捷的教学资源获取途径。在现代远程教育中，教学资源库的建设对硬件环境的依赖程度较高，不同的远程教育方式所使用的资源载体也不同，导致资源制作的形式呈现出多样化的特征。因此，在资源库建设过程中，管理者需要采用高质量的设备和先进的技术，以确保优质教学资源在更大范围内更好地共享和利用。

（二）远程教育管理的通信系统

通信系统作为现代远程教育实现的关键系统，能够实现教育的远程化传播，连接教师和学生，使教学内容被高效地传达和学习。在现代远程教育系统中，通信系统的主要任务是快速、准确、可靠地传递和交换各种形式的教学信息。通过通信系统的连接，教学组织可以完成教学内容的传达，学生可以接收教学内容，完成课程的学习。通信系统的技术包括

---

① 金一强，鲁文娟. 面向服务的现代远程教育 管理模型及其信息系统模型 [M].广州：华南理工大学出版社，2016：160.

广播电视传播技术、互联网技术、卫星通信技术、光纤通信技术等，其中互联网技术的应用在现代远程教育系统中尤为重要。现代远程教育系统利用先进的传播媒介和通信技术，突破了传统教学模式的限制，实现了从以教师为中心的灌输式教育向以学习者为中心的主动选择式学习的转变。通过通信系统，学习者能够拥有更多的自主权和选择权，可以根据自身需求和兴趣进行学习，充分发挥自己的主观能动性，提高学习效果。现代远程教育管理者在通信系统的运营和管理中需要确保通信系统的稳定运行，及时解决通信故障和问题，保障教学信息的及时传递和交换。

（三）远程教育管理的交互反馈系统

现代远程教育管理中，交互反馈系统是提升现代远程教育系统教学效果的重要工具，它通过不断的交互和反馈，能够促进教学的持续改进。在现代远程教育系统中，交互反馈系统通过智能答疑、网上聊天室、论坛（BBS）、电子邮件（E-mail）、语音交流等具体形式实现。教师和学生可以通过这些方式进行互动，实现信息的双向传递和及时反馈。教师可以了解学生对知识的掌握情况，及时给予指导和建议；学生也可以向教师提问、讨论，获取必要的帮助和支持。交互反馈系统在教育过程中起到了至关重要的作用，通过正反馈和负反馈，教师和学生能够相互了解，及时纠正错误，改进教学和学习方法，提高教学效果。在开放的教育系统中，交互和反馈显得尤为重要，能够促进师生之间的沟通和合作，帮助他们共同完善教学和学习行为。现代远程教育管理者需要重视交互反馈系统的建设和运营，确保其有效地发挥作用。

（四）远程教育管理的学习系统

学习系统是现代远程教育的接收端，包括接收课程信息的设备和学习者。其中，学习者是学习系统的核心，是整个现代远程教育系统中最为活跃的因素。没有学习者，现代远程教育系统的建设就毫无意义。学习者可以根据自己的需要选择合适的接收设备，常用的设备包括计算机、电视机等，它们是学习者获取课程信息、参与学习活动的重要工具。学习者是知识的接收者和应用者，他们通过积极参与学习活动来完成课程任务，提升自己的学习水平和能力。因此，在现代远程教育管理中，管理者要重视学习者的需求和反馈，为他们提供良好的学习环境和支持，激发学习动力，促进学习效果的提升。

二、大数据时代高校远程教育管理系统的设计

现代远程教育管理的核心是远程教育系统。远程教育系统是一个教育资源综合管理的平台，支持教师和学生在网上进行交流，实现了网上教学的开放和互动。远程教育系统采用统一的身份认证和授权管理，确保学生、教师和管理人员能够使用统一的接口进行系统登录，从而确定用户的访问权限和界面，为他们提供个性化的服务。该系统的设计以学生为主要使用对象，以教师为主导，在网络环境下开展教学活动，通过结合自学和互动协作学习，建立灵活多样的教学体系。

（一）大数据时代高校远程教育管理系统的实际需求

1.功能需求

现代远程教育管理涉及多方面的功能分析，包括学校教师、学生和管理员三个主要角色。学校教师在现代远程教育中需要进行教学活动，包括生成和发布课程安排、上传课件，并对学生提出的疑问进行实时或非实时的回复。教师需要查询学生的基本信息、了解学生的学习动态、撰写并发表论文以及登记考勤和分数。此外，教师还需要制作课件、公布作业答案和成绩考评，以确保教学的顺利进行，及时评估学生的学习成果。学生在现代远程教育中拥有重要的功能，他们可以通过系统进行登记并查看信息，参与在线交流或通过论坛进行讨论。此外，学生还能够在线提交课程论文和作业，并下载相关的学习资源，以支持他们的学习活动。系统管理员负责审核和处理新注册用户的请求，以确保系统的安全和稳定运行。管理员还负责对教师和学生账号进行内容管理，为从

事教学的教师提供课程设置等支持，以保证教学活动的正常开展。

2. 性质需求

现代远程教育管理的性质需求是确保远程教育系统在网络环境下能够高效地进行教学管理和在线业务，保障教学活动正常进行的关键。其中，可扩展性、可靠性和易用性是三个至关重要的因素。系统应能够持续更新，以满足不断变化的功能需求和网络业务需求。随着教学模式的不断创新和用户需求的不断演变，系统的功能也需要相应地扩展和更新，因此远程教育系统必须具备良好的可扩展性，以便灵活地适应未来的发展和需求变化。系统必须能够稳定、可靠地完成规定的任务，而不受频繁故障的影响。为了提高系统的可靠性，管理者需要进行合理的系统设计，并与硬件和软件支持环境相协调，以减少系统故障率，并确保在操作时系统的稳定性和可靠性。系统应该对用户友好，使用简单，操作方便，使教师和学生能够轻松地学习和使用系统，而无须经过复杂的培训。

（二）大数据时代高校远程教育管理系统的设计原则

1. 整体性原则

现代远程教育管理应遵循整体性原则，将远程教育系统视为一个整体，强调系统的整体功能大于各部分功能之和。整体性原则强调了系统设计和管理中的整体性和综合性。远程教育系统是一个复杂的教育体系，涉及课程设计、教学资源管理、学生互动等多个方面。在设计和管理远程教育系统时，管理者不能简单地将各个环节孤立地看待，而是需要从整体出发，全面考虑各个环节之间的关系和相互作用。只有将教育环节的各个过程要素统筹规划，以全局观念来协调各要素之间的关系，系统才能达到最优状态，发挥出最大的效益和功能。整体性原则要求管理者应该从整体的角度来审视和规划远程教育系统的运作，而不是仅仅关注其中的局部环节。只有确保各个环节之间的协调和统一，系统才能运作顺畅、高效，并最终达到整体功能大于各部分之和的目标。因此，现代远程教育管理应该始终坚持整体性原则，将远程教育系统作为一个整体来管理和运作。

2. 发展性原则

现代远程教育管理应遵循发展性原则。远程教育系统是一个开放的系统，需要与外界不断交换资源、技术等要素，并随着时间和环境的变化进行持续发展和改进。远程教育系统作为一个开放的系统，它与外界环境的联系和交换是不断变化的。管理者需要通过有效的组织、管理和协调，使系统达到平衡状态，但随着系统运动的变化，可能会出现新的不平衡。因此，一个设计完善的系统应该能够促进远程教育机构的可持续发展。为了实现可持续发展，现代远程教育管理需要不断进行改进和调整。管理者应根据环境和学生的需求，及时调整目标和策略，以提高质量标准和学生满意度，这也是建立质量保证机制的关键和要求。

3. 全员参与原则

现代远程教育管理应遵循全员参与原则，这意味着网络教育系统中的每个角色都会对质量提升起到关键作用。无论是教师、学生、技术人员还是管理人员，他们都需要积极参与质量控制，并达成共识，以确保远程教育的质量得到提高。在现代远程教育管理中，每个部门和层级的人员都应该参与质量控制活动。他们需要共同努力，达成对远程教育质量标准和管理的共识，并将质量观念牢记于心。只有当每个人都具有强烈的质量意识，并积极参与各项质量管理活动时，网络教育的质量水平才能得到提升。因此，现代远程教育管理者需要建立一个全员参与的质量管理体系，鼓励和引导教师、学生、技术人员和管理人员积极参与质量控制活动。

三、大数据时代高校远程教育管理系统的关键技术

现代远程教育管理通过现代教育技术的应用，实现了教育模式的全新突破。与传统教育相比，现代远程教育打破了时间和空间的限制，使学习变得更加灵活，能够让更多人分享优质教育资源。其开放性、交互性、自主性等特点，以及异步性、实时性、大容量等优势，都是现代教育技术的应用所带来的结果。

（一）高校现代远程教育管理系统的数据库技术

数据库技术通过计算机辅助管理数据的方法，实现了数据的获取、组织、存储和处理，为现代远程教育系统打下了坚实的基础。数据库技术主要包括关系数据库、多媒体数据库和万维网（Web）服务等技术。关系数据库是建立在关系数据库模型基础上的数据库，它利用集合代数等概念和方法来处理数据库中的数据。在现代远程教育系统中，关系数据库主要用于学生和教师信息的管理、课程安排和查询、身份认证等方面。通过关系数据库，教育管理者可以高效地管理学生和教师的信息，安排课程并查询相关数据，为教育管理提供可靠的数据支持。多媒体数据库为现代远程教育系统的教学资源管理提供了丰富的支持，它结合了数据库技术和多媒体技术，充分考虑了多媒体数据的存储、组织、使用和管理，实现了多媒体数据之间的交叉调用和融合。在现代远程教育系统中，多媒体数据库主要用于管理包含文本、图像、声音、视频等信息的教学资源，为教师提供了丰富的教学素材，同时为学习者提供了多样化的学习资源选择。Web 服务是一种自包含、自描述和模块化的应用程序，可通过 Web 来发布、定位和调用，为教育管理者和学习者提供更便捷的交互方式。Web 服务技术基于现有的网络技术基础，通过新的协议和标准构建（如 SOAP、WSDL、UDDI），为教育管理系统的开发和运行提供了稳定、可靠的技术支持，同时为远程教育系统的扩展和发展提供了更多可能性。

（二）高校现代远程教育管理系统的现代通信技术

与过去单向传播的广播电视不同，现代远程教育采用双向交互式通信媒体，建立在网络技术、多媒体技术和双向电子通信技术的基础之上，拥有交互性、网络化、实时性、综合性和适应性等特点。现代远程教育的传播方式主要依托计算机网络、卫星通信网络和电信网络，这些网络技术的应用为教育管理者和学习者提供了更加灵活和便捷的交流平台，使教学过程更加互动和个性化。通过现代通信技术，学生可以随时随地获取教育资源，与教师和同学进行交流和互动，从而提高学习效率。管理者可以借助有关技术实现对教学过程的实时监测和管理，促进教学资源的优化配置和教学质量的持续提升。

（三）高校现代远程教育管理系统的计算机网络技术

现代远程教育管理注重计算机网络技术的应用，将通信技术与计算机技术相结合，构建高效的远程教学平台。计算机网络通过物理链路连接各个孤立的工作站并遵循一定的网络协议，形成数据链路，实现了通信和资源的共享。在远程教学中，教师或教育机构将教学内容以超文本方式组织并存储在网络服务器上，学生通过网络传输将教学内容下载到个人计算机上，以浏览教学信息，完成学习任务。这种基于计算机网络的远程教学方法使学生能够在任何时间、任何地点获取教育资源，极大地提高了学习的便捷性和灵活性，常见的数据高速传输网络方式包括光纤分布式数据接口（FDDI）网、异步传输模式（ATM）网、交换式以太网和高速以太网等。

（四）高校现代远程教育管理系统的卫星通信技术

卫星通信技术是现代远程教育系统的重要支柱，可利用人造地球卫星作为中继站来实现地球站之间的通信。此项技术由通信卫星和地球站组成，其中静止通信卫星是比较常用的。静止通信卫星位于赤道上空35 860千米的高度，保持着与地球的同步运行状态。卫星通信技术为远程教育系统提供了全球范围内稳定且高效的通信支持，突破了地域限制，使学生可以在全球范围内接收教学资源。远程教育管理者通过卫星通信技术可以实现教学内容的广泛传播和全球化覆盖，提供便捷的教学平台和学习环境。卫星通信技术的应用不仅促进了远程教育的发展，还为教育管理者提供了更多的管理工具和资源，有助于提高教育资源的整合和共享，推动远程教育的进一步发展和普及。

（五）高校现代远程教育管理系统的电信网络技术

电信网络技术构成了通信系统的基础设施，使各级通信点能够相互连接，实现点对点的信息传播。电信网络由各种通信设备构建，能够为不同地点之间建立可靠的通信连接，为现代远程教育系统提供必要的通信支持。在远程教育中，电信网络为教师和学生之间的交流提供了便利条件，使教学内容能够及时传递和分享。随着技术的不断发展和人们需求的提高，电信网络的功能不断增强，为实现远程教育的全面发展提供了良好的条件。当前，随着信息技术和通信技术的融合，三网融合已经成为通信领域的发展趋势，将进一步推动电信网络技术的创新与发展，为现代远程教育管理带来更多机遇和挑战。

第三节　大数据时代的高校现代远程教育管理类型与教学应用

一、互联网背景下的高校远程教育管理

现代远程教育管理借助互联网的便利，打破了时间和空间的束缚，为学习者提供了全球范围内的教育资源共享平台。学习者可以方便地获取来自世界各地的教育信息和学习资料，也可以将自己的学习成果分享给他人，促进学习资源的共享与交流。互联网为学习者提供了自主、协作和互动的学习方式，激发了学习者的积极性和主动性，使其能够更加灵活地探索和掌握知识。通过互联网，学习者可以参与到教育过程中，自主选择学习内容、与他人讨论交流，实现个性化学习和自主发展。互联网背景下的远程教育管理模式主要有以下几种。

（一）讲授式模式

现代远程教育管理以讲授式教学模式为基础，在互联网的支持下实现了时间和空间上的延伸，为学习者提供了更广泛的学习机会，这种模式可以分为同步讲授型和异步讲授型。同步讲授型远程教学通过互联网，以同步广播的形式向各地的学习者传授知识，教师利用多媒体技术呈现教学内容，使学习者能够在不受地域限制的大课堂中接受教育。这种模式的优势在于通过多媒体方式呈现的教学内容更加生动逼真，能够给予学习者多种感官刺激，提高学习效率。然而，同步讲授型远程教学也存在着一定的挑战，例如，网络连接不稳定可能导致信息传输延迟或中断，影响学习效果。而在异步讲授型远程教学中，学习者可以根据自身需求随时随地获取教学内容。异步讲授型远程教学模式具有灵活性强、适应个性化学习等特点，使学习者能够自主安排学习时间和地点。然而，由于缺乏实时交互，学习者与教师之间的沟通会受到一定的限制，情感交流不够充分，可能影响学习效果。现代远程教育管理通过有效整合资源，优化教学内容，提升技术支持，努力克服各种挑战，以确保教学质量和学习效果。

（二）个别化模式

现代远程教育管理以个性化教学模式为基础，基于认知建构主义学习理论，以学习者为信息加工的主体，通过内部认知结构与外部刺激情境的相互作用，实现个性化学习。在互联网的支持下，个性化教学模式涵盖了多种形式，如基于 Web 服务、E-mail、文件传送（FTP）、远程登录。基于 Web 服务的教学模式为学习者提供了开放且灵活的学习方式，教师可将教学内容编制成超文本标记语言 HTML 或 Java 语言文件，存放在 Web 服务器上，学习者可以根据自己的时间安排和需求，通过网络浏览访问远程服务器，选择所需内容进行学习。此模式使学习者在任何时间、任何地点都能获取教学信息，实现了自主学习的目标。基于 E-mail 的教学模式促进了师生之间的紧密联系与交流，学习者可以通过电子邮件的形式提交作业、提出问题，教师则通过 E-mail 或 BBS 回答学习者的疑问、布置作业、发布信息等。这种双向的沟通方式增强了学习者与教师之间的互动，促进了学习效果的提升。FTP 为学习者提供了高质量的教学资源，教师可将教学内容以 CAI 软件形式存放在网络服务器上，学习者可以利用互联网的 FTP 服务将教学内容下载到本地计算机上进行个性化学习。此模式不受带宽限制，方便学习者获取名校教学资源，提升了学习质量和水平。远程登录为学习者提供了多样化的学习体验，学习者可以通过 Telnet 服务远程登录网络型 CAI 教室，进行学习情境的模拟或在实验室进行远程仿真实验。学习者还可以登录到各大图书馆或教学资源中心，检索和阅读学习资料，此模式丰富了学习者的学习途径，拓展了学习的广度和深度。

（三）交互式模式

基于互联网的交互式学习模式包括实时交互模式和非实时交互模式，为学习者提供了灵活多样的学习方式，丰富了学习体验，提升了学习效果。实时交互式学习模式以网络型 CAI 教学软件为载体，实现了师生之间的实时互动。教师可将教学内容编制成跨平台运行的 CAI 教学软件，学习者可通过互联网运行该软件，随时随地进行实时交互式学习。该模式突破了时间和空间的限制，为学习者提供了高效、便捷的学习途径，提高了学习的灵活性和利用率。非实时交互式学习模式涵盖了多种形式，如基于 E-mail 或电子公告牌系统的交互、文件传输服务、远程登录。学习者可以通过浏览 Web 页面进行学习，同时通过 E-mail 或 BBS 提出问题并获得解答，实现与教师之间的异地交流和互动。此外，学习者还可利用 FTP 服务下载教学软件进行个性化学习，或通过 Telnet 服务进行远程仿真实验。交互式学习模式的优势在于它促进了学习者的积极参与和深度思考，提高了学习的质量和效果。学习者通过与教师和同学的互动，可以及时获取反馈、解决问题，激发学习的兴趣和动力，培养自主学习能力和团队合作精神。交互式学习模式也为教师提供了更多的教学手段和资源，教师可以根据学习者的实际情况和需求进行个性化教学，提高了教学的针对性和灵活性。然而，交互式学习模式也面临着一些挑战和限制。例如，实时交互模式可能受到网络延迟和带宽限制的影响，导致学习的流畅度和效率降低；非实时交互模式中，学习者可能缺乏面对面的交流和互动，导致学习的孤立性和局限性。因此，现代远程教育管理者需要不断优化教学平台和技术设施，提升网络通信的稳定性和速度，以确保交互式学习模式的顺利实施和有效运行。

（四）协同讨论模式

协同学习环境的引入为远程教育带来了新的发展机遇，基于计算机支持的协同工作技术（CSCW）的应用使远程学习者可以在网络平台上实现协作学习，克服了空间和时间上的限制。在协同学习模式下，学习者之间可以进行实时互动和知识分享，共同探讨问题、解决问题，实现"众人拾柴火焰高"的效果。学习者通过视频会议系统等电信通信网络，可以进行文字交流，还可以进行面对面的视频会议，提高了沟通效果和学习体验。此种交互式的协作学习模式能够促进学习者之间的相互理解和启发，还能够培养学习者的团队合作能力和解决问题的能力，提高了学习者的综合素养和学习效果。协同讨论学习模式的实施离不开现代远程教育管理者的有效指导和支持，管理者需要倡导学习者之间的相互合作和协作精神，提供适当的技术平台和资源支持，组织专门的学习小组和讨论会议，引导学习者积极参与到协同学习中。同时，管理者需要对协同学习模式进行评估和调整，根据学习者的反馈和实际效果，及时优化教学设计和组织形式，确保协同学习模式的有效实施和持续发展。

二、基于卫星电视的高校远程教育管理

卫星电视网作为全国规模较大的信息传输网络，具有宽带传输的特点，能够有效传播大量的教育内容。学习者可以通过卫星电视清晰地观看专家授课的情境，仿佛置身课堂，可借助面对面的学习体验提高学习效果和参与度。现代远程教育管理者需要充分利用卫星电视网络，为广

大学习者提供高质量的教育资源和服务。管理者可以通过卫星电视网定期播放专家讲座、教学课程等内容，满足不同学习者的学习需求。管理者还可以利用卫星电视网组织教学活动、举办教育培训等，促进教育资源的共享和交流，推动远程教育的发展和普及。现代远程教育管理者还应加强对卫星电视教育的监管和评估，确保传播内容的质量和准确性，提高教育服务的水平和效果。

三、基于电信通信网的高校远程教育管理

电信通信网作为远程教育的关键基础设施之一，为学习者提供了多种数字化学习方式，包括单向讲授模式、个性化交互式学习模式和协同讨论式学习模式等。单向讲授模式通过实时或非实时的方式，将教师的讲课内容传输给多个学习者。在实时讲授模式下，教师通过直播方式进行教学，学习者可以在不同的学习中心接收实时的教学内容。而在非实时讲授模式下，可以提前录制教学内容，并通过广播或下载的方式让学习者在自己选择的时间内进行学习。个性化交互式学习模式是基于电信通信网的另一种重要教学方式，此模式通过点对点的单向或双向信息交换系统，让学习者可以自主地浏览、检索学习信息，并进行个性化的学习。学习者可以通过拨号上网的方式，下载学习内容或软件，然后在计算机上进行个性化交互式学习。此模式强调学习者的主动性和个性化需求，有助于提高学习效果和学习动力。协同讨论式学习模式是基于电信通信网的一种互动性教学方式，其中视频会议系统是比较典型的应用之一。通过视频会议系统，教师和学习者之间可以进行实时的面对面交流和讨论，共同探讨学习问题和解决方案。此模式可以提高学习者的参与度和互动性，还可以促进学习者之间的合作，培养个人的团队精神和沟通能力。

四、基于有线电视网的高校远程教育管理

有线电视作为一种覆盖范围广泛、信息传输速度快的传媒平台，为远程教育提供了丰富的资源和良好的传播条件。结合不同的模式和技术

手段，有线电视网可以实现单向广播讲授、单向数据广播、视频点播和个性化交互式学习等多种教学形式，为学习者提供多样化的学习途径和灵活的学习方式。在当前，中国拥有约 3 亿台电视机，遍布于各个城市、乡村和边远山区。一些地区的有线电视联网正在形成，这为利用电视媒体进行远程教育提供了良好的条件。单向广播讲授模式是传统的教学模式之一，类似无线电视播放的教育节目。数字压缩技术和数字调制技术的进步使原本只能传送一套模拟电视频道的带宽现在能够传送多套教学电视节目，增大了效费比，同时保证了图像质量。单向数据广播模式通过数据广播频道或利用电视广播的消隐期，为学习者提供多媒体信息（包括学习信息、多媒体 CAI 课件及其他学习资料）。该模式数据传输率高，传输信息量大。视频点播是一种双向选择式播放的电视节目，学习者可以根据自己的时间安排和学习需要主动选择所需的电视节目，体现了一定的交互性。然而，视频点播需要更多的频带资源和复杂的设备，目前仅在一些经济发达的地区进行试验。个性化交互式学习模式则充分利用了有线电视网的宽带传输特点，学习者可以通过数据广播或点到点通信服务下载学习内容、多媒体课件等，方便学习时使用。

　　同一种教学模式可以通过不同的网络来实施。如何合理选用网络或网络组合，既能支持远程教育模式，又能充分利用频带资源，是一个技术途径优化问题。为了满足不同远程教育模式的要求，各种不同的网络需要相互取长补短，优化组合并适时连接，构成一个由互联网、卫星电视网、电信通信网、有线电视网和邮政发行网集成的综合远程教育网络。在选择教学模式和网络时，管理者应考虑地域特点、学习者的需求和教学资源等因素。单向广播讲授型教学模式以卫星电视网和有线电视网最为合适，因为它们具有宽带传输、图像清晰、形象逼真的特点。对于要求覆盖地域广的网络，应采用卫星电视网，这样虽然投入大，但服务范围广，会有较高的性价比。

第八章　人工智能技术下高校教育管理模式的改革

第一节　高校教育管理模式的发展现状及改革内容

一、当代高校教育管理模式的基础现状分析

高校在现代远程教育管理中必须不断更新教育管理模式，以适应行业对人才的需求变化，不断革新教育管理理念，创新教育管理方法，并建立当代大学生管理制度。高校应积极探索在学科设置、专业结构调整、师资建设和教学方法创新等方面的改革，以提高教育质量和管理效率。特别是在远程教育领域，高校需要加强供给侧结构性改革，为远程教育提供更加适合现代需求的课程和教学资源。

教育的目的不仅是简单地传授知识，更重要的是培养学生的综合素养和人格品质。然而，在传统的教育管理模式下，很多时候教师在管理学生时会感到力不从心，因为传统的管理方法已经无法满足当下教育管理的实际需求。随着人工智能时代的到来，社会环境变得越来越复杂，学生面临的挑战也日益增加。作为国家未来发展的栋梁，高校大学生除了需要不断学习新知识，还需要提高自身的能力，尤其是在明辨是非和自我约束方面。然而，当代高校学生面临着各种不良诱惑，这要求高校必须正确看待教育管理工作，将其作为高校发展的重点，帮助学生养成

良好的学习和生活习惯，引导学生树立正确的人生观、价值观和世界观。只有通过教育管理，学生才能够发现问题、解决问题，始终保持清醒的头脑，从而更加健康地成长。

随着高校扩招政策的实施，各大高校的招生数量大幅度增加，这为高校的发展奠定了基础，同时给教育管理工作带来了巨大挑战。学生数量的迅速增加加大了教育管理工作的难度，而一些高校并没有完善教育管理制度，导致管理工作面临困难。另外，缺乏高质量的高校教育管理队伍也是当前教育管理面临的问题之一。高校教育管理需要高素质、专业的管理人员全程参与，才能取得良好的效果。因此，除了制定有效的教育管理制度，高校还需要建设一支高水平的教育管理队伍。在过去，高校教育管理往往被看作行政管理，忽视了教师和学生的个性特征和情感需求。因此，教育管理内容缺乏创新，教学计划、教材选用、教学方法等都缺乏差异化和个性化，影响了教师水平的提高和学生能力的培养。

二、人工智能技术下高校教育管理模式的改革内容

（一）强化教师教育管理的观念

教师是高校教育管理工作中十分重要的群体，他们不仅要在课堂上为学生传授知识，还扮演着学生成长道路上的导师和引路人的角色。因此，要想对当前应用型高校教育管理模式有所突破，管理者就必须从教师群体入手，通过改变教师的观念，实现对教育管理模式的创新。教师的观念的改变需要与当前高校教育的实际情况相结合，不能脱离实际、空想虚构。尤其对教师团体而言，他们应该发挥积极的引导作用，对学生进行良好的培养和示范。教师要注重对学生的人文关怀，实施"以人为本"的教育管理方式。通过秉持"以人为本"的理念，满足学生的人文关怀需求。这样，学生在高校学习的过程中不仅可以获得知识上的丰盈，还能够在内心及情感上得到完善，树立正确的价值导向。对于教师来说，人文关怀不仅包括对学生的关注和照顾，还包括对学生内心世界

的理解和尊重。人文关怀能够增进师生之间的情感联系，激发学生的学习热情和创造力。因此，教师应该在教学过程中注重培养学生的人文素养，关注学生的情感需求，引导学生培养积极向上的精神。教师还应该注重学生的个性发展和价值观塑造，以多样化的教学方法和个性化的辅导服务，帮助学生发掘自己的优势和潜力，引导学生树立正确的人生观和价值观。如此，教师才能真正发挥出教育管理中的引领和示范作用，为学生的全面发展提供支持和指导。因此，现代远程教育管理需要教师不断提升自身的教育理念和专业素养，注重学生的人文关怀，积极探索"以人为本"的管理方式，为学生的成长和发展创造良好的环境和条件。

现代远程教育管理必须将"以人为本"的理念融入教学管理的方方面面，这种理念与新课标所提倡的"以学生为主体"的概念相契合，关注学生的教育需求和发展需求。建立以学生为中心的服务体系可以更好地促进学生的全面发展，推动教育管理模式的创新。在现代远程教育管理中，"以学生为主体"意味着将学生置于教育管理的核心位置，要求教育管理者更加关注学生的个体差异和需求特点，提供多样化、个性化的教学服务。管理者可以使用现代科技手段（如个性化学习平台和智能化辅助工具），根据学生的学习风格和水平特点，为学生量身定制教学内容和学习计划，从而提高学生的学习积极性和学习效果。除了个性化教学服务，"以学生为主体"还需要注重学生的参与度和主动性。现代远程教育管理需要为学生提供更多的参与学习的机会和平台，鼓励学生积极参与到课程设计、教学评价和学校管理中来。建立学生代表制度和学生自治组织，可以让学生参与到学校的决策过程中，增强学生的责任感和主人翁意识，培养其独立思考和解决问题的能力。另外，"以学生为主体"也意味着要关注学生的全面发展。现代远程教育管理不仅要关注学生的学术能力，还要注重培养学生的综合素质和社会能力。开展丰富多彩的课外活动和社会实践项目，可以帮助学生发展其领导能力、团队合作能力和社会责任感，从而培养出全面发展的优秀人才。

在应用型高校教育管理模式的创新中，以学生为主体的理念至关重要。管理者只有将学生置于教育管理的中心位置，充分关注学生的需求和发展，才能真正实现教育管理模式的创新和高校人才的培养目标。因此，现代远程教育管理必须坚持"以人为本"的理念，为高校的教育机制和管理机制的升级提供有力支撑，为培养应用型高校人才奠定坚实基础。

（二）树立科学的管理目标

高校教育管理模式的创新研究必须明确目标，才能确保每个阶段都有具体行动。高校应将以学生为主体作为教学阶段的基础目标，并在不同阶段持续践行这一理念。在现代远程教育管理中，树立管理目标意味着将学生的全面发展作为教育管理的核心任务。从教学开始到结业，每个阶段都应设立明确的目标，促进学生的全面发展。高校教育管理的目标应该与学生的发展需求相契合，管理者可通过设立阶段性目标，制定符合学生发展路线的管理策略。这种阶段性目标的设立能够真正将学生置于教育管理的核心地位，不断调整教学管理目标，以满足不同阶段学生的发展需求。在应用型高校教育管理模式的创新中，定期设立和调整管理目标是至关重要的。教育管理者应该根据学生的实际情况和发展需求，制定适合不同阶段的教育目标，不断完善和调整教学管理策略。管理者只有根据阶段性目标，不断贴合实际情况进行教育管理模式的创新，才能真正实现教育管理的时效性和有效性。基于阶段性目标的高校教育管理模式能够更好地服务于学生的全面发展，真正实现教育管理的创新和提升。因此，现代远程教育管理必须将树立管理目标作为重要环节，通过设立清晰的目标，不断完善和调整管理策略，促进教育管理模式的创新和提升。管理者只有将学生的全面发展作为管理目标，不断调整教学管理策略，才能在每个阶段都有所作为，真正实现现代远程教育管理的目标和使命。

（三）全面落实高校教育管理行动

现代远程教育管理的核心在于将管理理念付诸实践，而在应用型高校教育管理模式的创新中，落实管理行动显得尤为重要。一旦教师的教育管理观念得到提升，高校就应积极行动起来，重视对学生干部和学校核心力量的管理与培养，以确保教育管理水平的提高。教育管理是立足培养之上的，只有建立严格的教育基础，才能够方便高校的教育管理。所谓"行动养成习惯，习惯养成性格，性格决定命运"，因此高校必须注重打好学生的教育基础，只有如此，学生才能够在学习和生活中养成良好的习惯。通过良好习惯的养成和坚持，学生能够更积极地面对学习和生活。教育管理的落实行动尤为关键，特别是对于学生来说，习惯需要经过长时间的培养。因此，高校必须通过不断落实教育管理方案，建立规范的管理制度和奖惩机制，对学生进行认真的评估和规范，以促进学生良好的学习和生活习惯的养成。高校教育管理工作是一门艺术，需要将管理行动做到最好。高校只有通过不断的行动，才能够保障学生的学习和生活，通过教育管理制度对课堂教学工作进行监督，促进学生的全面发展。

（四）改变高校教育管理的思想

现代远程教育管理的发展离不开高校教育管理思想的转变，这种思想转变是推动教育管理模式从传统走向现代的基础和动力。在当今人工智能时代，这一转变显得尤为迫切和重要。人工智能时代为高校教育管理人员提供了更加宽广的自由创新空间，自由创新的空间使管理者可以获得更大的创造空间，并且使他们可以从更广泛的管理经验和方法中汲取有利于高校素质教育发展的策略，能够提升自身的工作效率和管理水平，为教育管理模式的更新和转变提供理论支持和实践基础。人工智能时代为高校领导及普通管理人员创设了更加轻松、活跃的管理环境，促使整个学校都能以发展的眼光看待管理模式的变化，并主动适应当下的信息化管理模式，轻松、活跃的氛围为实现高校素质教育管理的科学化和规范化提供了重要的环境保障。在活跃的舆论思想环境下，高校管理者能够更好地认识到教育管理模式的重要性，从而积极地探索和实践创新的管理理念和方法。只有在积极、活跃的思想氛围中，高校教育管理模式才能真正实现创新，为学生的全面发展和教育质量的提升奠定坚实基础。因此，在现代远程教育管理的发展中，高校管理者需要不断更新教育管理思想，积极应对人工智能时代的挑战和机遇，推动教育管理模式向现代化、科学化、规范化的方向发展。

（五）高校教育管理方式的信息化转型

　　教育管理方法的科学运用和创新是推动高校素质化教育发展的关键，而信息化成为这一过程中的重要支撑和动力。教育管理方法的创新需要打破传统的固定化教学模式，过去的教育管理往往受到固有的模式和垂直化的管理方式的束缚，导致了管理的僵化和局限性。现代远程教育管理要求通过有效的沟通和协调，打破这种束缚，共同制定教育管理的目标、内容和方法，实现教育管理目标的具体化和可行性。教育管理方法的创新要求管理者跳出传统的管理思维，运用信息化手段使教育管理更加科学、灵活和有效。信息时代的到来给教育管理方式带来了巨大的改变，利用互联网和大数据技术，教育管理可以更加精细化和个性化。创建高校信息化管理平台可以科学地获取学生、教师以及其他方面管理信息，并通过大数据系统对这些信息进行加工和分析，可以节约管理时间、提升管理效率，还可以实现管理质量的飞速提升。例如，通过学生的学习数据和行为信息，高校可以进行个性化的学习推荐和指导；通过教师的教学数据和评价信息，高校可以进行精准的教学辅导和评估。

　　在信息化的背景下，高校不仅是信息的拥有者，还是信息的提供者，各类信息资源的开放有利于高校教育质量的提升。高效率的书籍借阅管理、学籍成绩管理以及选课系统的发展，都为高校的常规管理提供了有力保障。教育管理的信息化还能够促进师生之间的互动和交流，增强学校与社会的联系和合作，推动教育管理模式的创新和发展。因此，信息化教育管理方法的运用和创新对于现代远程教育管理来说至关重要。高校只有充分利用信息化手段，不断优化教育管理方法，才能够推动素质教育的发展，实现教育管理模式的现代化和科学化。

第二节　人工智能技术下高校教育管理模式改革的基本理念

一、提升对高校教育管理工作的认知

国内高校在发展中必须深刻认识到教育管理工作的重要性，仅仅依赖扩大生源来提升竞争力已经无法满足当下的时代发展要求，特别是在信息时代的背景下。相比于数量，高校生源的质量更为关键。高校作为独特的教育环境，其使命不仅在于传授知识，更在于培养学生的社会责任感和历史使命感。[①] 因此，教育管理的目标之一就是帮助学生认清自己的社会责任和历史使命，激励他们积极学习，不断提升自我，为未来的挑战做好充分准备。现代高校必须改变仅仅追求数量的教育模式，注重提高教育的质量。在当今信息时代，高校的使命不仅要关注学生的学习，更要塑造他们成为对社会有用的人才。因此，教育管理需要更多地关注学生的综合素质和社会责任感的培养，而不仅仅是传授知识和技能。高校管理者应该明白，扩大生源虽然能够提升学校的知名度和竞争力，但真正的竞争优势在于培养优秀的毕业生，使他们能够为社会做出积极的贡献。因此，教育管理的目标不应该局限于课堂内外的教学活动，更应该关注学生的思想品德和社会责任感的培养。高校教育管理的重要性

---

① 张伟，丁彦.基于人工智能视角的高校教育管理与信息化教学研究[M].北京：北京工业大学出版社，2021：163.

不仅体现在学生的个人发展上，还会影响整个社会的发展。一个优秀的高校教育管理体系能够培养出更多的社会精英和领袖人才，推动社会的进步和发展。

二、强化高校教育管理师资队伍的建设工作

高校学生管理的师资力量是学校教育管理的重要组成部分。师资队伍主要由两类人员组成：一是院系专职学生管理工作的辅导员，他们专注于学生的生活和成长，提供各种形式的辅导和帮助；二是一些既从事正常教学又负责学生管理工作的教师，他们承担着双重的工作任务，是学校管理中的关键力量。这些教师工作在第一线，与学生密切接触，他们不仅需要掌握丰富的管理知识和技能，还需要不断提升自身的修养和素质。优秀的教师团队对于教育管理模式的改革和创新至关重要，教师是学生的引路人和榜样。在日常的学生管理中，教师的言行举止都会对学生产生潜移默化的影响，因此教师的作用不可忽视。一个团结、专业、充满活力的教师队伍是推动教育管理模式不断进步的关键所在，教师的教育理念和工作态度将直接影响学生的成长和发展。

教育管理的目的并非将学生束缚在严格的规章制度中，而是在学生自由成长的同时，给予他们必要的引导和支持。教育管理应该是一种启发和提醒。在学生面临可能犯错的情况时，及时敲响警钟，让学生意识到错误并及时调整，正是教育管理的真正价值所在。改革教育管理模式的关键在于尊重学生的主体地位，这意味着在管理过程中既要体现管理者的权威性，又不能给学生带来过大的心理压力，以保障学生的身心健康。为实现这一目标，高校需要采取一系列措施：第一，高校应提升教育管理人员的职业素养，加强培训和引导，使其具备更高水平的管理技能和情商；第二，高校应建立有效的监督机制，确保教育管理工作的有序开展，及时发现和解决问题，保障管理工作的高效性和公正性。教育管理不是一味地限制学生的行为，而是在维护管理秩序的同时，激发学生的内在动力和潜能。

三、逐步规范高校教育管理的制度

为适应当今教育形势、满足社会需求，高校迫切需要引入现代科学管理制度，从而规范和优化教育管理体系。这意味着高校应当积极借鉴成功的管理经验，建立科学合理、层次分明、职责明确的管理体制，以此来提高教育管理的效率和水平。在新的管理体制中，高校首先需要明确教师的管理职责和范围，让教师了解自己的任务和责任，从而更好地发挥教育管理的作用。高校还需要保障学生的合法权益，贯彻平等原则，创造一个更加公正、公平的学习环境。这样的管理制度有利于高校教育的全面发展，也能够为学生成长提供更好的保障和支持。教育改革既是挑战也是机遇，对于高校教师来说，了解新时期大学生的特点，并在教育体制的改革中创新学生管理方法，将会极大地提高他们的管理水平。

在信息化时代的今天，完善的教育管理制度不仅是高校教育管理工作的基础，也是学生成长的迫切需求。在此过程中，人工智能技术和信息化手段的运用愈发重要，为教育管理带来了新的可能性和挑战。完善的教育管理制度应当充分融合人工智能技术，以提升管理效率和水平。人工智能技术的应用可以实现教育管理工作的智能化、自动化，减少人力资源的浪费，提高工作效率。例如，高校可利用智能算法和数据分析技术，对学生的学习情况、行为习惯进行精准分析，为个性化教育和管理提供数据支持。信息化时代要求教育管理制度始终与教育的初衷相符，这意味着高校在制定教育管理制度时，要充分考虑学生的个体差异和成长需求，确保在教育管理的过程中不损害学生的利益和权益。教育管理人员也需要尊重学生，从学生的角度出发，建立一种互信、互敬的教育管理关系。在这一过程中，借鉴其他学校的教育管理制度并不是一成不变地照搬，而是要灵活运用，取其精华，去其糟粕，有选择地汲取营养，以满足本校的实际需求和特点。信息化时代提供了丰富的信息资源和交流平台，教育管理人员可以通过网络平台、学术交流等渠道，及时了解其他学校的成功经验和教训，从而不断完善和优化本校的教育管理制度。

四、以开放的态度面对学生自我发展意识

在信息化时代，高校教育管理面临着新的挑战和机遇。其中，采取开放的态度对待学生的自我发展意识是一项重要而复杂的任务。现代高校必须理解并尊重学生的独立性、主体性以及自我发展的需求和动力。借助人工智能技术，高校可以更好地理解学生的自我发展需求。通过智能数据分析和机器学习算法，高校管理者可以更准确地了解学生的心理状态、兴趣爱好、学习习惯等信息。这种数据驱动的管理方式使教育管理更加科学化和个性化，有助于更好地满足学生的个性化需求。信息化时代要求高校采取开放的态度对待学生的自我发展意识，传统的教育管理模式往往是单向的、僵化的，而现代教育管理应当是开放的、互动的。高校教师和管理者应该倾听学生的心声，尊重学生的意见和观点，与学生建立平等、开放的沟通渠道。高校管理者通过与学生的良好互动，可以更好地了解学生的需求和期待，从而更好地开展教育管理工作。在教育管理中，尊重学生意味着深入了解学生的心理特点和成长需求。现代大学生是具有一定独立性和自我判断能力的社会群体，他们需要被尊重和理解，而不是被过度干预和指责。教师应该欣赏学生的独特思维和行为风格，鼓励学生发挥个人潜力，积极参与社会实践和创新活动。通过给予学生更多的自主权和选择权，高校可以激发学生的创造性和创新精神，促进学生更全面地成长和发展。信息化时代的教育管理需要建立在对学生独立性和主体性的充分尊重之上，高校只有与学生建立平等、开放、互动的关系，倾听他们的心声，理解他们的需求，才能更好地实现教育管理的目标，引导学生健康成长，推动教育的发展。开放的管理态度能够促进学生的自我发展意识，也将为高校教育管理带来更广阔的发展空间。

五、重视大学生的自主管理

现代社会的发展使知识获取和信息交流更加便捷，也加速了文化

的交流和碰撞，对大学生的价值观念产生了深远影响。因此，建立平等对话平台，促进教师与学生之间的民主交流，成为引导学生正确成长的关键所在。借助智能算法和数据分析，高校可以为学生和教师提供一个公正、透明、高效的交流平台。结合在线论坛、即时通信工具等技术手段，学生可以更加自由地表达自己的想法和观点，而教师也能够更好地了解学生的需求和困惑。这种互动式的交流模式不仅有助于促进教师与学生之间的沟通，还能够激发学生的思维活跃性和创造性，培养其民主意识和自主管理能力。信息化时代的社会背景要求教育管理者更加注重民主交流和教师示范的作用，传统的行政命令式管理已经不再适用于现代高校教育管理，高校需要通过民主的交流探讨和教师的示范教导来引导学生的成长。教师作为学生的引路人，应该以身作则，通过自身的言行来树立良好的榜样，引导学生树立正确的价值观和行为准则。教师应该以平等对话的方式与学生交流，倾听他们的声音，了解他们的需求，从而更好地引导他们的成长。在平等的对话平台上，学生有更多的机会展示自我，表达自己的想法和观点。这不仅有助于学生建立自信心，提升沟通能力，还能够培养学生的民主意识和自主管理能力。

在信息化时代，培养大学生的自主意识和增强学生的自主学习及生活能力是高校教育管理的重要任务之一。充分利用学生干部的带头作用，可促使学生逐步实现自我管理，自我解决问题，减少对家庭和学校的依赖心理，从而挖掘和发展大学生的自我潜能，培养全面发展的新时期大学生。学校通过智能化的数据分析和管理系统，可以更好地了解学生的需求和问题，为学生提供个性化的服务和指导。例如，利用智能化的学生信息管理系统，学校可以及时掌握学生的学习情况、生活状况和心理状态，从而有针对性地开展学生管理工作；通过智能化的学生评价系统，学校可以更加客观地评估学生的进步，为其提供精准的指导。这种个性化、智能化的管理方式能够有效地激发学生的学习和生活动力，培养自主学习和自主生活的能力。此外，信息化时代也为学校提供了更多的管理工具和资源。通过建设信息化管理平台，学校可以更加高效地管理教育资源和人力资源，提高教育管理的效率和水平。例如，利用信息化管理平台，学校可以实现学生信息的集中管理和共享，提高信息的利用率和安全性，还可以通过信息化平台开展在线教育和学习，为学生提供更加便捷和灵活的学习方式，满足不同学生的学习需求和兴趣。这种信息化的管理模式可以为学校提供更好的管理服务，还可以为学生提供更加丰富多样的学习资源和机会，促进学生的全面发展和成长。然而，要实现信息化时代的教育管理，教育管理者需要不断推陈出新，引入先进的管理理念和技术手段。只有积极探索和应用信息化技术，建设适合本校教育事业发展的信息化管理平台，高校教育管理才能更好地满足教育事业发展的需求，提高教育管理的效率和水平。

高校教育管理与每个在校大学生的切身利益息息相关，在信息化时代，学生不仅是被管理的对象，也是教育管理的监督者。他们应该积极参与教育管理，及时反馈问题，为提高教育管理质量做出贡献。学校可以根据智能化的数据分析和管理系统，更加全面地了解学生的需求和问题。例如，利用智能化的学生信息管理系统，学校可以实时获取学生的反馈和意见，及时解决学生的问题，提高教育管理的响应速度和效率；通过智能化的学生评价系统，学校可以更加客观地评估教育管理的效果，及时调整管理策略，提高教育管理的质量和水平。在教育管理工作中，辅导员或班主任起着至关重要的作用。他们与学生的交流更频繁，能够更好地了解学生的需求和问题，及时进行指导和帮助。通过建设信息化的辅导员管理平台，学校可以更好地协调和管理辅导员的工作，提高教育管理的针对性和有效性。例如，利用信息化平台，辅导员可以实时跟踪学生的学习和生活情况，及时发现并解决问题，提供个性化的辅导和支持。此外，学校还可以通过建设信息化的学生自治平台，培养学生的自主意识和管理能力。通过参与自治平台的建设和管理，学生可以更好地锻炼自己的组织能力和团队合作精神，培养自主学习和自主生活的能力。

第三节　人工智能技术下高校教育管理模式改革的基本途径

一、加快高校教育管理的信息化平台建设工作

随着人工智能技术的不断创新，校园教育管理信息化平台正逐步成为高校教育管理的核心系统。该平台的建设意味着教育管理的数字化转型，更是为了提高管理效率、强化管理能力、改善管理体验而展开的努力。在这一平台上，通过整合先进的计算机和互联网技术，高校可以实现对教育资源的全面覆盖和统一管理，为学生、教师和管理人员提供便捷的信息查询和管理服务。

校园教育管理信息化平台的建设使在校师生与管理人员之间的联系更加紧密。通过这种全面覆盖的校园网络，学生、教师和管理人员可以随时随地通过登录平台进行信息交流和数据查询，实现了教育资源的共享与互通。这种高效的沟通与协作机制加强了学校内部各部门之间的联系，也为教育管理工作的协同进行提供了有力支撑。校园教育管理信息化平台为在校师生提供了全方位的服务，学生可以通过平台方便地查询课程信息、学习资料和成绩情况，实现个性化学习的管理；教师可以利用平台进行课程设计、作业布置和学生评价，提高教学质量和效率。这种个性化与定制化的服务有助于激发学生的学习兴趣，提高学习积极性，推动教育质量的不断提升。校园教育管理信息化平台还为教育管理工作提供了科学、可靠的数据支撑，通过收集、分析和挖掘平台上的大数据，学校可以更加准确地了解学生的学习情况和需求，为教育管理工作提供科学决策的依据。例如，通过分析学生的学习行为和成绩数据，学校可以及时发现学生存在的问题和困难，采取针对性的措施进行帮助和指导，提高学生的学习效果和成绩水平。

二、建立高校信息素养教育管理团队

在信息化时代，高校教育管理模式的改革和创新已成为当务之急。除了优化硬件设施，高校应组建高信息素养的教育管理团队。这类团队需要具备丰富的教育管理知识，同时具备高水平的信息技术运用能力。在人工智能技术的支持下，这些团队能够更有效地利用数据分析、智能决策等技术手段，优化教育管理流程，提升管理效率和质量。通过软件环境的支持，管理团队能够更便捷地获取和处理管理信息，及时响应各类管理需求，为高校教育管理的持续改进和发展提供坚实的保障。因此，构建高信息素养的教育管理团队不仅是满足当前管理需求的需要，更是适应信息化时代发展的必然选择。

构建高信息素养的教育管理团队成为推动教育管理模式向前发展的关键举措，这类团队的建设需要集中力量，整合现有的教师资源，确保教育管理工作的顺利进行。高校应当在人才招聘上注重引进具有良好信息素养的技术人才，他们要具备扎实的专业知识，熟悉信息技术的应用，能够灵活运用人工智能技术进行数据分析和决策支持。通过招聘这样的人才，高校可以为教育管理团队注入新的活力和动力，提升管理水平和效率。高校需要对现有的管理人员进行信息素养和信息技术的培训，结合专业化的培训课程，提高管理人员的信息技术水平和处理能力，使他们能够满足信息化时代的管理需求。这种培训应当注重实用性和针对性，结合实际工作情况，让管理人员能够快速掌握新技术，灵活运用于日常管理工作中。教育管理团队的建设还需要注重团队的协作和配合。高校应当建立良好的团队合作机制，营造积极向上的工作氛围，促进团队成员之间的沟通和协作。只有团结一致、共同努力，高校教育管理工作才能持续发展与进步。

三、完善高校教育管理的制度

在信息化时代，传统的教育管理模式已经显得力不从心，尤其是面对人工智能技术的快速发展。因此，为了确保教育事业的持续发展，高校需要对现有的教育管理制度进行完善，并加强管理力度，这样的改革与创新是适应时代发展的必然选择。教育管理制度的完善是改革的重中之重，高校需要审视现有的管理制度，及时发现其中存在的不足，并针对性地进行修订和完善。在信息化时代，教育管理制度需要更加灵活、透明和高效，以应对日益复杂的管理需求。高校可以借助人工智能技术建立智能化的管理系统，实现信息的快速处理和智能决策，提升管理效率和水平。高校应当加强对管理人员的培训与引导，提高他们的管理能力和素养，同时要加强对教育管理工作的监督与评估，建立绩效考核机制，激励管理人员积极投入教育管理工作中，推动管理工作的持续改进和提升。

高校在信息化时代的发展趋势中，必须根据自身教育管理的实际情况，制定一套符合管理要求的全方位教育管理制度。该制度能够提高教育管理部门的工作效率，并约束管理人员的工作行为，为学生管理和学校事务管理提供便利，同时加强学生与管理人员之间的有效交流与沟通。在信息化时代，教育管理制度的完善可以规范教育管理的每一个改革与创新设想，并促成教育管理目标的实现。例如，借助人工智能技术，高校可以建立智能化的管理系统，实现教育管理信息的快速处理和智能决策。通过信息化手段，学校可以更加高效地管理学生信息、课程安排、教学资源等，从而提高教育管理的整体水平。此外，教育管理制度的完善也有助于规范管理行为，防止出现管理失误和腐败现象。通过明确的制度和约束措施，高校可以有效地规范管理人员的工作行为，提升管理的透明度和公正性，确保教育管理工作的公平与效率。

四、实施多元化的高校教育管理方式

高校教育管理模式的改革与创新势在必行，在此过程中，高校应采用多元化的教育管理方法。针对管理硬件，高校需要加大投入，尽快建设教育管理信息化平台，以提高管理效率。信息化平台不仅能够整合校园资源，提供便捷的服务，还可以通过数据分析和智能算法实现管理决策的科学化和精准化。例如，借助人工智能技术，高校可以开发智能教务系统，该系统可以帮助学校自动排课、监测学生的学习进度，从而提高教育资源的利用效率和学生的学习体验。在软件层面，高校需要注重多元化的教育管理方法的合理选择与灵活应用，积极引入先进的教育管理方法，摒弃落后的管理方式。现代化、实用化的管理方法能够促进管理者与被管理者之间的有效沟通，提高管理效率和管理水平。例如，采用项目管理和团队协作的方法，高校可以更好地组织和管理教育项目，实现资源优化和协同办学。高校教育管理模式的改革与创新要充分利用互联网技术，实现全员参与。通过在线平台，学生、教师和管理人员可以实时交流、提出合理化建议，并参与决策过程，使管理工作更加民主化和透明化。这种开放式的管理模式能够凝聚全校师生的智慧和力量，促进教育管理工作的持续改进和创新。高校还可以充分利用智能化工具和技术，提升教育管理的效率和质量。例如，高校可以利用智能辅助工具对管理数据进行分析和挖掘，发现问题和趋势，为管理决策提供科学依据；可以利用智能监控系统对校园安全和学生行为进行实时监测，及时预警和处理潜在风险，提高校园管理的水平和效率。

五、强化高校教育管理的反馈

高校教育管理模式的改革与创新是一项长期且持续的工作，需要高校教育管理人员在日常工作中不断积累经验，主动发现和解决问题。这意味着他们需要不断地审视现有的管理模式，发现其中存在的不足，并及时采取有效的措施加以解决。教育管理人员应该从实践中积累经验，深入了解教育管理的本质和要求。在参与各项管理工作时，他们可以逐步领悟到教育管理的复杂性和重要性，发现其中的问题和矛盾，并寻找解决之道。在此过程中，他们需要不断学习和成长，不断提升自己的管理水平和能力。教育管理人员应该注重团队合作和经验分享。在日常工作中，他们可以与同事进行交流和讨论，分享彼此的经验和见解，共同探讨解决问题的方法和策略。团队的力量可以更好地发现和解决教育管理中的各种问题，推动管理模式的改革与创新。另外，教育管理人员应该保持开放的心态，不断接受新的理念和观念。随着时代的变迁和科技的发展，教育管理也在不断演进和变化。因此，教育管理人员应该积极关注教育管理领域的新理念和新技术，不断学习和探索，及时引入和应用新的管理方法和工具，以提高教育管理的效率和质量。

教育管理人员应当善用教育管理信息化平台的优势，通过信息共享和实时传递，及时了解在校师生对教育管理工作的意见和看法。信息化平台可以为师生提供一个畅所欲言的平台，让他们不受时间和空间的限制，随时随地表达自己的想法和建议。管理者可以从中收集各方面的反馈信息，包括教学质量、学生服务、校园环境等方面的问题和建议。通过分析这些反馈信息，管理者可以更加准确地了解教育管理工作存在的问题和矛盾，及时采取措施并加以改进。教育管理者还应当鼓励师生提出创新点和优化点，促进管理模式的创新与改进。通过接受全体师生的评价和集中讨论，管理者可以从中选出适当的创新点进行实践。开放式的管理方式能够激发师生的创造力，提高参与度，促进教育管理模式的不断完善和提升。在此过程中人工智能技术可以对大量的反馈信息进行自动化分析和处理，快速、准确地找出问题的症结所在，为管理者提供科学的决策依据。人工智能技术还可以为管理者提供智能化的管理工具和系统，帮助他们更加高效地进行管理工作，提高管理效率和质量。因此，高校教育管理者应当充分利用人工智能技术，强调管理反馈，借助信息化平台，及时了解师生的意见和建议，鼓励创新和优化，推动教育管理工作的持续进步与发展。

参考文献

[1] 朱守信.高等学校教学质量管理成熟度评价研究[M].南京: 南京大学出版社, 2021.

[2] 樊伟.坚持深化教育改革创新[M].北京：中国人民大学出版社，2021.

[3] 高健磊.新时期高校管理与发展路径探索[M].北京：中国政法大学出版社，2021.

[4] 韩永礼."互联网+"背景下的教育教学发展研究[M].宁夏：宁夏人民教育出版社，2021.

[5] 于俊清，王士贤，吴驰，等.高校信息化建设与管理[M].武汉：华中科技大学出版社，2021.

[6] 蔺新茂，孙思哲.我国学校体育教学内容研究[M].重庆：重庆大学出版社，2020.

[7] 计国君.高等教育教学实践探索[M].厦门：厦门大学出版社，2020.

[8] 黄瑞宇.新时代高校学生工作的创新研究与实践探索[M].北京：中国政法大学出版社，2020.

[9] 谢同祥，罗冬梅.现代教育技术[M].南京：南京大学出版社，2020.

[10] 潘新民.数字化时代学生学习方式转型研究[M].重庆：重庆大学出版社，2019.

[11] 兰思嘉.数字化转型背景下高校教务管理研究[D].哈尔滨:哈尔滨师范大学, 2023.

[12] 伍忱成.高校对教育资源云平台的采纳影响因素研究[D].广州:广东工业大学, 2021.

[13] 朱慧杰.高校现代教育技术应用的伦理反思[D].西安:西安理工大学, 2020.

[14] 王位明.数据挖掘技术在高校教育投入中的应用研究[D].南昌:南昌大学, 2020.

[15] 陈健颖.民办高校学生信息管理系统的设计与实现[D].南昌:江西财经大学, 2018.

[16] 黄雪敏.高校学生信息管理系统设计与实现[D].南昌:江西财经大学, 2017.

[17] 王惟.辽宁省高校教育信息化建设策略研究[D].乌鲁木齐:新疆大学, 2015.

[18] 于洪.校园信息化管理平台设计与实现[D].哈尔滨:黑龙江大学,2012.

[19] 夏科.信息化水平对高校创新能力的影响研究[D].成都:四川师范大学, 2010.

[20] 赵万平.面向服务的高等学校数字化校园模型研究[D].大庆:大庆石油学院, 2009.

[21] 韩毅初,李欣.高校数字素养融入式课程:价值意蕴、现实困境及改进路径[J].黑龙江教育(理论与实践),2024(5):27-30.

[22] 朱光俊,汤颖,黄志玉.基于教师教学能力发展的地方高校教学督导工作思考[J].中国冶金教育,2024(2):45-48.

[23] 张亚辉.信息化背景下高校学生管理模式创新研究[J].公关世界,2024(7):136-138.

[24] 韩冰霜,史萌,韩君格."5G+全息投影"赋能高校教学应用场景探究[J].中国现代教育装备,2024(7):1-3,13.

[25] 詹亮,董红星.教育数字化转型与实施路径研究[J].中国管理信息化,2024,27(3):178-181.

[26] 陈路舟.教育数字化时代高校教育新形态的建设与发展对策[J].延边大学

学报（社会科学版），2024，57（1）：135-141.

[27] 刘在洲，刘锦行.高等教育数字化助推高等教育普及化的价值意蕴、耦合机理与实践方略 [J].长江大学学报（社会科学版），2024，47（1）：113-119.

[28] 孙哲，甘雨洋.数字化赋能高等教育在线教学高质量发展的现实基础与优化路径 [J].现代教育管理，2023（12）：122-128.

[29] 王言锋.大数据时代背景下的高校教育管理模式创新改革：评《高校教育管理与创新实践研析》[J].科技管理研究，2023，43（21）：248.

[30] 于兆吉，耿雪园，吴兴伟.数字化赋能高校教育改革研究现状与演进可视化分析 [J].沈阳工程学院学报（社会科学版），2023，19（4）：129-134.

[31] 高珩.高校教育数字化转型的实践成效与创新路径研究 [J].科教导刊，2023（27）：1-3.

[32] 金代志，赵宁，王涵.创新高校治理：数字技术的加入、融入与嵌入 [J].高校后勤研究，2023（8）：48-49.

[33] 沈乃丰，刘芫健，胡纵宇.数字化赋能：高校治理效能提升路径研究 [J].中国电化教育，2023（7）：69-77.

[34] 李佳琳.基于数字化校园的高校教育教学模式创新发展研究 [J].中国多媒体与网络教学学报（上旬刊），2023（2）：118-121.

[35] 龙晓虹.高校数字素养教育功能的价值维度及实现机制 [J].长春大学学报，2022，32（12）：55-59.

[36] 傅佳青.数字化赋能高校教育教学创新发展研究：以宁波工程学院为例 [J].太原城市职业技术学院学报，2022（9）：44-46.

[37] 鲁巧巧.高校数字化教育教学高质量发展的逻辑、内涵与实践路径 [J].高教探索，2022（4）：61-66.

[38] RUF O，陈颖.论"数字化大学"的内涵及发展 [J].应用型高等教育研究，2022，7（1）：7-13.

[39] 何剑.高校教师数字素养整合模型及提升策略 [J].苏州市职业大学学报，2021，32（3）：73-78.

[40] 侯蕾.高校教学管理信息化策略探究 [J].黑龙江科学，2021，12（15）：126-127.

[41] 刘蕊.数字化校园建设与高校管理工作探讨[J].黑龙江科学,2021,12(1):
132-133.

[42] 陈曦.高校数据驱动教学改革的发展路径[J].教育理论与实践,2020,40
(33):52-55.

[43] 谭玲玲.互联网趋势对高校学生管理工作产生的影响及对策[J].黑龙江科
学,2020,11(19):130-131.

[44] 徐士豪,李子涵,赵俊杰,等.对高校智慧教育平台建设的设想与实现[J].
电脑编程技巧与维护,2020(8):108-109,135.

[45] 石瑞芳.互联网时代我国高校教育管理信息化的构建路径[N].中国电影报,
2022-07-06(011).

[46] 薄淏予.大数据时代高校教育管理信息化实践的机遇与路径[N].中国电影
报,2023-05-24(011).

[47] 封蛰,岳雨,宋宇.奋进新征程 推动高校教育高质量发展[N].沈阳日报,
2023-03-20(001).

[48] 张渺.数智时代来了,高校如何应对[N].中国青年报,2023-11-27(005).

[49] 栾静.推进高校教育改革发展[N].四川日报,2007-07-10(001).

[50] 陈彬.借势大数据:高校管理能解几多"愁"[N].中国科学报,2019-07-
10(001).

[51] 程国辉.高校教育,创新起飞的跑道[N].科学导报,2015-11-13(A03).